稿本王文韶日記

第二册

（清）王文韶　撰　杭州圖書館　整理

國家圖書館出版社

第二册目録

清光緒五年（1879）

辛未正月至壬申八月

四

辛未日記

(4)

同治十年歲次辛未

元旦雨凝寒有雪意 丑正恭詣萬壽宮隨同中丞行朝賀禮 文廟 文昌廟行香 上院賀喜 武同寅即在撫署大堂團拜 同道同寅及府廳州縣均在官廳團拜 此後彼此過門拜謁 不另登堂 亦簡便之法也 回署詣春秋閣土地祠等處行香 依次敬謁祖先 畢 率家人等向慈闈敬賀 慈親今年七十有二 精神矍鑠 彷彿六旬餘光景 春暉正永 慶幸良深

初二日 冱寒 傍晚雪 南半城拜年 昨晚微雪 小街巷多凝凍 路滑難行 至糧署少坐即回署 未及多拜也 接奉行知 以從前在部時办理甘肅粮台微勞 經左 楊奏請交部優敘 九年九月二十二日吏部覆奏奉旨 王文韶着加一級 紀錄三次 欽此

初三日陰　昨晚大雪黎明始止平地積四五寸自冬及今三沾雪澤歲可大有望矣天氣嚴寒據湘人言此地不恒有也跋琴舟生甫書嚴衡伯表棣就仲山聘到湘得晤不見已十七年矣與書林師夜談

初四日陰　北城拜年下午宴書林師并酌嘉定太倉諸君共三席及在署戚友演普慶部同人歡會頗不寂寞接兩辰十一月廿七書言新任將至擬於臘八日起程約可至夔門度歲也

初五日晴　長媳自昨晚初更後試痛起至本日卯刻舉一女慈親命名順官母子均平安可喜　萱闈極為欣悦循俗例染紅蛋分送親友并賞男女各僕下至戚衣花匠馬夫三使之類親手分別多寡一一編給無一遺漏此昨晚既未脈安

寢今又粟祿覓日以少歇晚間仍聽燈戲並及兩時許精神矍鑠毫無

倦容高年有此真幸事也 撫院衛參順道補拜年 仍演普慶部燈彩

尚熱鬧惟太板滯耳

初六日晴 仲亨來晤演五雲部 尚有可觀惜腳色太少燈戲較普慶稍有

變化晚間微雨帶雪

初七日陰 鶴田來晤料理年頭日行事件 陳程初來述陳又撫郵流民情形

初八日晴 白蘭翁芝岑先後來晤芝翁辭行赴郴州查辦要件也午

後出城拜客江蘇團拜申初前往共十席仲山星農李堅均在座演

普慶玉聯兩部玉聯燈戲最為熱鬧亥正回署

初九日晴　上院稟商事件　北城補拜年　彭饒湖卸衡州府　馬溫甸署湘鄉侯到省
拜年　先後來見　均詳詢地方情形　晚酌佩九　麗吾諸友
初十日晴　撫院衙參　回署見客　益陽令黃應浩　桃源令勞銘勳　均到省
拜年來見　并各陳地方情形　未正至湘鄉試館　首府縣暨各局員公請也
共六席　演普慶仁和玉聯三部　熱鬧殊甚　森兒隨往　回署已子初矣
十一日微陰　張春皋來晤　料理日行各件　並部署明日公局
十二日陰　午前見客　午後公請　中丞學使　演普慶玉聯兩部　中丞興會
甚好　亥正始散　是日二席八主　李稼峰廉訪　白蘭岩　陸星農　朱雅泉
張錫田　張秀軒　謝筱莊　六觀察及余也　共兩席
十三日晴　午前見客　午後料理積牘　本任長沙　署耒陽令劉采邦到
辭赴醴陵縣篆務
湯煊署理　酌

省來見人樸厚無習氣牧令中之穩慎有餘者也

十四日陰 鶴田仲京貽珊先後來商件 出城會客 訪仲山榕峯 均晤談 榕翁又有引退之意 仍慰留之 接筱荃制軍書 托葛毅臣晋卿館事

上元節 雨 上院賀節 曾澄翁約省拜年 晤鄧子美來談 并約便飯 上李筱荃制軍書 送行順便囑件

十六日陰雨 午前見客 午後會曹澄侯 未值 會白蘭翁 晤中丞 招飲同人 赴之 仲山學使在座 戌正回署

十七日陰雨 胡聽翁張笠臣先後來 晤浙江滇普慶泰益兩部團拜 申刻赴之 森兒隨往 與黃海華李仲京兩太守同席 共八席 亥正回署

牌示湘潭縣篆務

麻維储署理酌

瀏陽永安巡檢蔡

信圻署理

十八日陰 午前見客麻竹師謝妄論湘潭地方現在情形擬俟摟剿而重傳補酸甚有見地必可期其得力也 請午後同道同寅演普慶部外客惟劉馨室一人裕畤卿王初田胡聽泉三君均辭未到也 手跋琴舫冊書啓明 接彥侍十二月廿一書附劉子松笙信

十九日陰雨 午前見客 午後慈闈請女客演普慶五雲兩部 老人酬應竟日毫無倦容殊可喜也

二十日陰雨 撫院衙參午後回請首府縣暨候補府等五人設三席仍演普慶五雲兩部諸公給賞有差若輩數多沾潤歡春酬酢非僅為己也 接鳳女蜀中書

二十一日陰微霽 午刻早起料理積牘午初開印 午後上院賀喜回署 偏拜各幕 晚設兩席酌之常例也 與子惠論有成文陵

牌示武岡州吏目
段請以張瑞翔
咨署

二十二日陰 午前見客下午回請候補廳縣李瑞南黃笛樓等九人談兩

席業已開印停止音樂 永順府魏鏡如太守晉省來見 詢悉地方情形

二十三日陰 府廳堂期見四十餘人接彥侍小隆少書知年給寄湘鄉賑款均

已接到并照單分發矣料理積牘下午小憩連日酬應頗覺煩勞

二十四日陰 俞部子美晤談現居藩闠後新宅規模宏敞爲省垣佳房之

冠俞韓賡颺協戎論製造軍火之法頗能自出新意而仍本諸古法

行軍所不可少之人也出示敎防夷芻議有挌練水勇章程十二條深識遠

慮尤爲難得 下午東墅來商志局事并議刊呈御批歷代通鑑輯覽 在先達時典試雲南

二十五日雨 撫院衙參回署見客下午酌鄗子美軍門王一吾太史張篠臣

牌示溆浦縣〻齊德五調署黔陽縣，陸鴻作代理。

李庭章（乞假在籍）兩觀察序間暢談

二十六日雨。上院稟商另件，力陳挑練鎮筸標兵抽撥援黔軍營之議（援黔軍事），實不能支。近奉〻廷旨諄〻以整頓綠營爲務，鎮筸兵力書所（以勇補額萌也）。著稱減勇練兵爲近日要務，兩行之湘省，松爲目前救急要著。訪郭筠翁久坐談，與〻商多甚詳。并向陰雨頗覺悶人，於農田（瀦蓄）則甚相宜，亦可慰也。

二十七日陰。午前見容仲京來商件。未正赴臬署會審龍陽縣民劉定網京控一案，又善化縣民曹松齡（徇擬近邊軍）馮換貴昌壽豬移衙門使用誆騙錢文一案。回署料理積牘，燈下手致雨長旭人書（并寄禮物）。

二十八日霽。州縣堂期見四十餘人。郭筠翁、韓廣颺、陸程初先後來晤久。雨初晴，精神一爽。接郭遠堂中丞書，復前以函商撤鄉出缺各請教，據云儘可據實呈明更正，渠亦有缺分正後相同也。

牌示沅州府黃大
軒補桂陽縣張景
惇補

二十九日晴 鄙介臣太守來出示零陵嵇令稟函知越南貢使已於十二月十三日進關當屬趕緊束裝仍馳赴全州照例迎護入境 介臣前已馳抵永州因該國諒山地方土匪滋多貢道不通入關無期故暫飭回省銷差也 手致彥侍書交稽差帶京接發差剳單

十六日書因言已定二十一日交卸務婧家二十六日由陸北行 道8陞見鄙遠堂中丞兼署婧家

三十日陰雨 崔田來商件 午後李榕翁來商漵浦案久設料理積件

二月初一日晴 文廟文昌廟行香撫院衙參偕李榕翁留後稟商了件

午刻小憩晚酌魏鏡如太守暨軍需局代籌局委員 附請吳朴農同年馮阆仙世兄恭毓

老十 設兩席 餞

初二日陰 春祭風神龍神寅正恭詣分祭風神回署小憩魏鏡如辭回永順 謝於彼 為訪漵浦案

莊來晤，論敘浦案，先入之見不可動搖也。署前演土地戲，星垣各衙二月初均演燈後土地戲，相沿如此也。

是日人和班內署傳演，三進士、錯姻緣、壽劇，戲有可觀。萱慈自酉正入座，至子正始散，興致甚好。

初三日晴　文帝聖誕，寅初恭詣主祭後殿，卯初隨同中丞前殿行禮，回署。

小慧、李庭章、李仲京先後來晤。接嘉定燈芳後百信。料理積件。

奉撥本年照閏兵餉部文，內開各省共應撥銀一千三百四九萬二千二百二十一兩零。

湖南應撥銀五十三萬一千七百五十五兩零。

初四日晴　午前見客。萱慈前晚聽人和班甚樂，後傳演一日。雲史來晤。

初五日晴　撫院衙參，弔楊蓬海恩壽萱慈喪。午後料理積件。松士就李庭章聘。

孫女順宜滿月，為萱慈做賀，萱慈頗甚喜。

初六日晴 午前客多彭鏡湖李仲章來晤 彙差過境州縣支應甚費擬酌

量津貼之地方官賠累過多無以養廉於吏治大有損也

初七日晴 仲春丁祭丑正恭詣主祭後殿寅初隨同中丞前殿改祭分獻東配

寅正禮成卯初回署小憩 順官剃胎髮初出房 作嘉定信并致桐侯

初八日晴 分祭神祇壇寅正恭詣行禮回署小憩 接生甫正月十四日揚州來信論及有成頑

中丞接琴舟初三日書欣悉渠於正月三十日辰刻得一子 畫生故後數年來深盼琴

舟有子爲之抹撫育之計今忽如願畢家快慰深實馳緘賀之

九日晴 武廟春祭寅初恭詣主祭後殿寅正隨同中丞前殿行禮回署小憩

張笠臣來商權點捐務 王筱飲將回嘉定餞之

初十日晴（陰微雨）文昌廟春祭寅正春諸主祭從殿卯初隨同中丞前殿行禮回

署小憩午後料理積件

十一日晴 孫春泉來晤商假滿引見五年後上院稟商各件 會李笙仙年

復唐薇卿、翁暗樓、後接李中堂燈節後一日書末幅有軍事了徹（手注）平勇仍歸地

正恐愈不可平奉飭遵旗均照旦又族定耗餉固無已時或又散驅隱外患何

所情也云云○永定縣秦典被燒典當鬧賠遲延陵因案當滋多案沅陵廩生符

鈞谷侄妻黃覲芸大呼澧州黃用侯維璣擬照光棍例問擬斬立決就地正法

情節較重雖係自行投首不准援減閱稟頗有未安（和晚接到）亟上院稟商而已於今早照

稟批發矣論罪固當惟論情不無可原耳（言之）惜無及殊覺歉然

牌示桂陽益將延
檢劉耀宿書理

十二日晴　黄海華（回郴州署者）杜崔田童覲芸三太守（自永豐回）先後來晤李墉翁來商敘甫葉稍今
臣觀察（信）自衡山來言周保楠藝多久談　手後桐侯書論公記乃
十三日晴　府廳堂期見四十餘人白蘭翁來晤接雨辰本月初四日漢口所
發信附飛千臘月朔日書　閱邸抄知子望放福州遺缺府　料理積件手
致诒漁書
十四日晴　分祭火神卯初恭詣行礼會衡令臣回署見客曾澄翁自湘鄉來晤（分起）
晾書籍接彥倚正月廿九書附到侄師衡峯及各處年節後函閱邸抄知官中
堂因病出缺（正月初旬事）前在鄂時相待頗優不無知己之感　彥倚言木芝今年又作馮婦乃
有迫而然云　朱玉圖放南昌遺缺府

牌示潘清飭赴武岡州任長沙縣篆丞述恩署理酌

牌委醴陵典史鈇以龔慶熙咨署

十五日晴　武廟行香　撫院衙參　劉樸堂来晤　將赴甘肅大營　需餘成米指　先大夫見背忽忽三十四年矣　回憶音容　追慕曷已　周韓臣閣部来拜未值（攜眷来住試館）　手致旭人書　寄雨辰（存疑也）

十六日晴　大風　傍晚雨　奠黃南坡晃　曾沅浦宮保到省来晤　午刻清明節祀先壺

米指局商歸併甘黔指務　多屬周韓翁及曾澄翁昆仲

十七日晴　仲寅来訴鹽局事　下午酌曹澄翁　符介匠　邀硯芸作陪　澄翁出示補

牘　知甘回馬化澄（文子）已於正月十一日伏誅　并殲死黨悍目二千餘人　此外老弱婦女一

萬二三千人均解赴固原　聽侯安插　左帥請批牘　有該逆在國家為必討之賊　在（指劉松山殉難事）我軍為必報之仇　即在回教亦為必鋤之種云云　詞嚴義正　固非尋常筆墨所（元老壯猷　勳績卓絕　時）

（那知不令人頫首從此　巳）有　皇威遠播　邊患頓除　甘可安座有日乎

十八日晴　中丞甄別三書院生童卯正至貢院候謁歸途會客東墅来久談

晒晾壽屛上年失於照料微有虫蝕之矣　森兒讀季氏令為講解至何以伐為

氏彊兒霸道當伐因不伐不當伐而伐詰以何謂當伐不伐則以陳恆弒君節對喜其

頗有悟性誌之　王初田葆生觀察服滿来晤

十九日晴　報銷交代兩局委員來稟商多件久坐仍晒晾壽屛字畫均親手經理一

過年来公私冗雜往往付之僕人從未能妥慎料理近日公多清簡尚有餘閒

亦偶然也

二十日晴　撫院衙參會王初田董硯芸畢後赴臬署會審潄浦案逐細研鞫較前稍有

把握而向戴兩造供情仍各執也酉正回署約明日再去

二十一日晴　午前客多會張笠臣杞精局借款多廣西巡撫蘇玉階中丞進京
陛見由水路（挈眷自西來）抵湘出城迎謁申初赴臬署會審簽莊不無成見榕翁
哉不能耐慈婉止之酉正始散　訊李黃氏供情始信三木之下真無求不得也可不慎與（現正在作也）
二十二日晴　寅正署後鄰子美住宅後園木廠失火相去較近幸即撲滅已
刻內崔田仲京及委審各員（直隸州姚念楊通判劉驥知縣錢心田唐步瀛）到署公論淑浦案午後上院稟陳一切順道
會客戌正詣善化城隍廟（封定湘王靈應最著）偕李榕峯廉訪謝筱莊觀察暨同會審各員
偕審淑浦一案因連日審訊供情兩造各執故榕翁創為此議是案屍
親戴兆倫原報伊子光典在妻母向羅氏家身死不明向羅氏則以被牆壓
斃申訴旋經和息擱驗此同治五年二月間事也續經因案牽翻至同治

八年謝筱莊署鎮筸道任内訊有因姦謀殺情事迨發回溆浦飭令歸

（雖經供認仍請召檢下手情形亦前後互異也）

案請檢又以各供翻異事由臬司衙门批提到省轉飭集訊迄無實供本

（總以刑逼妄供為言）

日齋集邑廟遂名研究歷鞫情形業已顯露余與榕翁及委審各員所

見均同而筱莊先入為主猶力持謀殺之論此固非檢不明矣丑正回署

二十三日晴 蘇中丞來拜論粵省大概情形 申刻赴雷會之順訪星農久談

二十四日晴 李榕翁來 崔田仲京兩太守亦至同商戴光典一案取結啓檢

葬多年故細閱洗冤錄檢骨门一過 料理積牘 譚文卿曾嵐生來拜以

榕翁在此未晤

二十五日晴 撫院衙參 順道拜客 擬兩司會稟請飭謝筱莊毋庸會審稿 午

（溆浦一案成招各犯均以從前刑逼妄供藉口）

（原問官）（照例）

次會譚文卿暨湘鄉試館昭忠等祠開祭具柬請客申刻赴之中丞亦至演永和
班頗可觀與王一吾同席子初回署 唐時雍自祁陽来省 鄗意誠来晤
二十六日午前晴後大風 出城會唐時雍順拜卸任廣西學政楊子和太史均晤隨後均
来拜員筱山通守沈自漵浦提案回并查訪細詢查勘繪有圖及訪察情形與連日所訊供
情無不符合因姦謀殺之說影響全無矣提到案証舒謙向長有戴正璧等七名飭
委審各員立時傳訊仍親赴臬署覆訊之無不願具牆壓結者噫案情無
並啓檢亦冤矣當時即商同導屍親之法免真殘死女蒸檢生女坐誣並令於
一兩日內將無関緊要人証先行分別開釋交保以省拖累回署料理積牘
原招向定魁向福宅向祖踪戴向氏即元珍四人將戴光曲從床上揪扭倒地戴
向福宅等或揪住髮辮或捉住手足被向定魁用大指在咽喉掐死等供據昌

牌示芷江典史陸
維驥署理

7

併親往查勘，偕圖言向元珍房内床鋪尚在，離板壁只有一步光景，渠（床未備一具犁耙一柄外無他物）
帶家人一名、畫工一名進去，已嫌擠軋，如何容得住四人在内行兇，此情跡之不待
言而可見者也。沈葵青辭行赴福建汀長匯軍口之聘，即托帶一函
二十七日 陰雨 先農壇春祭，寅正恭詣，隨同中丞行禮，祭畢候天明行親耕
禮，回署小憩，巳正甘豐稍向，未能歸併詳稿，硯芸來晤，李榕翁以五要奇
書一册見貽，諄諄以留心選擇相勸，亦朋友關愛之意也。楊子和太史意在張
羅，（當）與中丞商定，四六衙門（至首府止）集二百四十金贈之，并令不必拜客（意欲遍拜紳士），以全體制，未能允
愛人以德之日端云。夜雨尚透，寅正聞雷起，侍萱闈
二十八日 早雨 午後霽 州縣堂期，見四十餘人，彭鏡湖太守辭回四川（因婚嫁多，本年節候借當探差）
穀早春晴天煖，秧苗長發異常，亟盼雨澤，昨夜今早均雨，頗透，雖未能十分霑

足亦稍有以慰農望也 因琴舟書知雨辰於初五日自漢口開船十八日已抵鎮

江此行可謂迅利矣

二十九日晴 竟日客多 陔彦侍書李合壹大人令孅福部湘潭多到省來見

論地方情形頗詳 并言近來匪蹤漸戢 各鄉日就安謐矣 晚珊仲京來商

餉多 楊子和太史來辭行 夜丑正雷雨起侍萱闈

三十日雨 唐蔭翁來晤 東墅來商志局事 久設得雨甚透可喜可慰 湘中每兩年

畏旱更甚於水 匝月春晴望雨甚切矣 雨辰寄到新刊呂子節錄兩部

并附飛千托寄庚午四川同門錄

三月初一日陰 文廟文昌廟行香 撫院衙參 赴湘鄉館謁二忠及彭部等祠

彭鄗均於同治五六年間在湖北蘄水、安陸、鍾祥等處陣歿，其時年任安襄署任
漢黃均屬轄境，此次祠成開祭，理應前往一拜也。鶴田仲京來商敘甫案
具柬公請蘇中丞定初三日，以感冒辭；閩中丞先請，亦辭未赴也。料理積牘
初二日晴。上院稟商事件，久坐，論及黃冕南坡附祀事，持議極平允透達。時仲士有
呈請附祀潘忠毅公鐸之舉，以壬子守城爲詞，故中丞論及之。蕭杞山韶比部自清泉到省，力辭釐
局會辦，見地頗高，可敬也。鶴田以敘甫案偶占牙牌數，得驀地起波瀾，行
迴蜀道難；黃金能解厄，八九得平安。四句可謂奇中，蓋謝國蜀產官居觀察及丙案中
李黃氏向金運諸人尤爲緊要據證也
初三日陰。府廳堂期，見四十餘人。星農來商釐局事。接嘉定二月十六日信

牌示平江縣篆李熾福調署酃縣篆，王光斗調署安鄉縣缺，畢登雲到任，會同縣篆高捷達署理。

知嵩雲乃郎克齋世兄州試得元，良仲亦名列第八，皆可喜也。陳程初叅戎自澧醴查河回来晤，言各處心漸臻安帖，不似去冬之浮動矣。

初四日陰 李榕翁来商件，曾澄翁、張笠臣先後来晤，午後送彭鏡湖、竹禽、蕭杞山均未值，訪李仲雲久談，閱呂子節録二十頁。

初五日雨 撫院衙參，仲雲来晤，申刻請三書院山長岳麓周韓臣閣學玉麟、城南徐雲衢副郎、蓁求忠易海青内翰壬子同年，豐俊老成，晤對終席肅然。撥沅州軍米局存穀萬石運至常郡，預備各處青黃不接之用，沅江先撥三千石，以連年水患，民食空虛，需用尤亟也。軍米局之設本為保護沿邊各屬並黔麻晃一帶苦於軍營採買壯有年矣農民起見，幸在方諸君經理得宜，尚有餘力可資下游民食，亦殊念所

不及也 沅州米價每石二千五六百文 加以運脚斛口不過三千一二百文 現在筱師母又携世兄
省城米價每石還三千七八百文 常衣各属大略相同 一轉移間益下 而仍不稍上也 頸湘珠出意外
每石蘇常郡省城小四斗
初六日陰 潘筱南盛樸人来商件 王侶周自沅州回省来見 詢以沅米局办理情形
諸臻妥善 並云算至十月接新約可餘穀三萬石上下 預備下游轉運之用 大可
慰也 自昨晚起忽患水瀉 夜起三四次 稍覺精神疲軟 夜雨甚透
初七日午前陰 午後霽 午前客多 李黼堂来久談 論及江藩任內多 李廷章来 并商各營防剿近龍益等 日百宜
江東各交界地方均小有蠢動 幸随處均有防軍 策應殺捷 尚不致釀成大變 故此
本省駐防之師 似从緩不可少也 内子患眼痛甚劇 雙目均腫 不能仰視 昨今尤甚 頗以为苦
初八日陰雨 州縣堂期見四十餘人 前福建藩司王朗清德榜自江華到省
来晤 言因福建軍需領款轇轕未清 特赴平涼左爵帥大營清算也 聞年止三

牌示准補巴陵鹿角
主簿鄧金蘭 湘陰
大荆巡檢孫維翰 龍
陽龍潭巡檢王瑞徵

乾州河溪巡檢洪箴
章均飭赴任，乾州田
典史陳墡成署理

十五歲人頗有英爽之氣，戰功卓著，當不虛耳。腹瀉已愈，脾胃仍不甚舒。

九日晴。自子初起至辰正止大雨如注，田疇需足，可知欣慰無似。午刻詣院稟商事件，訪向蘭翁晤談，訪鄒子美，現赴湘潭未值。清理積件。夜復大雨達旦。

十日陰。城南書院（本年奉院憲令送院送岳麓、城南送求忠）送學上年甫經修葺，氣象一新，在院生童陶彬等有禮，山長徐芸渠先（生）生品學俱粹，足為士林所表率，文風士習當期蒸蒸日上也。歸途會客，晤王朗清，談潘筱曲、長全湛園，接郵長沙縣蔡來見，江華劉令（華邦）來稟，米價昂貴，民艱食，懇求（因）（酌劑）接濟以靖人心，撥全州採買穀二千石濟之。

十一日雨。自昨晚戌刻起至午刻止大雨傾盆，農田極形需足，一經晴霽便可收穫分秋矣。夏芝岑觀察自衡州（郴州兩府）查案回來，晤午飯，小憩。清理積牘（價），撥沅州

軍米局（有穀）筹石運赴省城以資籌備內子眼疾就劇昨晚又通宵無寐甚
（形）憊畧 夜又大雨達旦
十二日晴 午前客多謝筱莊劉馨室（偕白愚來）先後來晤筱莊爲言漵浦案並無
成見乞諒和衷等語前函似有（轉）意矣連日閱呂子節錄理境爲之一闢古
人所謂開卷有益也魏鏡如書來復托查漵浦案大旨與冒任兩委員所
訪畧同 魏有家丁謝姓漵邑東門外人離向羅氏塚十四五里見周殺確亦採訪案之一証也 內子眼疾漸減惟牽動肝氣頗覺委頓
十三日晴 府廳堂期見三十餘人 自蘭翁來晤 張笠臣辭行赴郴營 午後出
門道韓賡楊進四者喜 長沙協署頹壞已久近將撥款修葺 送劉馨室行均晤順道拜
客 內子服元操動精神甚憊服王湛園刺史方稍覺有力 下午上郭遠翁中丞書

十四日陰 曾沅浦宫保来為黄南坡祠祀事 擬附祀駱文忠祠遞有公呈 唐蔭翁来晤午

後出门謁蘇玉階中丞未值 謝送壽寄生 謁毓師母順道拜客並訪吴晨久談

十五日晴 武廟行香 撫院衙參 驗春 俞鶴皋學博廣文錫爵来晤 新奉院委

辦理釐金總局 辛亥同年 李廷章来論安仁永興善處土匪 現已擊散並獲首匪 及本縣来商志局

事 接旭人書 二月十三 言逸亭可来 惟須办葬及交代甘捐局務大约須在数月以後 並

抄寄逸亭自言精力已衰 昔比在省照料選將練兵 善多尚可自效 身臨前敵則未能

矣 據此是逸亭之来固可計日而待也 而大局盼之

十六日晴 撫院預祝 歸途謁客 韓賡揚協戎来晤 閲呂子至儆惕子弟一則 載節錄下卷六頁

令人毛髮俱竦 亟書一通付鏞兒置之座隅 俾知策勵

牌示會同縣洪江巡檢陶樹滋署理

十七日晴 撫院祝壽 芝岑来論衡州查案諸多為難情形並出示張筱華批詞語多失体 大有將剛不學之蔽甚矣人之不能無所偏也 上左宫保書并賀金積堡之捷

十八日晴 州縣堂期見四十餘人 午後至吉署商督撫案 訪蔭雲設备謝筱莊李篁仙均未值 接吉人蔚庭書（均十一月十日都中發）吉人雜叙近多 蔚庭則言水芝後出性情率爾乃晨時回首舊游不禁神往

十九日晴雨間 赴軍需局會商事件 午前客多 午後料理案頭積件

二十日晴 撫院衙參回署見客 連日天氣暢晴農事大好深可欣慰 閱各屬旬報雨澤亦已徧霑洽矣 九年分世職半俸一次共發過銀三千三百二十七两零

牌示衡山典史沙維藩署理

二十一日晴 上院稟商事件久坐 訪鶴田未值 隨啟來晤金伯壽自嘉定來 赴仲山招也 不見忽八年矣 零陵縣報蔡差於初九日入境十一日午刻渡河至郡十二日出境十四日到祁陽縣 祁陽亦報到也

廿二日晴 傍晚陣雨 李榕翁來晤 兩首邑進見 料理積牘 天氣甚熱 穿兩衫猶汗下也 有自稱兵部郎中丁煥來拜 形跡可疑 飭縣盤拿 一訊而服 甚矣作偽之橫行無忌也

廿三日陰 萬壽聖節 寅初恭詣行宮 隨同中丞行慶賀禮 回署小憩 東墅來商志局及新書多種 丙辰三月十二日上海來書 言日内即返杭也 天氣驟涼 可著薄棉 湘南氣候往往如此

廿四日午前雨後霽 鄧子美軍門來晤 近以省親不先請旨 飭部議處 語意頗知儆

畏因以臣子之分君父之恩迎機而善道之並為言到此地位惟有忠君敬上虛己下人為人所
不可及處若以勳業自多兀慕自喜便使人一覽無餘矣渠聽之悚然感佩之情溢於言表因知其
天分過人本屬一時奇傑再能斂才就範則為難得之材國家禦侮需人所貴
有以善全之也翕伯垂晤并見雲史久談順道拜客
二十五日齋擬院衙參代部子美擬假滿回任咨請中丞代奏稿中有既予以例
議明人臣無自便之私仍給以假期俾人子有曲全之願但恨未嘗與聞未邀格
外之裁成祗懼莫報涓埃重荷非常之體恤兩膝未有自分受恩知感隨身
當求效犬馳驅敢云移孝作忠矣志願勉酬乎高厚之時尚均請當地晚酌
金伯華朱仲輔邀雲史丹甫昆仲陪飲盡興荳園有江仔風發舊恙起居未能舉

牌示沅陵馬底驛檢
朱汝瀛諮補

二十六日晴 午前客多 李總翁陳程初均有商件 譯文卿處訪來久談（杜鶴田）

甚暢 孫春皋赴服來見 即須請諮北上 也料理積牘

二十七日晴 硯芸炫琳仲京心安先後來見 手致若笙生甫秀侯書 長憶二

十生辰 接席硯香施洞口來（書）議及裁營節餉 多立論稍稍切近矣

二十八日晴 州縣堂期見四十餘人 富郭子美晚談 并引看上房院落 四圍皆樓

中有（方）池 崖作回字形（惟榕翁手創） 兩廊繞戶排連與山陰道上真大觀也 韓廣楊協

戎見招 同人咸至共兩席 演人和部 亥正回署 接淋泉修伯鞠甫諸君書均（右杜若[illegible]老人）

連書（楽）[illegible]大令 自華帶來 接張望臣自常德來書 亦言懲營多

二十九日晴 鶴田偕秦李劉洪四委員來 論衡州曾廣[illegible]控[illegible]也上院稟

牌示臨武縣篆務
李海觀署理勘
牌示武岡州吏目張
豫調署武陵大龍
巡檢羅德楯署慈
利九谿巡檢向慶鐘
到任瀏陽縣丞王廷
楨署

商事件久尘午後料理積牘昨接寳岩信知新有失明之痛為之
慘然 會總正朱鳳標副毛昶熙皂保常恩 豈闈舊惹惝怳尚覺淒之
四月初一日晴 文廟文昌廟行香梅院衛參論溆浦案詞旨甚激切令譯文
卿晤談将於明日回茶陵起服也越南貢象共三隻西正一備到省住瀏陽門外教場坪
初二日晴 廣西護象委員知州蒲晉昌都司王日比山来見至軍需局商
餉事 午後料理積牘 黃闈精神漸爽内子亦漸復原劉倅首縣送
鰣魚
初三日雨 府廳堂期見四十餘人 手書慰寳岩并致嵩雲桐侯又致琴舫書
商嘗漢上借款事裁餉營部之議至今始大家計及而清理欠餉無款可籌公擬代貸諸

漢上故有是說

初四日霽 辰刻赴大教場隨同中丞驗看貢象例賞銀牌花紅食物等件

蹤見自跪拜謝均如儀真靈獸也 蘇玉階中丞辭行北上 晤詳委黃海華文琛承辦直隸撥船

初五日晴 撫院衙參送蘇中丞行 手致玉階書 硯芸來商米捐事

初六日晴 粵撫蘇玉階中丞起程 隨同撫憲詣演武廳候送 寄請〇〇聖安 午後小憩料理積牘

葉晉卿於上年來湘存往澧安卜鼇去冬請假嘗有一病海僊不起竟於本日申刻作古

追憶往事悼歎曷勝身後一切炊澱豎毘山朱小芸為之料理斟於心安

而已 蘇中丞言臨行接粵西來信知李星衢中丞病卒於三月廿六日因病

開缺蓋本任東撫現奉〇〇特旨署西撫也

初七日陰雨　朱小坪觀察自衡州到省来晤，將料理乃弟清泉交代也。鶴田、仲京、右南、運
生来商件。黄世菊自岳州来省，前以晋卿病亟，函令速来，尚及視其衰裹也。
初八日晴　辰初出瀏陽门，赴東路勸農，會易海青同年，陪從上院，稟商多件。
順道會曾宮保未值，回寓。客来，倫偉、鄧子美辭行回湖北，李次青自平江来。
雨蒼暨善清午刻偕多宜均久談，午飯，已申初矣。
初九日晴　曾沅浦宮保来晤，午刻出南城，至陶公祠，會同李檢、謝道台李到，叙浦縣戴光典命案，額顱
左右太陽均有骨損血癊，右肋斷三，血根右前膝亦斷裂，方骨有血癊，據仵作石门縣調来劉學喝報，均
係墻壓傷，顱门不浮出，牙根均無血癊，其為並非擠死無疑，同時觀此如堵無
不稍快。日與閩未檢以前初不料傷痕如此顯而易見也，此案從此可雪，屍親一律具結

牌示攸縣篆務嚴
鳴琦署理

但求甚速向氏元陷及向定魁向福宅均當堂鬆刑飭聽案結黄落其實
此案本不疑難處文戴兆倫亦尚不十分刁狡甚所以不能不檢其以謝彼族意
見甚重不如此不足以服其心也吁秦閎一凌遲向氏元陷一斬梟向福宅兩斬決向定魁向祖端而以刻酷姑之
繼之以偏執若非在予訪人因平情推鞫悉力操當其案何其不成此冤獄也此案委審各員係長沙府
杜瑞聯候補府李鎬候補直隸州姚念揚候補通判劉驥昌沅候補知縣舒心
田唐步瀛承檢均署長沙縣王述恩署善化縣盛賡會檢均候補知縣吳
三綱曹名照學劉驥舒心田尤為張洛悉心研鞫審擬明著出力云
初五日晴 撫院衙參會同李榕翁陳呈明檢案情形并遞填格送部子美會回署
見客鶴田仲京暨委審會檢各員均來見一一慰勞之并商結案大略下午李榕

翁亦來晤意甚欣然也有分發湖南通判汪篔號錢唐人向在閩有席館自稱與余有親
誼細詢之始知為余祖姑母之孫并出示乃翁手記均悉祖父當年乃偕從祖
姑丈范又韓幕上杭埠鹽務上杭閩邑而行粵鹽鹽市集峰市黃泥壠兩處十里
外地名石下壩即屬大埔粵境也祖父之歿當在峰市黃泥壠一帶向來但知在
潮州其實行潮鹽而在閩境也先大夫少年張羅歸骨之計限於力所不及是皆
時惟拳拳以此為遺憾近年以來力所能及祇以於鮮兄弟又精細老成之戚友可任此事者
萬一為人所紿詐疑信相參永成大憾所以遲之未發也蓋將留以有待非
敢一日忘之也今忽有此一段機緣俾知切實蹤跡冥冥之中若或使之噫我祖
父必有歸葬之日矣此乃不肖因無以承先志又將何以為人激諸之以圖善處焉

十一日晴。午前客來，洛譯子峯壽，招差回，接彥侍三月初九書并附年節復信

二十餘函。次園、苕亭、粵峯弟、子松、鑪青、書侯均有書也。料理年節書件。彥侍書

鄭刻公穀、厚齋李侄世文編、孫燮臣豪初學啓蒙家（又名唐氏蒙求）來。

十二日晴。訪蔭雲、仲雲，商衛團章程。蔭雲陪仲雲以家忌謝客。順道會

拜小坪，来久談。上李中堂、左宮保書，附年節稟。接小宋三月十六日手書，語

意頗周旋，言將入都，召陛見矣。悅有便肴，酌蜀坡、伯世、雲史諸君

十三日晴。府廳堂期，見四十餘人。與崔田、仲京、港園、樸人諸君商辦溆浦案。接

譜香三月廿四日丹陽舟次書，論有成事特詳。三書院月課

十四日雨。崔田來，出示寧鄉裴令飛稟，知益陽有土匪（十三日早間）入城焚掠，已即刻上院

（商）稟勤辦机宜仲（李）雲来晤李庭章秉奉檄赴益陽勦匪来商一切未刻赴
臬署歸来溆浦令全案供詞（戴）羅氏就肆狡猾真刁健也戌初回署
十五日晴 武廟行香撫院衙參商派候補同知黃炳堃馳往益陽幫辦縣務迭
據探稟知益陽土匪已退似專為劫獄起見（城保尚未肆行搶掠）惟黃令（應詔）至今未有稟至恐印信業已
遺失矣稍候確音另當照例詳參 風聞此次土匪起事益城内外早有傳聞
黃令平日尚稱勇往遂致大意太過輕生此變亦咎無可辭也亥刻黃令稟
至知衙署被焚監獄被劫賊已散竄現在追捕云 韓（燈汝）慶楊便衣来商省防事
十六日晴 上院稟商益陽事并省城巡防事宜引看（中丞）孔崔一對（與撫）蘇玉翁浙送也
新構四堂落成後列一亭即以名之（孔崔）令弟李次青来值會韓慶（楊）協暗談議談

巡防營以資保衛而壯聲威李梧翁來久談商溆浦案詳稿照案敘列不

致溢一詞也又手摘選擇入門大畧及九宮年月表見贈情意殷殷彌復可

感 連日天氣甚熱不減炎暑

十七日陰微雨 臬署友人丑亦陶來晤論及溆浦案情議均尚平允亦老手也有

應商處并就所見告之 料理積牘

十八日陰雨 州縣堂期見四十餘人 至臬署商定溆浦縣詳稿 接嘉定信 閱邸抄知

玉階奉旨特旨准補漢黃道

十九日陰雨 白蘭岩 韓賡揚先後來晤 至軍雲霄局議省垣增設防軍五接帶

德府稟報知益陽匪徒於十四日晚復擾龍陽縣城幸早經有備即時擊

牌示新化典史胡
漣署理

牌示益陽縣篆
務黃炳堃署理

郜現仍竄回益陽之竹篙嶺一帶全股尚未散也李庭章於十七日已刻抵益
次日即須相机進勦諒烏合之衆當不難於撲滅 手諭小安補帆兩中丞書附午節
信去 閱邸抄本科會試中額江蘇二十六名浙江二十五名
二十日雨 撫院衛參遞淑浦案黃甚 李廣侯吳平之錢升曾自嘉定到湘
廿一日霽 龍陽又有被匪闖入之說焦憤無似上院面商中丞先將益陽黃令
應浩撤任聽候查參另委候補同知黃炳堃接署縣事并飭安籌防剿事
宜又委姚令詩德馳赴龍陽查辦一切常德郡防昨暨并准撥開餉全作為
防費均奉一一允行 鄧翁翁來晤論及益陽事并言湖南民氣素強為治當
嚴菩語韓廣揚來夜談 接芝門手書深以稅務減色為慮

牌示龍陽縣篆務
姚詩德署理試用

二十二日晴（下午雨）寅僚以慈親壽辰紛紛備禮致祝酌收從草數種餘均辭謝

手致張力臣書歷言飭雲極紲內患迭起莫援局之式有（可稍變）圖也

二十三日雨 萱慈七旬晋二壽辰早起率家人敬祝寅僚仲士來賀者均辭謝晚酌在座者戚友共三席 本擬演劇稍觴以益龍有事奉慈諭停止也慈親年逾古稀精神強固如六十許人（豫）順承歡抃舞（曷勝） 接漢口信生甫大挑汐一籌亦可喜也

二十四日晴 上院謝步（北城謝客）并稟商勤辦益陽匪徒多連日殲除已於龍陽找回趙重益安寧三交界地方雖不（陸十分）猖獗而其勢亦頗蔓延李庭章於十九二十二等日均有勝仗惟兵力太單現擬飭寧仲劉朴堂（倬雲）酌帶練勇一二（寧鄉屏蔽會垣如寧邑有警恐省城亦須戒嚴故責在由寧迎截也）營迎頭會勦以期剋日蕆事蔭雲仲雲來晤亦以此事相商也午後

料理積牘。接彥侍三月廿七、先生有三月廿九書。
二十五日晴。南城謝容已刻上院秋審，適堂計字一起六十三名。韓廣揚文子
雲連捷亭來商練兵勇二艘，自杭到湘，述知汝明葬事已妥，各處先塋亦均
無恙，慰慰。上郭遠翁制軍書，述益龍陽匪徒滋事現在勦辦情形。
二十六日晴。迭接各路函稟，李庭暲一軍於二十四日在桃花江地方又得一勝仗，
劉朴堂亦已招集兩營出境會剿。現在賊蹤廣衆，益寧之間但須統軍
速赴，戎機當不難收衆殲之效也。常德解嚴，龍益驛路漸可疏通矣。啓李
庭暲書，論剿賊機宜也。下午熱甚。手致玉階書，並賀補缺。
二十七日晴。李黼堂、周荔西、曾澄侯先後來晤。鶴田來商件。晚酬廣侯

妹婿諸君并邀湘生、雲史、松士及陸氏昆仲共兩席。廣東巡撫放劉長佑（現在新寧本省籍也）。

廿日 晴 州縣堂期見三十餘人。諧院覃商多件。午後越南貢使到。使護貢官廣西候補道彭海门觀察堉及馬參戎（曉山）也，陳先後來拜，均晤。彭極和平，馬[redacted]有習氣。部今[redacted]臣接護回省，詢及一路（迎送）情形，頗有未盡妥協處。廷芳守字移委不慎，麻竹師（江蘇同知盛海出言要文）徽過情均屬不知体要，提即分别詳請記過，以示儆懲。

閲漢口寄到浙省會試題名，知吴子儁、樊稼軒、樓子通□□皆即均獲中。江蘇名单尚未見也。致生甫書（由程今冊處寄），爲其指省湖北，及赶速出京，并托彥伯為之料理一切。接鄧軍報，克凱里，此後湘省兵力當可稍紓矣。

廿一日 晴 出大西门，會廣西護貢官彭、馬兩君，并訪陳程初，論省河設卡盤

牌示常德府经
歷黃寶忠谘署

查乃鶴田硯芸先後来商件 閲常德府二十四日来報張皇過甚（太）糜費甚鉅 據稱現有防兵一千餘募勇三千餘意尚不足也 乃亟稟中丞擬派仲京馳往會办防勦乃宜以朔日当奉覆諭允如所請 庸硯香来谘因管理援照楮局請每月支送薪水銀二百兩当以例應兼營未便開支薪水復之 手致彦倫書

三十日晴 赴軍需局商件仲京来晤王之吾太史辭行赴京樓雨辰四月十三日書由祝蘭舫寄差遞来 深以壽蘇一款為念燈下詳細復之 有僑陽抽房租办團防出由韓賡楊處遞来 有弊無利著不可行也

五月初一日晴 文廟文昌廟行香已初上院例賜越南貢使筵宴也午刻回署天氣甚熱不減炎暑益陽匪徒大致肅清各路探報均同惟尚

赤操營時報到耳

初二日陰 羣田西衛（平協署前道）點驗巡防營奉中丞諭委也弁勇尚整齊韓廣揚協戎統

之此次省垣防務當較得力送王一吾行 贐以三十金 越南貢使阮有立范熙亮

陳文準來見 接鄗遠、翁制軍書論籌辦防勦事此次龍益匪徒滋事（署）桂台

李明惠暨常德府瑞守琛不察賊情虛實張皇異常遂致鄂省亦為（力防荊郡）

戒嚴殊不成事下午料理積牘 黃海華自永州到省委辦直隸撥船也

初三日陰 府廳堂期見三十餘人夏芝岑來商衡州曾廣璋控案事奉院委

會審也得漢口信知陸蔚庭擢南宮（第四）喜甚嘉定中、廖穀士及朱子京表母舅

接嘉定信良仲院試未售深為惜之 上鄗遠堂制軍（書）事牘報勦辦益匪情形

初四日陰，午前雨。上院稟商事件。會曾澄翁，未值；會張力臣，晤。遇許星槎至糧署道喜，少坐。黄海華來見，論撥船事。仲京辭赴常德。子美以鄂刻資治通鑑、明鑑等書寄贈，復書謝之。左景喬先生來，未值。料理節務，亦頗碌碌。校定三書院課卷。

端午節晴。上院賀節。閱明鑑四卷。晚酌，在署宴戚友三席。

初六日晴。午前見客。閱明史鑑三卷。發三書院月課案。益陽匪徒據報肅清，仍嚴飭益、龍、安各屬趕辦清查，以消伏莽。

初七日晴。雀田來商件。午刻至臬署，審録溆浦案，分別收禁發落，日內可定讞，即詳奏。葉介堂觀察兆蘭，東安人，辦理礦務局務到省，來晤。

初八日晴。州縣堂期，見三十餘人。芝岑來，與商衡州案。曾廣璋控王炳奎盜賣祀田事。

料理積牘　閱明鑑三卷

初九日晴　會左景喬先生及葉介堂均晤合堂爲言東安葉宏倫命參（乃伊堂侄）

堅以切指胡龍光爲正光詞意頗激切　高壽農二部（名蔚光鑑山之子）來晤　人極明爽　詢以戶部

數人均言二乃二（及曹郎直朕）　閱明鑑第十一至十三卷

初十日晴　撫院銜參留段論多　回署見客　賀李筱荃制軍陞見回任

并陳湘省近事　閱明鑑第十四卷

十一日晴　午前客多　午後清理案頭積件　閱明鑑第十五卷

十二日晴　上院稟商事件　竟日無客　頗覺清閒　亦僅看過　閱明鑑

第十六十七卷　接金逸亭書　言料理一切　即赴湘

牌示華容縣篆正遴辭　瑞煇署理乾州廳　璐承先保靖張家灣巡檢華廷鑑均到任

十三日晴 武帝聖誕寅初恭詣主祭汝殿寅正隨同中丞前殿行礼天氣甚熱汗流如雨回署小憩 華容忽報潰堤西水尚未盛漲也現署縣呂汝鈞年少荒唐玩視民瘼實堪痛恨接部達堂制軍書論益龍兩令失事情形極為允明歸咎陶協尤為諦當公論所在誠未可以假借也閱明鑑第十六卷閱鄧抄四月廿二知倭艮峰太夫子因病患外症開缺理學名臣又弱一個良可悼惜耳

十四日晴 內子生辰竟日謝客閱明鑑第十九二十卷上李中堂左宮保書述知益陽龍陽多

十五日晴 武廟行香撫院衛參各處謝客府廳以下均令鏡兒代往謝王俊卿繼戎永章來晤黃海

華童硯芸均来商件校定三書院經課卷第一皮錫瑞第二王德基均名下士也
戌正月食亥正復圓竹湫護礼吴雲谷直刺（錦章 郴州都司）以粤雅堂叢書（計六十函）海山仙館叢書（計三十二函均袖珍本）各一部見貽皆粤刻也
十六日晴黄昌岐軍门巡江回省来晤以（新刊）長江圖全册惠贈天氣熱甚未能伏案
閲日知録一卷藉消煩暑
十七日晴 偕黄昌岐王俊卿均晤（答）筱欽肖嘉宝到湘竟日客多料理日行公事
外無餘暇矣燈下手復仲容書
十八日晴州縣堂期見四十餘人李榕翁因病乞退親往勸慰之擬請中丞暫行
給假妥署俾資調養 姚芝亭師文楠書来商欵寄贈洋蚨二百元藉申微悃

牌示藍山大橋巡檢
蕭克順補衡山草
市巡檢陳錫周補桂
陽益將巡檢曾昌周
補醴陽典史張鶴齡
補

牌示岳州府篆務
譚元超署理

十九日晴 白蘭翁來晤上院稟商事件回署見客申刻奉 院檄兼署
臬篆李椿翁因病准假也鶴田貽珊均來商件 料理積牘
二十日雨 撫院衙參并謝署臬篆 中丞以益陽匪案奏報稍遲迭奉 廷旨切
責詞意甚嚴有引退之意回署見客寅僚有來賀者均辭不敢當 手䟦子城書
廿一日晴 上院稟商事件 拜臬幕王亦陶沈晴嵐均晤恭發 慈安皇
太后萬壽賀摺 閱明鑑第二十二卷 接李質翁全制軍十六日書詳詢益陽事
二十二日晴雨間 午刻接受臬篆 上院稟謝并晤署臬與椿翁商議接印各事
并勸令安心調理 接郭遠堂中丞十五日復書 曾沅浦宮保來晤久談論時
政極有見地 聞席硯香陡患中風右手足有不仁之象

二十三日晴　府廳堂期見二十餘人　唐蔭翁來晤　手跋彥侍書　擬復

李制軍函稟　爲畧交堯叟代稿

二十四日晴　南城謝客　回署後客來絡繹　午膳已申初矣　料理案頭積件并

檢點县署應辦事宜　竟日應酬殊不得閒　得照用信　蔚庭　穀士　子宣稿得

兵備　子通各部

二十五日晴　撫院衙參　北城謝客　崔田來晤　告知明日府試頭場上卷發

荅制軍部　遠堂中丞書　署華容縣事呂汝鈞以玩視民瘼　詳請奏參革職　○呂小有才能　不知自愛　第難姑容也

二十六日晴　會曾沅翁　葉介堂　張力臣　黃昌岐　在昌岐處久坐　遇李黼翁

至糧署　道蔚庭　照兵常書　三妹生辰　照常備麵　午後料理積件

閲明鑑二十四之三卷迄莊烈十七年 接彦侑若笙四月廿五日書

二十七日晴 張力臣来晤清理臬署事件披覽竟日

二十八日晴 州縣堂期見三十餘人 接亦榭書以派办洋務来詢办理

情形也 晚酌臬幕王亦陶沈晴嵐邀亮笙陪

二十九日晴 上院禀商事件回署見客 徐熙堂自沅州軍米局回省詢知席硯香

病状及西路大局情形 午後請黄昌岐軍门邀夏芝岑觀察陪 接琳

粟四月十三日書

三十日晴 黄介堂韓賡揚来晤 至臬署審録湘鄉等處招解案

十起并晤榕翁 午後彦侑書

六月朔日晴 文廟文昌廟ヿ香 撫院衙叅 回署見客 午後料理日行各件 竟日碌ミ 黄昌岐辭ヿ赴荊州

初二日晴 早起見客 出城送昌岐行 已乘風下駛矣 手復亦樵書 論洋務大畧 悦酌小坪邀 樸人陪 接李制軍二十四日復書 并接玉階家函 言帶寶玉令多

初三日晴 府廳堂期 見三十餘人 李仲雲來晤 商迎請李真人入城祈雨事 本年節候較早 西南兩湖汛水均未盛漲 園田正在收割 可望豐收 再得十日無事便大好矣 省城附近百數十里 微嫌乾旱 急盼雨澤也 接桐侯信 已於二十五日到漢 僕伴同行

牌示衡山縣知縣徐淦
署理常寧縣知縣王
幹勤調署龍山縣
葉彝光到任桂陽
縣知縣高照奎署理

初四日晴　詣院稟商多件　謝筱莊陳程初先後來晤料理積牘殊少暇晷

初五日晴　撫院衙參未刻赴真人廟行香長善紳民以望雨甚急迎請李（冬青萬元時人在龍潭山艾洋待考）

真人肉身入城虔申祈禱予闔民懷理應昭敬與衆也仲京自常德差

旋來見述知料理防務情形此間殊爲不負

初六日晴　早晚至真人廟行香午前見客張力臣來論遣撤章貴營事

初七日晴　真人廟第二日行香仍早晚兩次天氣熱甚南風不息雨意尚

遠殊焦盼也

初八日晴　真人廟第三日行香李廷韓自益陽回省述知此次剿匪情

形及現辦搜捕予宜均有次序輿論亦甚允協也張力臣來言章貴

嘗欠餉已議定六成放給四成實銀二成印票當即允之桐侯初三日來信尚在漢

上以南風正大未能上行也

初九日晴真人廟第四日行香午前客多炎蒸特甚竟不能耐午後得雨尚不甚透幸雲氣猶濃可望速霈甘霖也

初十日晴真人廟第五日行香仍每日兩次據報昨日東鄉得雨尚透惟近城及西鄉未能霑足耳撫院衛來易笏山觀察佩伸自貴州回省來晤論黔多頗簡要述龍陽陰少海文字遇害情形甚為可憐手稿飭督審局員及首府縣清理案牘並歲審自理各案內收管犯証分別開釋保候但使無章盡釋總冀不冤庶或有感召通和氣自致云爾

十一日晴傍晚雨　真人廟第六日行香午前客多與徐熙堂商本年採買軍米爲手札委李瑞南司馬惟丙馳赴豐陽查禁夫馬費一項訪聞該縣之有夫馬費者初以學差過境爲名然後乃非學差年分亦一律勒派往往至八九千串之多經收者爲冊書收錢既不給據故所收之數輒又四數倍於所派之數藉差擾民莫此爲甚非嚴行查禁勒碑永禁殊不足以革此厲政也　傍晚乃雨登茅亭望遠四圍雨勢甚濃惟省城仍未霑足耳　接李中堂五月十七日復書殷殷以龍益之子爲念　戌刻大雨如注農田霑足可知殊慰切盼

十二日雨　卯刻詣真人廟隨同中丞行報謝禮久旱得雨人心大悅　曾沅甫宮保來晤言郎興魯堂爲每月請給釐銷三百串以資經費允以函院施行　料理積牘昨晚腹瀉四次今日胸膈欠舒服藿香正氣丸飲食少減

十三日 雨 府廳堂期見三十餘人 脩寫已訖 氣分未舒 謝客半日 县署驛站房不戒於火

燒燬三間 幸即撲滅 紧要案卷尚未燬失

十四日 晴 翁拜庚陵雲 李篁仙 李庭樟 均晤 回署見客 胸膈仍不舒暢 適

港園来 即請診視 服清暑之劑 接雲卿書 寄贈皇清經解一部 另一部 计四百册共三百六十二本 寫

轉送仲山 接雨辰五月廿二日書 論經畫家多見說甚詳

十五日 晴 武廟行香 撫院衙參 翁張力臣 并賀保舉 以道員分發 賞瑚松額巴圖魯 回署

見客 另竢未愈 頗不耐煩 惟了日行公事而已

十六日 晴 至县署審録 郃陽壽處招解案十三起 順訪榕翁晤 仍以病勢不

減 急求開缺為言 翁李仲雲未值 胸膈漲滿 疑非尤甚 請連書菓來令

診視云係寒熱滯中所致即服其方
十七日晴 暑濕未清精神欠爽請假兩日 上李制軍書
十八日晴 請書巢復診言濕猶未淨也 復玉階書 中丞奏報龍並肅清
撥於前月二十日四百里拜發至今未奉〻〻批回心殊系〻 按程已逾四五日矣
十九日晴 李真人回山卯刻恭詣行禮并送起程便道會客上院銷假并稟商
事件回署見客 氣分略舒胸膈尚滯 仍服書巢方 閱邸抄楊海琴
閣長沅道缺送部引〻見日期尚有數人 知是年終密考也
二十日晴 撫院衙參 回署見客 楊 韓慶城戎文子雲參戎先後來論〻營練兵事
李廷暐赴龍並辦理清查來辭晤 仍請書巢復診氣滯猶未愈也

牌示：長沙府篆務，童大野署理

二十日午前雨，午後霽。謝筱莊來晤。午前客多。手復鍾雲卿書，并謝送白手清經

解，氣分稍平。仍還服書單方。

二十一日晴。早起見客。上院稟商各件。李格翁堅請開缺。院撤岳常澧道

增芸舫接署臬篆，所遺道篆柜泉署理，鶴田委署長沅道。來見。曾達

周同年自鄂來湘晤，一別八年，丰采猶如舊也。午後腹瀉，又作胸次頗不

舒適。湛園來，為擬方服之。早間曾所請書單，復診，據湛園云，須稍緩

再服也。

二十三日晴。府廳縣堂期，未見客。謝筱翁來，以溆浦奏案頗着急也。衣向中

丞楷園開缺之會之。硯芸來謝委。氣體仍未舒暢，接服書單方。曾沅

牌示衡府通判陳
瑞麟補醴陵縣缺
吳秉慈補永定縣
缺蔣恩澍補瀘溪
縣缺高照奎補

甫宮保以楷書掛屏四幅楹聯一副見貽
二十四日晴 翁曾述周年值祝星農老人壽 李仲約來久談 張力臣五初由
先後來晤談 贈答舫書 本日精神稍好 仍請書巢復診 服溫通之品
晚間大雨
二十五日晴 撫院衙參 訪李梧翁久談 梧翁廉介拔俗 清真自守 共事兩年 其律己謹
嚴之處 可為師法 與余最為相契 於宦中
益以老病乞歸 行將有日 彼此相對 殊增悵惘 此生平難得之一知己也 回署見客 午
後料理積牘 諸恙漸愈 惟飲食尚未如常耳 梅鳳六五月兄書
二十六日午後雨 崔田硯芸梅卿首府乃來見 上院稟商五件 道經泉 崔田各
署道缺 嘉翁白蘭翁晤 上經笙師書 并為世林作代 星農之五令郎 仍請
書巢復診

挪承武岡州吏胥金近廷補常寧典吏吳立志補

二十七日晴 祝鶴田生日 送李格翁行爐以雙柏〻辭始受 話別依〻 殊難為懷

今之古人我見亦罕矣 審錄龍山民女張乖姝壽字控案三起乎絞

謝峯書薩翁以素心蘭一盆見貺（清雅絕倫）物花後仍交還培養也

二十八日晴 出城送李格翁登舟於李苕間 仍依戀琴鶴清風 寅僚餞贐

一概謝却 真不可及也 回署見客崔田硯芸先後來晤 手致蔚庭彥信

書 接席硯香二十一日排遞來信 言病勢未減 囑代請書蕃前往診

視 細閱書詞 恐病情不甚輕也

二十九日晴 送周來久後至軍需商件 午後料理積牘 詳慎披念書

蕃仍屬多服藥劑以清餘濕

七月初一日晴 文廟文昌廟行香 撫院衙參 為遣撤章卓貴營事中丞諭飭王壽卿永章
張力臣前往料理 門留會商一切 回署見客 秋暑酷甚 不耐久坐
初二日午後雨 送王壽卿張力臣行 晤壽卿 為湘中老統領 樸實穩練 爲近時
軍營習氣人 尤謹 柳沖和將領中不多得也 下午偕蘭岩星曲長芳餞秬泉寉
田席後收花廳 較為開爽 接彥侍五月廿日書
初三日雨 府廳堂期 見三十餘人 李次青廉訪自平江到省來晤 上李制軍
書畧述遣撤章貴營事
初四日午後晴 送朱秬泉行 至臬署看審話 寧鄉縣民楊政中等京控案三
起 手致仲高書 論章貴營事

牌示靖州〻判徐淦生署理

初五日晴 撫院衔茶于曦岷韓賡揚先後来晤 接李瑞南司馬沅州来書（六月廿二發）

言席研香病勢増劇 西路軍情時有挫失 大局頗可慮也

初六日晴 午前客多 未刻上院 稟商援黔大局 申正出 奉六月十七日〇〇寄諭 并

御史張澐卿奏有減援軍 籌協餉等條 語極中肯〇朝廷見湘省屢有

匪変 隱慮方深 亦頗韙其說 不似從前之堅持援黔矣 有此轉机 通籌佈

置 或尚不致坐困耳 函王和翁 晤書第穉赴沅州 診席病也

初七日雨 雀田硯芸来晤 赴軍需局商件 午後料理積牘

初八日雨 州縣堂期 見三十餘人 芝岑来晤 以昨接彭錫翁（准補糧道）函 已具稟請開

缺也 連日大雨 恐碍收割 急以晴霽為盼 相候遲久不至 亦殊勞企望矣

既日晴 晤李次翁久談述盂蘭盆會及請乩多言之鑿鑿亦勸人行善之

意也訪易笏山論援照大局久坐順道晤容桐侯到湘言守風陸溪口以船身

太舊稍有驚險倉卒換船行李甫經過舁而原船已打散矣甚矣行路之

難也與談家鄉多甚逖接旭人六月十六書 天氣極晴人心一定

初十日晴 撫院衙參 易笏翁來晤中丞有委派營務之意早間留後商

及也料理筆頭瑣件

十一日晴 鶴田來辭行久談 硯芸春皋韓賡楊先改來晤 午後送寉田

行久坐晤葉介棠中丞值易笏山以派辦營務來拜適出門未晤秋生明日四

旬初度即晚設席預祝之

十二日晴 慈安皇太后萬壽寅初恭詣萬壽宮隨同中堂敬謹行
礼回署祝秋生壽有小趙易蜀山來詢西路軍營務棘手情形語多中肯欲力辭營務
處不就婉言勸止之許以如有為難定當分任決不推諉也演普慶一日
假普天同慶之義並帶小普慶來此鞦韆和番堆羅漢諸劇
亦頗可觀萱闈意興甚好竟日不倦悅懌兩兒恭接祖先
十三日晴中元節祀先演人和一日萱闈竟日在堂看探母番頭諸劇極有
興會本年慈壽適值並龍有事未敢稱觴茲當地方數多歲功告成
恭值皇太后萬壽之期為堂上延釐之祝以國是為家慶非敢自安
逸樂也 兩日公事均當日清理並無積壓

十四日晴 午前客多 接李制軍七月初七日復書 硯芸來商件 成靜齋來晤述及都門論湘事大畧

十五日晴 中元節 武廟行香 撫院衙參 論川粵鹽重事 回署見客 接陸舫
復
仙書 述知董韞甫文蹤跡 言將擬補隆德 現辦海局採運 近況尚好 亦可慰也

十六日陰 下午微雨 蘭岩來久談 午前客多 代中丞擬通籌援防全局節略 午後 文思甚窒 未能脫稿 接張力臣常郡來書 論遣撤章貴營事 此固未嘗無才也 語頗中肯 隨手復之

十七日晴 至臬署審錄寧遠縣武職毛景之籌京控案兩起 并提訊東安胡龍光一案 歸途過成靜齋未值 孫春舉以請咨事來晤

十八日晴 州縣堂期見四十餘人 擬就通籌援防全局稿 粗有大概 尚須刪潤也 接

生甫信知已接奉月十一日到鄂，接左恪靖六月廿六日復書，星西長安指向

保案少先如所請

克日晴席硯香病勢不支，其前後左右力為諱飾，希冀遷延敷衍，吾遂與私

回明中丞，委候補知府隋右銘密赴前往沅州，以視疾為名，觀其舉意如何，

易商辦理之法。右銘有幹濟才，與硯香有舊，當能不負此行。本日來辭，即

將兵勇餉及大局情形詳切語之。午後上院稟商各件，并隋道籌金局稿，久坐。接

候補同知李惟丙稟，因代理醴陽縣隋陽作來稟，撤裁革夫馬費一案，業

已遵行，勒碑永禁矣。此事頗為痛快，可見興利除弊，苟得其當，無不可行，為

民上者可不於此等處加之意哉。誌之以自勉。振錯為幕友秦符生丁內艱

弟之定示禁止穀米賣空買空稿。湘省近年此風甚熾，流弊極大，不可不嚴（趁此新穀上市）

切禁止也。詣仲雲丈未值。

二十日　晴　撫院衙參，會易笏山晤談。接筱荃制軍書，言有遞匿名揭帖者

用本省衙門馬封申貴屬為案查，以防其假，細加查閱，紙張及印碟均已變色（此等貴每歷一任均須如此）

似非近年偽出，以後自須加意謹慎，并加〇編字號〇以資辨別〇（然此種跡果難保必無）。匿名帖每係離

扯湘省不倫不類，照例不行也。

廿一日　晴　答西來談。上筱荃制軍書，附撫孫春泉請啟封見省接本年

六月廿四日後信，言日本換約省尚無就緒也。接仲高來信，言韋貴撥

勇餉項，杜泉議不敷，大有參差，頗以為慮，定議聚席宝田、傅陸諸派大伸

各營門粵東厘稿有多寡不一法令日繁無補多情徒傷政體等語 手復生甫書以釋交誼惜

若少議論情形止十二字囑之

廿二日晴 劉忠壯公（名松山號壽卿金積堡陣亡）忠櫬回湘原籍過省 中丞率在省司道祭之 吳子俊記名提

督黃萬友同治五年率師過漢口時適值擾氣逼近曾留駐月餘頗資鎮壓

上年在金積堡軍營積勞病故靈櫬因歸 余誠祭之不敢忘舊誼也 午後劉

毅齋京卿來拜 即壽卿之胞姪 名錦棠 年約三十左右 壽卿殁後接統老

湘軍 平平金積堡 剿回酋馬化漋之心以為快 其姊與 設當時情多顧餞謀

慮不涉移參（最難也）劉忠壯（於九年正月十五日）陣亡 同時各營紛紛退 毅齋堅忍耐守成用

大功 此亦人所難能也 （據云馬化漋伏誅時同日殲精壯回逆實以數十口 [illegible] 太多 [illegible] 在營）便擄賓要報 ... 報二千餘也 其時陳 ... 仙 ... 主女諜云

易蜀山来久没中丞以陵正通筹全局，稿见示，增损属均，极畅达，即日呈徼焉。沅甫宫保来书，值

廿三日晴 府厅堂期，见三十余人。访曾沅甫宫保，拟向江苏筹借钜款，以营销

局应解湘饷拨抵，如西路更张之计。又以鄂、皖两盐碍难一时并堵，现拟楚岸淮盐（以鄂岸淮盐下注）

暨运（湘中）皖（粤从议）岸均请照淮商（商）运，俟相（此处添"商）照办"等字）机办理。请勿设厘卡，于设碍业（此处"难"似）进器兵之值，料理积牍。

若日晴 上院禀商五件，陈说立侯审酌之议，并请之所请送甘肃兵饷师毋许

归（前妻灵守，故）时，乞帮解白蜡，正可侍奉回京也。惠澄翁到省来晤，张力臣自常德

回京，讲拟章程，贵省设施详通盘计算，照原议尚无大出入，所短亦不及万

金，此尚易于议结也。统共欠饷三十二万两，余皆议发给实银四成，印票二成，另筹钱票四成，指广四成，计至此外，浮出万金亦尚有办，当卸责于张也。

（酒刻）

墉卷舫到省来晤，曹定初四接家书，以太迁改二九时已傍晚，不及多谈，改

牌示：淮补凤凰厅同知侯晟，淮补武陵县知县符治寀，均饬知赴任。保清（以）（僳）县兵（县学教谕）学（凡）龚南金、留后（任）长（沙）县兵长沙县署武冈县事钱镇渭。

彥侑書，交汪鐵珊帶京，托指呼解蠟丸。上李肅毅、左恪靖書，附賀壽書去。

廿五日晴。撫院衙參。午刻至臬署審錄龍山縣已革武生張占先京控案

兩起：內龍山縣民張延鎰控張延鳴等滅宗吞產一案，係道光二十六年京控已結，

此次復翻之案，因明中丞照案咨銷，以杜詐援，而有官控詞告甚多，非此

不足以熄其焰也。會墉叁、翁晤。下午達周來談。

廿六日晴，下午雨。午前客多，秋暑甚酷，午後大雷雨，漸有爽意。編脩蕭晉卿丁內艱。

二十七日午後雨。蕭宅設奠，晤陔著書啓、韓勉吾、吳俊妙初見也。仲雲丈來，未

值。中丞邀陪墉叁舫同席，尚有蘭君星函，辰看孔雀，席散已戌

初矣。

牌示：淮補慈利縣歐陽平到任，祁陽縣優家任之駱署理，橋試用澧州順慈遊檢吳夢齡署理。

牌示：奉司理問岳鍾峻署理。

二十八日晴　州縣堂期見三十餘人竟日客多　小坪来晤　春坡交代粗了將

回衡州料理臬署交代各件　接衡峯書　囑留心明年館地也

二十九日晴　交卸臬篆　偕增蔘舫廣訪上院稟謁順道會曾澄翁并道蔘舫

接任喜均晤　連日秋暑不減　伏熱於晚稻頗相宜也　手致彦侍書

三十日晴　硯芸来商衡陽王炳奎曾廣韓控案多多姦摺并回　接彦侍六月廿日書

言趙詩貞請領則例事頗多荒謬　人固有一望而知其世類是也　手致玉

階書　孫春皋来謝浴服滿引見　接筱荃制軍二十二日復書論地方事獎勉甚至

八月朔日晴　文廟文昌廟行香　撫院衙參　回署見客　午後料理案頭積件

初二日晴　增蔘舫韓廣楊先後来晤　徐韻江世兄自漢口到湘　交卸臬篆

收公事稍簡矣

初三日雨傍晚霽 府廳堂期見三千餘人 送王小坪行 函張錫田 作嘉定信 李映翁

來晤 後軍米局員李瑞蘭司馬書 就亮籌稿增損之

初四日晴 大昌廟秋祭寅初恭詣主祭後殿 卯刻隨同中丞前殿行禮 回署小憩

易笏翁來晤 料理積牘 接金逸亭知甘孜局事尚未了手也

初五日晴 龍神風神廟秋祭寅刻恭詣分祭風神 同年章蘭軒太守學淵

聞訃丁內艱 是日設祭前往致奠 過蔭雲仲雲洪君歐陽用甫保極將隨

同翁赴慈利任來辭晤

初六日晴 眙珊來商萍前餉事 上院稟商事件 函易笏山晤 現充營務

屬駐又一村，順道拜客，回署。小坪来辭行，晤談。手致鳳岳飛千書。仲山自衡州回省。

初七日，晴。武廟秋祭，寅初恭詣主祭後殿，寅正隨同中丞前殿行礼。曾澄翁来晤。書林師同仲山回省，作竟日談。森兒九歲生辰。

初八日，晴。州縣堂期，見三十餘人。仲山来晤。巳刻至學署，謁蔣師，并晤伯垂、衡伯諸君。翕仲山尚未回也。午後料理積牘。

初九日，晴。文廟秋祭，丑正恭詣主祭後殿，寅初二刻隨同中丞前殿行礼。回署小憩。午前客多。仲京自益陽、龍陽回省来見，并述辦理清查情形。書林師偕嚴衡伯来談。

初十日，晴。分祭神祇壇，社稷壇中丞主祭，寅正恭詣行礼。達周来晤。午後星南辰来談。

十一日，晴。代中丞擬致曾侯函稿，商借洋款以濟銷局，應解湘省鹽厘撥抵。料理積件。手致彥

牌示武陵大龍巡檢劉守正署理。

牌示晃州巡檢閔顯勇、臨武典史葉正茂。

均州任辰谿典史李守謙回任澧州州判，李作廉署理長沙典史，徐銘調署

牌示部咨典史王寓生回省理

牌示衡州府篆務李鎬署理，永州府篆務張修府署理

付書托孫春皋引見，又附寄（鄧邨）說文解字義證一部，即托春皋帶京寄

日缺放上海道涂宗瀛朗軒，則亦古樸人也

十二日晴　上院稟商公件　祝鄧子美太夫人壽，并賀御賜匾額誼篤增榮宗支

（周笙西）舫、羅小溪、張力臣、硯芸、貽珊先後來晤

十三日晴　伯葵舫上院回，缺衡州張筱華、永州廷芳，字均應送部引見

也韓賡楊來晤，陶卿抄知蒯（賀蓀）士香升浙臬，沈（秉成）仲復調上海道，李（常華）妹彥放

常鎮道，吳（長元）右臣放常州府，戶部見一缺矣，直隸水災情形頗重

十四日陰　左景喬先生、李筱皇、仙陵程理先後來晤，硯芸來言有（寶）南

局收進房屋四層，堪作候審所，修葺費約二三千串，竟日客多

會羅小溪楊安臣均未值昨韓賡颺来述知張錫田景況甚累以三
十金贈之俾稍稍料理節事
中秋節晴 武廟行香 撫院賀節 順道賀曾沅甫宮保 有舊屬之誼 與
他處不同也 晚酌在署 戚友并書林師及與署諸君共四席 傷風發熱未能陪客
十六日陰 昨晚畏寒身熱 四肢酸軟 四更后汗 稍覺清爽 仍咳嗽頭疼也 請汪樹德診
服表散之劑 謝客 下午接席硯香初八日沅州來信 言病勢稍好 因餉銀缺乏 多與營務處大齟齬
十七日晴 傷風感冒未清 仍謝客一日 仍接服汪醫方
十八日晴 州縣堂期 見實缺及有要如一班 餘均未見 以感冒尚未大愈 近午收東
豎来之說以用人宜慎勸之渠本不善經理家務閱其任長沙時深為妥党張

性好弄潮於所爱不知亦不信焉蘇將赴永州故婉言諷曉之

十九日晴 午前見客曹瀅甫將回湘鄉來晤論及商借洋款乃將來擬請徒金陵一行欣然允之此事或可有成焉 傑甫恙愈惟咳嗽尚未全止耳

二十日晴 撫院衛參曾宮保生日祝之 韓賡揚張錫田先後來晤料理案頭積件

廿一日晴 會李仲雲葉茀曾達園李篁仙兩同年均晤談會增芰舫廣麐雲均未值 午後硯芸仲亨先後來商件各談

廿二日晴 午前見客申刻偕蘭岩星甫辰公請增芰舫廣訪易笏山觀察席間暢談並論援黔大局

廿三日晴 府廳堂期見三十餘人 午後偕芝岑上院稟商各件 上堂

筱荃制軍書論中丞呵斥羅小溪事 有忌刻伸士護庇屬員率因不敢存此心然是非所在豈能不容一加倖察若地方官之去留全憑伸士爲轉移率因不能受此指揮也况湘中風氣此亦一是非彼亦一是非元極其量即使朝更一牧暮易一令而其不滿蓋畸有議余忌意此自在也與其循人介如向已云云

刻護庇此故遂激言之非將爲激烈也

苗目陰韓廣楊協戎攜其長子桂芳來執弟子礼年十四文理已有可觀人品亦端秀將子弟也酌曹逵周同年 高壽農之郎 何稜蔚光

端萬農兩世兄四許星槎太守因病未至壽農善談席間頗不寂寞也 唐蔭翁來久談定擬設三侯審公所詳稿送荃帥酌核會

办閩鄧抄扉寶翁升刑尚李蘭翁升搓憲夏子松升兵右幕振變

叶奉尹

廿五日陰雨 櫻院衛來論澧州城之謝役莊耗病久不出前往視之 晤道仲京東暨蜀鈌喜 午後仲京来為言衢郡大畧情形 手復鶴田荊人書 均附節信去

廿六日雨 午前容多 申刻酌硯芸東暨仲京三太守 硯芸東暨均為五旬初度 東暨與仲京又將有衢永之行也 駱雍齋病殁錢子宣大令館寔為錢（月樵之三子 年祇二十四）所驅了病不起 此老妻弱情何以堪 身後之多余與硯芸分任之 經理一切則金立堂大令（兆基 諸暨人）之力居多 而病中照料醫藥則錢宅內外尤周至可感焉

廿七日晴 張力臣來晤論援暨指捐係為從優 若商之仲京 辞行赴衢州 致董椎孫駱少甫書 報知雍齋之逝

牌示龍陽典史沈寶興 補通道典史錢士麟 補芷江典史陳式南 補

廿六日晴 州縣堂期見三十餘人 手致若笙彥侍書 因賀萬壽摺 交〇〇

差帶京

廿七日晴 上院稟商事件又至 會葉介堂晤談 訪鄧箴翁未值 料理案頭積件

九月朔日雨 文廟文昌廟行香 撫院衙參 午後鄧箴翁來談甚久 商志局事

初二日雨 硯芸來商件件 成靜齋來商請假繳憑事 見地甚高 分發江蘇以知縣 因親老未能前往

芸舫招飲 酉初赴之 蘭岩星曲從同席 亥初回署 胸次不舒似餓似注

夜寐亦不安并作水瀉

初三日陰雨 府廳堂期見三十餘人 胸次頗不舒暢 頭目間亦不清楚 料

理日行公事外未能伏案

初四日晴 祝星農生日 會李庭暐劉湯文董闓道兩行（前導）呵〻不止與王興前面斥〻仍作桀驁不服狀士習至此太不知有禮法矣即此雖其居鄉更不知若何狂妄矣帶至署中 偕陳（善培）龔（琴）兩教官領回飭交父師管束本届科考之一次以示薄懲 小恙未愈 請汪醫診視云風邪夾濕所致 所服其方 高壽農辭行赴京

初五日晴 梅悅衡來 會左景喬先生 晤譚文卿起服進京過省來晤暢談行期甚促擬以一摺餞之而未及也 未暇辭赴永州任 筠山來商暨指多六月

摺差回 接彥侍修伯書 氣分稍暢 仍服汪醫方

初六日陰微雨 硯芸來商件 韓賡協自岳州盤查軍械回來晤 料理積牘

初七日雨 午前見客唐蓉蓀翁七旬（六九歲）預慶祝之設麵席晤李黼翁張力臣翁

文卿并送廿刀來值午後四趙訊恙已愈惟飲食尚滯耳

初八日陰雨州縣堂期見三十餘人致生甫書接嘉定信年歲頗好 致虎卿書托交松茂亭奠儀百金

重陽節雨 李仲雲翁夫人四十生日祝之 會韓廣揚來值唐義翁自

常寧來晤久談詢以地方情形約畧言之下語均極有斟酌也復張 劉肖

鞠甫書附屺堂節信去

初十日午前霽下午陰雨 撫院衙參會拜唐義翁來值李廷璋張力臣先後

來晤 手致琳果書久不致函言之較詳

十一日雨 陸右銘自沅州回有論援黔大局并現議酌量裁減情形言之有

序惟籌集岸久餉煩難措集耳 擬撤精毅營老勇六千人 約須籌備現餉六十萬兩 手致雨辰書時尚在籍假滿將回京也 接李榕翁來信言已於中秋日行抵桂林省城身體尚好甚慰 亦拳拳以設立候審所一事為囑

十二日霽 接席硯香留日書 深以援黔軍務責有專人接統為言 當商之中丞作後也 久餉之遙百萬處爾易撫 一局亦本無此力量 致金少伯書附寄朱調梅賻敬百金

十三日霽 府廳堂期見三十餘人 上院稟商事件久坐 富易笏山晤 復論席信意頗不平 好言解慰之 接芍亭書言朱太夫人七旬正壽將於八月開秩觴祝也 閱邸抄知茗笙升授太僕寺卿

十四日雨 白蘭翁生日祝之 星農來晤 風雨竟日 殊覺悶人

牌示益陽縣缺呂

十五日雨 武廟行香 撫院衙參 回署見客 委候補通判冒小山沅管理候審

懋恒補龍陽縣缺
黃毅鎔補仍本劾遺缺
牌示石门縣篆務
孫炳煜署理正途
牌示瀘溪縣篆務
呂懋恒署理勞績

所有務該倅明練篤實創办一切百期得力也京師舊友先後以粥厰公啓
囑為募捐因其捐集不易忽之置之本年北河潰口歲補一帶又以久雨成災函
邸抄知流民已有向京城乞食者計本届現在办理粥厰需費必十倍於往年因稟奉
不敢求福惟祈慈體康强耳
慈諭捐備庫銀五百兩又回明中丞在米捐局閒款項下撥銀五百兩湊成一千
兩以四百兩寄交芍亭作為長椿寺粥捐以四百兩寄交偕伯作為圓通觀粥
捐以二百兩寄交季和作為梁家园粥捐以此數量為分散或可稍助賑需云
十六日晴 笠西來晤 硯芸來商件 已革龍陽守備申大貴緝獲 龍益滋事逆首劉道美解省正法前案庶
有歸束矣 復温味秋王一吾兩太史書同彭朱儒三函均交蔚泰厚寄京接
崔田八月二十六日書述鎮筸情形頗悉 久雨初晴精神一爽

會同縣牌示洪江巡檢王殿爵咨補

十七日晴 午前客多 芝岑來籌畫餉事 仲山文場竣事 前往一晤 并謁書林師久談 接笠筱制軍十二日復書 於前函所陳頗蒙採納 接郇子美書 述新疆事 伊犁於五月間爲俄羅斯收復 并有代收烏魯木齊之說 朝廷命劉銘傳出關 劉以病辭 現奉旨賞假一月 飭令進擊肅州 暫勿出關云云

十八日晴 州縣堂期 見四十人 許星槎辭行回湖北 晤書林所來談

十九日陰 午前見客 李庭樟來晤 上李制軍書 復郇催飯銀事 并告知劉美道就獲暫借寶南局後四進房屋設立保審公所 於本日開工修理 委候補縣張玉森承修 賀恭振爕升奉尹 并送其行

二十日晴 撫院衙參 送許星槎行 贐以五十金 辭不受 檢點通志書目 近日倩筱飲標記書籍 須手自排定也 接郇子美回書 復送還潘媛事 先是晏塘潘調

甫々女於十歲時被兵失散子美攻下無錫見其幼穉可憐攜々回湘太夫人倍加青眼現在彼此訪獲消息馳書告之函允送交此間覓妥送回亦一件快心事也 亥刻東興街民房失火登茅亭一望相去甚近幸洋龍汲力迅就撲滅尚未延燒 葉世卿扶送晋卿旅櫬回南於本日動身即函致雲岩酌撥地畝爲之安葬追維往事爲之憮然 接荷小宋中丞書誇獎出於意外

廿一日晴 芩舫筠山于曦岷連桂亭先後來晤均有事相商也客來始僎午飯已申初矣編見通志書目跋多計二百卷分一百六十冊中間厚薄名類亦有未盡停匀之處若重加裝訂頗覺費事且恐參差不齊不如仍其舊也

接孫春皋自鄱來書敘及湘省憲政所論湘多云云

廿二日晴 上院稟商事件久坐訪芝岑商擬照指多會筠山晤料理積牘

廿三日晴　府廳堂期見三十餘人　接嘉定信知直卿於九月初六日作古老境不佳（晤筱苓舫星曲臣仲伯）
殊堪矜憫　少齋荒謬糊塗不可救藥　閱推曲嵩寅各信大是憤人事知
萱閣擬請推曲至怡慶照料一切冀有以鈐制之否則嵩寅兩君都（翔因亦有窒礙不果行）事
能了此亦一大累也　接衡峯八月初十復書言陸宅姻事
廿四日晴　午前客多　芝岑來商籌餉大略　梢差回　接彥侍八月廿八信附到徑師
八月十三日復書又衡峯一紙（論湘省大政并切詢商陸宅姻事也）　閱邸抄知小宋調蘇撫張子青升閩撫遺缺也
廿五日晴　撫院衙參　李宅弔喪（仲雲家淑太太之故）　老回署見客料理積牘　邵涵
芗來（子美之弟）　豫送歸潘接事
廿六日晴　白蘭翁王俊卿先後來晤　潘調甫令攖自鄞宅來署　伯文相

侯昨魯均兄姻有親誼也人敦龐厚有識擬侯乃昨来接與之同歸編排通典
書目計二百卷分四十八册
廿七日晴 午前客多旋礪卿自上海来帶到涂朗軒廬訪信言將入部須十月底交卸侯 論少齋事
8 陛見後尚擬請假修墓約須明春方能到湘也作嘉定信晚餞顏江
廿八日晴 孟冬祀先停止衙參 午後芝岑来商此件收援黔捐輸收撥章
程楊海翁自鎮算到省来晤因老太太年高將寓居語溪祁陽城外五里未能北上也
廿九日陰雨 李庭幃約同上院稟陳劉子訓家產多先以被逆脅入龍陽城收
後到營自首勤令備食拿
首匪劉道美何春台續罷日久無獲奉院提省正法不數日而已革守備申大發拿
獲劉道美解省中大發所帶勇丁數十名蓋即劉子訓出資召募者也
念其法無可貸而情有可矜故允庭幃之請
陳請中丞免其抄沒家產俾養乃母餘年云 手跋彥傳書附復內閣

牌示寶慶府同知楊泰來到任東安縣篆務辛本檢調署

刑部户部公函催解飯銀事 編排通考書目計三百四十八卷分一百十二册

三十日晴 午前客至星署審錄常德協副將陶譜參案擬軍台 會楊海

琴王筱卿順道拜客 接恭振夔書言已交卸荆州道篆二十日起程赴省即取道

清江北上

十月初一日晴 文廟行香 撫院衙參 陳程和太翁八旬壽誕順道拜客李次

雲來晤 名家驊 雙圃先生之令從子 午後鶴田書 潁江動身回嘉

初二日陰雨大風 午前見客 編排乾坤正氣集書目 核定新設候審公所章程

八弟星農招集同人賞菊 申刻散 參舫蔚若印田芝岑同席

新寒料峭大可衣裘 鄧鶴卿請添募六營 痴人說夢 如見肺肝

牌示永州府佳歷
楊宗誠署理

初三日晴 府廳壹期見四十餘人 李仲翁韓賡揚來晤 昨早大風城河壞船不少 聞有百餘號 擬請查分別撫卹之 仍托仲雲商諸陸程初以期可歸實在後生甫書 閱御抄知子松啟順天學政可喜之慰 手定詳議益陽國陳章程稿 軍雲自草稿未能透明白達 隨手易之頗切當也

初四日晴 上院稟商事件 會白蘭翁順看新修工程 城南山長徐基患外症未識視之 步晤家人傳語言將次收口矣 編排正氣集書目 書林師自學署移來小住

初五日晴 撫院衛恭 白蘭翁來晤 武陵人兵部主事楊性農彝珍來見 其人學問頗收兩鄉評 甚懷閱之已久 今始得見 年近六旬 狀貌樸陋 眉

目間有申韓氣人言或不誣也編排正氣集跋多計一百一人分五百七十四卷合
訂二百冊後硯香書就簽敘稿增損過半頗暢欲言 周韓翁來晤
初六日晴 連書巢自沅州回言硯香病勢無妨惟右手恐成偏廢耳出小西
门訪楊海翁并留其館住有垣太夫人年逾八旬患偏廢自鎮算登舟至今已兩閱月此去祁陽尚需時日天寒水道風
雨不常似非所宜
故同人擬留之 李庭暐設蜀館見招數次共兩席演大小普慶兩部
有海翁在座其會頗好罷已亥正矣 邵陽王澍生承澤刺有來拜未值
初七日晴 蜀山來晤論龍蓋大跋蓋新自龍陽回者也料理積牘核定經理接
壁指撝僕自就芝岑所擬增損之墨為得李爵相復書 有云見韞帥統籌防
勦一疏語多中肯西
師久頓進退兩難研香若不强起代者尤難其人即次第撤裁
欠餉太多安插無法其中殊費籌畫籌望穩慎圖之

牌示長沙府經歷郭拱基署理

六日晴　州縣堂期見三十餘人　晤周韓翁　楊惺農　王潤生　順道拜客　訪張秀翁暗談　謁曾宮保　以感冒未見　仲山試畢來晤　楊海翁來述知定於卒日上坡　暫住貢院西街　午後從滬書接琳兒九月十五日信　述及居鄉大致　意甚得也　可羨之至　是晚四更忽發肝氣　左腰酸脹　牽及小腹左　不可耐　黎明始愈

七日晴　午前見客　慶賀萬壽　演春臺班　增蓉舫生日　祝之　慈闈竟日聽戲　精神極勝　意興甚好　往時　服汪醫方

初八日晴　慈禧皇太后萬壽聖節　寅刻恭詣萬壽宮隨同中丞行慶賀禮　張筱華卸衡州任　回省來見　意將請假三月　俟來春請咨北上　先之演普慶班　慈顏甚悅

牌示善化縣丞黃炳
望署瀏陽縣丞盛
賡署益陽縣丞朱
雄奎署道州吏目喬
懋林署

十一日晴 工部郎中周孝棠（炳西）勳来晤論益陽團練章程演人和班頗有可觀
慈親往恃聽戲搭未能竟日在座此次精神健適（天氣亦好）意興不減平人殊可喜也

十二日晴 午前見客偕芝岑上院稟陳援黔捐務訪楊海翁李佑順道拜
客料理積牘得李瑞蘭（二月二日沅州来）書言（並述營中積弊閱之焦憤無似）席硯香病勢加重將回本安等語

十三日晴 府廳堂期見三十餘人午前客多達周來談接龔鳳台書料理
積件歷碌竟日

十四日晴 上院稟商事件論援黔大局以席（硯香病亟故也）黃蘭臣刺史（武度）自蘄州奉
諱回籍弔之晤曾沅浦宮保論查河上卡不便情形回署見客夏芝岑
易笏山兩觀察先後来晤均與論西路軍務楊海翁来談少閣岩招飲赴

〻仲山學使夜座清譚甚暢

十五日陰 文昌廟行香 撫院衙叅 湖北採買倉穀委員顧際熙 金大鏞 王培厚来見 藉詢鄂中近事 張錫田来晤 談及根雲師家事孝安 可歎亦可憫也

十六日晴 湘潭教諭鄧湘儞送考多畢来見 與〻久談 品學純粹 氣象自與人不同也 曾沅浦宮保来晤 午前客多 復小棠中丞書 并賀調任蘇撫 晚具小酌 賞菊 座無外客 清譚歡適

十七日晴 北城會客 晤易海青 易蒻山 周笠西 鄧筠軒 李次青 專值 接左恪靖書言已 九月十九發 移營安定 皆師進戰已克收康家崖要隘 亟欲乘勝渡河 該逆於洮西堅壘深壕拼死抗拒 現擬分師繞道渡河 直攻其背 以收夾擊之功 目下浮橋已成 不日即可進取云〻

接筱荃制軍十一日書言現奉○○諭旨赴湘查办两件稍為摒擋擬即起程由水路行
所帶人數無多川資均為自備囑飭各屬供帳勿稍鋪張等語天上飛來事難揣
測殊足駭異也
十二日雨　州縣堂期見首府縣後即上院稟知制憲來湘一節中丞處之坦如
亦足覘氣識也至軍需局商件　委劉子昭通守驟馳赴岳州接迎候制
軍并飭兩首邑收拾貢院預備行轅　下午接生甫書密告制府南來大
劉仲學蔡舜臣奉委查案定期起程
略亦未必盡確也亦樹亦有書至大致略同
十三日陰雨　首府縣來商制台差事星農來談午後出門拜客在仲山處久坐赴唐蔭翁
招桃觴亦菊樽也共兩席餚饌之精同人無不擊節稱賞真獨擅勝場也

二十日晴 撫院衛參回署看見客 仲山辭行按試岳州 王雨翁辭行赴京引見

均晤談 手段旭人書 并托段金逵亭信以從其行

廿一日晴 四十二歲生辰 寅僚來祝者均辭謝 晚設四席 尚不寂寞

廿二日晴 南城謝客 送仲山行 書林師同日登舟 約常德試畢後先回省也

榛壓堂刺史以衡山冬朮見貽 香味頗好 雖地道遜於潛 然衡嶽鍾氣 却非他產可比矣

廿三日晴 府廳堂期見四十餘人 北城謝客 黃蘭臣來 與之久談 接雨辰十月

初一日滬上來書 知擬由海道北上 日內計可抵京矣 另紙商石門事

廿四日晴 上院稟商事件 曾澄翁自湘鄉到省來晤 仲雲丈 張力臣先

後來 均晤 接崔田書 將苗疆建置沿革及邊務屯防事宜開摺見示 閱

之像為僕晰尋流溯源要不勝為指掌洵有心人也閱江夏政長善信
知以制軍於二十一日起程亦樹旌節南來○酉刻接制軍九日行知十六日准軍機大臣字寄同
治十年十月初八日奉○○上諭本日有旨將劉崐開缺另候簡用令王文韶
署理湖南巡撫吴元炳署理湖南布政使矣劉崐現有應行查辦之
案着李瀚章傳知該前撫仍在湖南聽候查辦俟此案奏結後
再候諭旨等因欽此恭讀之下悚感莫名值此時艱猝膺重寄深以
弗克稱職為懼惟萱闈精神矍鑠歡喜有加至為欣幸耳
二十五日陰大風　撫院衙參　韞師以仔肩得卸神色自若惟偪促早日受篆
以既奉開缺之○○旨未便稍延也偕同人閱視制軍於轅回署後寅僚紳好賀

牌示蒼梧州判蘇

者畢至竟日碌碌 上裕荃制軍書告知擇期接篆其藩司印務候派员

接署以使節將臨未便（宜）擅委亦分際應爾也

廿六日陰 上院稟商接印日期定二十七日巳刻（甲申） 久坐暢談回署客來絡繹清

理積牘刻未何閒（暇） 致金逸亭書并促其行

廿七日晴 巳刻恭接撫篆為 慈闈敬賀畢 上院謁見毅師久談會拜荃

帥蘭岩星農均晤順道謝客檢點（午後）撫署交代各宜并料理藩署

交代各件（頗形繁冗） 訂定沈佩九館各 是日巳刻接廿六日寄諭一道（接署軍事）

與相侯商定謝恩摺稿

二十八日陰（停止衙參） 兩首邑來見南城謝客晤仲雲文唐蔭翁閣部 卜欣慈彥侍

民生常德府任黃賓
忠桂東西史鄧忠堯
沅陵馬底巡檢朱汝
瀛均飭赴任並江懷
化巡檢謝重華飭知
回任

敘四川東道本月廿四日諭旨與相侯商定湖南地方軍務大概情形奏稿
左景喬先生來晤近日頗有老態言近接恪靖家書河州烟匪有求撫
之意不久當可定局矣
二十九日陰 北城謝客晤左景翁易笏山李篁仙楊海翁葉介唐諸君料
理積件手復崔田書
十月廿一日晴 文廟文昌廟行香同人偕至撫署稟安劉子昭接恙田言制
軍今日可過湘陰明日必可到省矣 恭發謝恩摺并謹陳湖南地方
軍務大概情形一疏由驛三百里馳奏 借相侯商定新設候審聯額
彼宜有罪此則無辜救國家三塵求情相期明四訓慎刑不冤民多意
日 上方將生下已殆死諸君子一行作吏顧政平訟理更無人到此廣來

可謂慊心貴當矣額曰可善楖汀又更換藩署大門一聯曰川嶽懷柔千里衡湘朝北極也民安習父修政教播潮州亦頗見氣魄也

初二日晴 申刻出城坐長龍船迎候將軍 至三汊磯回晤久談回舟與苓舫定墳藩臬暑之議

洪君談進城已子正矣

初三日晴 韞師移居營盤街詣見回晤至院署察看房屋鏞兒等偕往

午刻至貢院候將軍至請見久坐南西路軍務并吏治大概畧及奮勉

子宜回署料理交代事牘會妻增苓舫署為藩夏芝岑署臬

初四日晴苓舫芝岑來謝委至貢院謁將軍晤商一切順見亦樹談并拜高竹莊晤容來偕僕

午飯已申初三刻矣與將軍害商提調論援黔軍務秋生桐侯均先移院

署

初五日晴 答院衙門談及節可久坐 會邵意誠 順拜李次青 易海青 均未值

料理交代大致楚楚 命鏞兒恭送祖先神位至撫署

初六日晴 辰初進撫署（交卸藩篆印） 辰正迎候 安興泰眷屬咸至上房 發寬嚴慈顏

甚喜 午刻拜疏謝○○恩 並恭報接篆日期及元旦賀年各件 謂發

答制軍談及入都○○陛見可久坐 謁韞師亦晤談許久 回署 卷

舫 謁君鹽 曾沅翁 唐蔭翁先後來晤賀節 竟日應酬 頗形煩冗 疲

作京信未暇 擬管也

初七日晴 自辰至申客來絡繹 午飯甚遲 韞師招往商覆制軍查件 均有

日中牌示羅慶鄉

署善化縣童恩晋
衡陽縣陸運景署
龍陽縣試用

峯可據可以照復也順道合客晤胡恕翁　手致雨辰書辛字一號

二十八日晴　答舫芝岑來商復制軍查件　午前見客　手致彥侍若璧書

制軍見示彭雪琴宮保復信快人快語切中時弊又楊惺農一函語

涉於私如見其人也

廿九日晴　出門謝步並為答舫芝岑道喜　均晤談　貽珊右銘兩太守來見

商復制軍查件並論席軍太畧補發九月分月摺計正摺四〇九月填廿日

分糧價雨水〇武陵等縣被水蠲緩〇候補道夏獻雲年滿甄別〇彭玉麟請

建昭忠祠〇附片七〇增壽夏獻雲署兩司〇莊玉璞年滿甄別〇辛

本楨調署寧安〇澧州等營借支倉穀〇協濟准餉〇苗疆屯防不敷

送贺〇彭〻玉麟请建常大昌本籍专祠 差弁任桂 附彦侍君笙雨辰信件 三

另摺延四事 文寅 沈季 均交雨辰饬送 制军见示刘岘庄中丞书 议论尚和平 惟议设国使馆局为首城

初十日晴 见司道一班 武营两班 府厅州县三班 武营两祇一班 以候补副参游人数未可了耳

较多 搭见一班 候见齐后再了酌 并籍可略知将官大概也 刘朴堂来见 手提

分檄援黔各统领稿 手致玉阶虎卿星舫书商恳协饷事

十一日晴 冬至 卯初恭诣万寿宫偕同制军并率司道以下文武寓官行庆贺

长至礼 回署后筱荃制军来贺 久谈 午刻赴谐 论湘省吏治 翕贺并谒韫师 均

晤 随偕萱慈游又一村 长垂祀先神位 恭设四当之西楹

十二日晴 周韩〻翁周蓉〻翁来贺 均晤 午刻审录命案 京控等十起 陶莘泽 李翰翘

均擬軍台李翰翹矯強異常痛責之李開倫常虛恥不忍深究也
致席硯香書就右銘稿酌加數語以示開誠布公之意
十三日陰 海琴筠山先後來見 委陳右銘寶箴幫辦營務處善化庄
常瞿子玖鴻禨昨自京回籍來見 辛亥年家子（名元霖曾任刑部主事 乃翁）亦岳麓書院所
取士也年甫弱冠秀雅不羣有子如此良堪欣羨
十四日陰 右銘來見與論援黔大局 工部主事潘輔臣宗壽（庚辛聯捷）自京回籍來晤亦
榭函詢多件據實復之 料理鏞兒回南事宜 符介臣自衡山到省晤談
十五日陰雨 武廟行香回署後觀音閣竈神前均行禮 堂期見客文武六班
廣侯自鎮遠回省 符鏡堂在湘潭頗不安函致麻竹師隨時訪察[illegible]以防招

揺生多鏞兒等行李上船

十六日陰 桐侯率鏞兒蘭言回杭應试并看視瑩伯文妹魯偕行来剎登舟

手致琴舟并嵩雲賓岩書函付鏞兒面呈

十七日晴 會周蓉翁瞿子玖潘輔臣謂筱荃制軍論及南北兩省吏治久

筱荃舫是岑来商件遣人至河干看視知歸舟已於早間開行矣（風色甚小）

十八日晴 筠山来商件 致雨辰（辛字之号）書匯款三竿 文琴舟由漢口轉寄 接

（十月既望 十月十六）琳粟修伯書 琳收到 調梅贈分修收到 圖通觀粥嚴指也 何菊曲良

（世兄名臻祥）移榻署中 根雲師之四世兄也

十九日晴 筱荃制軍以會銜疏稿見商 畧參管見畫諾歸之 手致若瑩彥侍

司中牌示曹昭榮署永明縣缺

附單函十七件
丙辰書交元旦摺差附賫　黃蘭臣來晤

二十日陰　辛字三號辰刻拜發元旦賀摺　堂期見客文武七班劉仲孚太守麐奉制軍委赴藍龍查案到省來見料理案頭積牘　手批席寶田病假回籍稟

二十一日晴　內校場考官額外高倬拔補外委馬兵鄭耀南拔補額外外委弓馬均尚可觀　陳右銘來見商件亦以席批深以爲然　蔡舜臣奉制軍委赴武岡道州查案到省來見與之久談　接鏞兒九日來稟知已於是日巳刻過湘陰風利不得泊當晚可抵磊石也　以席批錄呈筱荃制軍　復函奬飾備至

廿二日晴　沅甫宮保來爲保節堂請款　多手談小宋中丞書托嘉賓請增貢額也　右銘送閱席硯香去臘來信語氣極馴順不似從前之兀傲矣　大局

轉机只在斯乎 然随宜操縱亦正難費經營也 夜翰林黄瞥元来見

二十三日晴 筠山右銘来商件 長沙曹少蓉庭常 昌祺来見 書院所取士也

少年秀挺 巡字 甚好 付鏞兒書寄琴舫轉交

二十四日晴 出门會客 達周来晤 午後核對月摺 清理案頭積件

二十五日陰雨 堂期見客 文武六班 劉仲孚来晤 接英豪妳蜀中書言七

月内合州之涞灘場天雨棉花色白而中有黑虫如蟻作繭 拾之中毒亦奇

事也

二十六日陰大風 筠山来商件 廷芳宇卸永州事到省来見 謁發參制

軍出示覆奏稿 據實言之 四平八穩 可想見其人也 商定計典大

駁并訂會闈卷揭日期接彥侍十月廿六書言年內未及出京也又鏞兒
岳州來稟言已於二十日穩渡洞庭次早即赴下关慈闈以次均健聊系
調甫叶徵撫筱荃制軍言均寄相家信云　九月分摺差回　十月廿六日遞摺
二十七日陰　午前客多　手致修伯彥侍兩長書料理零瑣積件竟日未了
閒
二十八日陰　黃海華太守自常德回省來見　承造直隸駁船一百五十號一律告
竣擇期開行　恭發月摺　計正摺四○來春毋庸接濟○金陵米捐
請獎○鹽庫截留借款遵議動撥鹽釐○十月分雨水糧價附報得雪○附片一○
衡陽羅雉廬慶薌調署善化差并附雨辰修伯茗笙衡峯各信付鏞兒

書寄琴舟轉交

卅日陰雨 審録張克沛等命案二起 謁韞師 約陪制軍一談 以不擬出门 請示以保甲團練爲要 并飭將減撥增防

辭 夫氣陰寒 有雪意 戌刻接奉十五日寄諭一道 由自驛報地方軍務情

形 如何實通飭各處會同紳耆妥爲布置等因 批摺也 謝恩摺奉旨知道了 原摺均遞回

十一月初一日陰雨 微雪 文廟行香 查期見客 六武六班 亦樹仲字舜臣 先後來謁

申刻設席請筱岑制軍 一賓一主 清譚甚暢 席散已戌正矣

初二日霽 蔣薌泉自湘鄉到省來晤 筠山辭行赴金陵 擬向江蘇借餉

二十萬 以贈錯鹽厘抵[illegible]進 芳備公牘私函分致滌生

侯相 隨與中丞印令費視面陳 以期有濟 東征之役 湘與吳舊同休戚 茲以積困日深 迫而出

司中牌示和陞額
署衡府通判
司中牌示寧遠
縣王光斗回任鄞
縣篆務唐鎣邦
署理

此非吾同道公請制軍邀往作陪申初赴之共兩席兩賓八主戌正
已也
回署
初三日陰筱荃制軍來辭行久談下午酌仲孚亦榭舜臣清譚
甚暢奉到十一月十六日寄諭一道催西征餉年內酌撥四萬又奉二十日
寄諭一道催貴州餉一萬每月又催諸署恭錄知照十一月二十二日寄諭一道
諭令寀侏　　筱荃制軍以摺件見貽頗多（空白）
措勝兩日
初四日霽 李庭暐王俊卿由龍山回省先後來見各述清查匪黨情形送筱
荃制軍行 並商屯墾事宜亦榭來暢談酌定奏報攻克黃茅嶺并會攻黃
飄口僅以圖會合黔軍疏通驛道摺稿戡狀係陳右銘所叙出語清手

擬也。擬覆撫會銜札稿飭席藩司減撥新勇十營并飭軍需局將一切放
餉章程及本省水陸防軍應行變通之處通盤籌畫酌量議妥盡本
十一月十五日〇〇寄諭並言也
初五日陰雨出大西門送筱荃制軍行登舟話別午初四點鐘接瀏陽汪令和曾稟
報該邑普蹟地方突於初三日四更時分匪徒聚眾搶劫請派營馳剿等情查
閱稟詞似非尋常搶案即馳緘會商制軍派營勦辦并請飭韓協等
毋庸遠送以資防範一面飭城防各營速派幹勇分起馳往確探回報料
理積牘周渭臣軍門達武咨報收復清平及黃平新舊各城并請飭楚
軍會勦等情當就近日調度機宜復之
龔繼昌等已於冬月二十二日率
隊勦洗黃飄白堡鄧善燮亦

由覆谷隴搜 戌刻荅舫芝岑、韓賡颺、于曦岷、陳程詡及首府縣均自三汊磯回 送制軍 有 未見 并接
劉而前
制軍復函商芝岑于曦岷帶勇七百人馳往普蹟劉办另飭韓賡
颺派勇兩哨出探梨黎東山一帶以資彈壓瀏陽河谷口岸并飭陳
程詡派船巡防又檄駐於醴陵之銳新右營李庭暐所部由南路馳赴瀏陽邑會同
于軍迅速掩捕冀收聚殲之效挑燈草檄 子正始就寢
是日雨大風 接制軍手函詢瀏陽有無續報并問派隊情形適汪令稟初
晉稟到言匪徒屯聚寶塔嶺四出擄人詩語隨手作復令其并責回茲風
甚際想仍泊三汊磯也 由驛四百里 荅舫芝岑及首府縣軍需局提調均未見制軍
夕申刻拜發軍務摺奏報援豐官軍攻克黃茅嶺并各軍勤說黃飄白堡以圖會合豐軍疏通驛道

附片第三摺一請以長沙府杜瑞聯升補辰永沅靖道一摺明已革廣東候
補知府李翰勉（非理）歐懿子歸（裴瀛）請發軍台一摺擬已革長沙協副將陶茂林
兵不力請發軍台頃刻接李庭㻞探報該部駐醴陵之新店（營官謝國彩）已於初五
日（中新）馳抵離普蹟十五里之官橋地方遇賊接仗斬殺數十名賊即潰散擬
於今早赴普蹟一帶搜勦等語（王鑫岷已於本月[illegible]明拔隊馳往計明日必可會合）果爾則此起逆徒可以就地迅速撲滅
矣　該貴州提督周渭臣軍門達武書初次通問並商會剿机宜造
睿情　弟前咨多弟該節後（制軍）書商剿事應否陳奏特（兩）奉風之汉
鑒也　弟擬年終察看奏稿并抄摺寄寶田兄又籌現在情形尊處（又）戈
鑒矣自發各報軍務畫摺以及制軍復書言以附陳大概爲是

亞白霽 午帥見咨撤兩司將署閻陽令汪亮清摘去頂戴責令留於地方搜捕

餘匪一面飭接署縣盛慶迅速赴任以專責成緣此起匪徒已經謝國彩拏（於初五日）

獲現在惟宜查捕首要以淨根株而風聞起事首匪尚係本地人地方官失於覺

察及團練（清查）不為力然無可辭也接鏞兒漢口來稟知已於初二日平安抵漢 初三

渡江初四可上輪船現在江水尚不甚枯九江無須過駁較省曲折述之萱圃

舉家均慰致生甫書并付鏞兒一函經寄嘉定 手擬年終學政學名奏稿

九日陰寒有雪意（交包船馳送）答舫芝岑廣颺先、段來商件 手致於筱荃制軍書

論閻陽多閱昨日自巳汉磯開行晚泊新康今日北風又緊想尚滯

行程也 手復龔雲浦 健昌書 精毅令侄

司中牌示桂陽縣州調道 並鎮南補[illegible]

初十日雪霽　堂期見客文武六班　騎少甫（世兄）自京來湘將謀歸雍齋靈櫬不

知先已遇便送回也（人極純正）先是少甫寫對　可於攜與次園椎孫諸君書　手復謝

澧卿（蘭階）書亦精純也（毅夫）　自昨戌（刻）至今辰刻得雪寸許　頗資霑潤

十一日晴　得制軍請江浚（舟次）書　知昨日可過湘陰也　瀏陽匯稅業已劃撤　飭于鎮

高勝并姜章令俊（前往搜捕餘匪并）辦理瀏醴澧三邑清查　多宜　手定道府各員年終密考（具日尚未到任）

十二日陰寒　答舫來商件久談　手致仲山書　商數戰大計舉劾

十三日雪　楚岑來商件　衡陽羅令慶薌調署善化到省來見　人頗

誠篤　並無習氣　戌刻接奉初二日寄諭一件（係）　二人部奏撥來年京餉（接琴舫書　知鏡…）

湘省地丁五萬　晚似發肝氣　胸膈極不舒暢　適時始平復（於初四日來江龍步　下至湖口　換得初步）

鹽釐三萬

初□日一早開行

司中牌示劉鼎恩署
沅蓝同知姚有和署
永桂通判俞揚慶
署長谿胡鵠薦署
湘潭杜燮署安化
右縣篆缺開
司中牌示陳玉祥回桂
東縣任甘霖運回安
仁縣任

十四日雪 陸貽珊來論年內餉多 庚蔭翁來設壓鋒營船板自湖北陽
接鏞兒初三日禀并寄回物件 手致次園書 因以弄多商措以双栢應之
廿年舊雨休戚相關誼無可辭也 手擬奏報瀏陽匪徒竊發時撲滅附片
十五日雪 文昌廟行香 堂期見客文武六班 善化盛令辞赴瀏陽任 諄諄以清查
餘匪為要
十六日陰 硯芸來商件 手致憩芸書 手擬丁漕收數請展限至開印後辦 年終奏报
理片稿 審録命案宜桂等五起 劉京尚
十七日陰 芩舫來商件 久坐 蔣薌泉辭行回湘鄉 久談 論多具有條理 知其天
分通人也 黃海華來 詳陳駁船運務 并與論湘中時事 識議俱老練多

同中牌示唐縈邨
補通道縣 知州周[illegible]遺 挑知[illegible]
朱耀奎補李安縣
[illegible] 候補前[illegible]

西情形熟悉之矣

十八日陰 署藩司吴子健學士元炳到省来見 春容大雅 氣局不凡 偉器也 答舫星由長来商件 出門送蔣薌泉 乃已登舟矣 接奉前三日寄諭一道 贵州奏调在籍刑部主事李之镗 手擬奏留岳常澧道增壽在省办理局務片稿就 官留頭 親友有贺者 晚设两席

十九日陰 吴子健来谢 飭知與之久谈 并備述外任情形 本日客多 自巳至申絡繹不絶 前龍陽守備申大發拿獲蓋龍首逆何春台 解省發交長沙府童守會同營務處陳守訊明正法 傳首犯事地方懸竿示衆 併送 奉諭旨飭拿首匪 隨後當附片陳報也 子健帶到李蘭蓀全

小汀所單地、爲宋雪帆并孫子授、鍾雨辰、徐季和各信

二十日霽。午刻封印。奎兩司、兩道處道喜封篆，并賀子健茶舫接印，晤談，晚設兩席。子健茶舫接印藩篆來見

大計揭曉，舉八員：長沙府杜瑞聯、辰州府劉詠如曾撰、衡陽縣羅慶薌、零陵縣嵇有慶、綏寧縣方傳質、長沙縣丞羅佳竹、醴陵渌口巡檢吳國彬；劾六員：常寧縣玉山材力不及、永明縣周紹光不謹、湘潭教諭鄒湘倜、嘉禾縣沙起賢年老、巴陵教諭石正典有疾、寧遠教諭舒永獻年老、綏寧典史吳金鐄浮躁。拜發題本。

二十一日陰。子健來商件與設一切。午前客仍不少。蔚庭回湘來晤，以予兄書乃暢談也。附寄杋年信二十函，附白菊澂蘭焯百金。手致若笙老人、芍亭、爐青書。

二十二日陰。晨起手繕密考清單辛字五號。作厚菴、鶴山、雨辰書，附年節信二十七函，均交雨辰分致。拜發月摺。

內填封篆日計正摺六、附片四。年終密考摺單留中。學政考試情形摺留中。熊鎮南更補

吏部議奏
桂陽縣摺。丁漕收數比較摺。吳元漢、麻維緒、湯煊年滿甄別摺。十一月分糧價雨

知道了，仍著嚴飭派出各員會同地方官不分畛
水摺。奏留岳常澧道增壽在省辦理局務片。奏振瀏陽普蹟匪徒滋事業經撲

域認真搜捕，務獲懲辦。
戶部議奏
奏解
滅片。請將丁漕收數展限至開印後恩奏報片。奏報第二批白蠟并開銷例價片

年終
累日之力，將摺件信件一律料理出門，始釋重負然。

辰刻拜發大計題本，并咨來差賫遞，填封印日
二十三日晴。午前見客：張怡亭、廖益陽。益陽自嘉定來晤。益陽乃仲伊之大少君，
雋雅安靜，本分子弟也。附政若曲農玉清書。晚間萱闈氣分不舒，逾時始平。

二十四日晴。子健來久談。午前客多。請書巢為萱闈診脈，言腎氣不納，
高年逢之，二分二至四立大節往往有之，調攝一二劑可漸愈也。接鏞兒究
日上海來書，言一路平安，於是日午刻抵滬矣。

司中牌示嘉禾縣
篆胡濟川署理編
正途

二十五日陰雨　硯香芸賡揚均來商件　請書巢復診言脈氣漸平仍照

前方加減服之　接子松書　冬至日

二十六日陰雨　酉刻立春　子健芝岑蔭舫先後來商件均暢談擬弁任桂自京回省帶青兆起程光

到京初四出京　摺件均照准帶到茶筌雨辰彥侍諸君吉人子白書并易信各件又松竹齋

配購摺件各種計銀芝兩五錢　手致胡月樵書　寄到新刊◎◎欽定七經之一部分省地圖全套

二十七日陰雨　右景喬先生同胡世兄文忠令似來晤李瑞蘭自沅州軍米局回省來

見詢以西路軍情言之較悉知近日各營勇多報尚不致過於虛餉也　手致雲

仙書　復唐硯香信就唐笙稿增損之　薑園氣體漸舒仍復書巢方

二十八日陰　硯香芸來商件　接厚齋書周桂午太史開銘益陽人帶來料理歲事矣

敬楚之

二十九日陰雨 硯農陸稼翁來見 蕪陽周桂午太史來晤 料理案頭積牘

除夕雨微雪 為韞師辭歲并祝子健生日 未初接西日〻寄諭二道

一兵部侍郎胡家玉傳陸時為一湖廣總督李瀚章黃案奏片 韞師有〻旨來京

又接十六日〻寄諭一道 即日〻旨馳陸黃芳嶺勝仗批摺迅附陸陶茶李

翰題兩摺均交刑部議 杜瑞聯題外辰沅道一摺交吏部議 料理年內畢

將之寶堂恩知布置預備新春宴客 兩刻 恭祀祖先神像 敬謹行禮

同治十一年歲次壬申

元旦大雪 寅正三刻恭詣萬壽宮率同文武各官行慶賀禮 文廟玉

皇殿行香回署寅僚接班謁賀除千把外餘均答拜 巳刻率眷屬

恭敬祖先神像并為慈闈敬賀 連日心有不適 昨下午以後漸臻于安健矣

午後小憩 精毅營分統謝蘭階壽馳報會合豐軍疏通驛道情形閱之良慰

為清江北岸一大結束 即為湘省援黔一大關鍵 兩月以來西路各軍頗知

奮勉援局當有就緒矣 即交營務處陸右銘太守擬具節略呈核馳奏 敍上年九勝

自除夕二更起至申初止大雪繽紛積厚五六寸 雪澤霑足為湘中所

僅見也

初二日霽　出門拜年　在粮署及唐蔭翁處少坐餘俱未值

初三日雪　手定馳報援軍疏通驛道會合黔軍奏稿隨摺酌請在事各員獎勵頗費斟酌

初四日晴　星曲辰來晤談午後蔚庭來　手付鏞兒第一號書并致琴舟

初五日晴　巳刻拜發援黔軍務摺疏通驛道聯絡黔軍由驛五百里馳遞附奏拿獲龍蓋首匪何春名訊明正法一片　初次定期見司道三營首府縣等文武四班順官週歲為萱蘭敏賀　致貴州曾樞元中丞黎簡堂方伯書須籌苗疆善後事宜就右銘稿增損之

初六日晴　馬晴岩來晤見嘉定戴晴霞持秦岳南信來湘覓就無

因雨季珠若應接不暇耳　萱闈日服書單方極效精神漸已復原矣

初七日晴　芝岑硯芸先後來商件　接子松京、亦樹鄂、子養粵書　連接鏞兒臘月十二、九兩稟及黃岩桐侯各書　知已於十一日安抵嘉定十二日開館讀書矣　鏞兒所述一切尚有分曉

初八日晴　湘鄉溫甸侯大令圻到省來見　詢知近來地方情形訟稀安靖　黃岩閘區來晤商設立保甲總局　多演普慶部燈戲尚熱鬧

初九日晴　子健芝岑蓉舫來商歸併捐局　多論及援防大局　久設演小普慶燈戲亦尚可觀

初十日晴　午前客多　拿獲普蹟匪首蕭三蓑衣　首府訊明供認不諱

即飭正法倩首普踐濂〻朱亭善處照臨炯戒謁劉韞齋暗設一切同人
公請趙〻共兩席暢談四鼓已亥初美飲啖過飽頗不舒服
十一日晴 午前見客 新田縣稟控搶犯駱社黨拒捕殺傷兵役擄零陵縣綜
合駁移查辦氣分不舒胸膈積滯殊欠暢適
十二日陰 仲鈞世丈来晤 午前客多 演人和班薹園 竟日聽戲甚有興致
十三日晴 麐陰〻翁来晤 料理案頭積牘 氣分漸舒 晚上燈祀先 森兒至府署聽戲
十四日陰雨 黄子壽来晤 秋生因遷葬至回南 午刻登程 派長龍船送至
漢口 順携寄件 並有成作嘉定信
上元節陰雨 文昌廟行香 寅僚来賀 均辭謝 徐心星伯世兄自新堤来

留楊署中清理案頭積件

十六日雨　午前見客　元旦摺片（十二月十九發）陳洪裕　冬月摺片（十二月廿六發，均十二月廿六出京）萬宏亮　回省　摺件均照

准帶到雨辰　修伯　茗笙　彥傳各書　詢知一路均已透（自衡湘）雷豐兆　百喜　晚請

司道因寅兩庠　藩　吳子健　署臬　夏芝岑　署糧　陸星農　鹽　白蘭岩

（城南山長　谷蓉　岳常澧道　塔參舫）前辰沅　楊海琴　候補　張錫田　張秀軒

十七日陰雨　徐芸渠部郎來晤　蘭臣來商保甲局　敘停（局）　四　請駱少甫世兄權館

本日自硯芸處移楊過署　晚酌在署各友一席

十八日晴　子健來商件久談　曾沅甫宮保來晤　浙江會館春祭　申初趣（恭詣）

（向撫園拜以迹涉於私故改為春祭去）祈禮　森兒隨同前往　聽戲　慶仁和　亥刻回署

十九日晴　湘潭人即選道楊昌樹（號鋭生吾）來見　曾任山陰石門等縣　新自浙江回籍

询梓卿近状，该颇近情人，亦体面，似深于阅历者也。仍子惠来论漠镜，及昨接
佑濂函言，书有公又有欲望，不甚调者，盖无此处之也。下午请首府县两房
长沙童砚芸　永州廷芳字　候补陈焰珊　马晴岩
候补陈右铭　郭介臣　长沙令王畏园　善化令谭馀丰
二十日雨　砚芸来论粮道截缺事。接镐儿腊月初五禀，知定于月罗左右赴杭附刻。
嵩云、寅岩各书。料理积件。书函着人至郑小山太司冠处候安，新近告病回籍也。曲阜曹郑省均有属馆　戴姓霞亦同去
二十一日阴雨　午时开印。云史将回嘉定，即令镐生偕行，深费周折，赖平
三左右之也。手致琴州、伯文书，均由云史带去。晚酌在署，戚友及与粮两
署戚友共三席。镐生在座，仍谆切劝诫之，亲者无失其为亲也。
二十二日雨　子健来商件久谈。手致佑濂书，论东有事开筵设科房例

演戲敬神。晚聞上房傳演仁和班戲劇，慈顏甚喜，以風雨春寒，二鼓即止。

二十三日 雨。芝岑來商件論奏，署之聖廟籤語頗示靈異，有云謝朓登臨

佳麗地客星魁處聚文星時，因粮道一缺須核定截缺日期，方能按班輪彰錫之告病在先，病故在後，余力持當請部示之議

補，或否或謝，均未可知，而謝適卜居文星橋也，就籤字而論，則謝尚落空耳。手諭

鏞兒第二號由胡萬昌信局徑寄，并跂相候

二十四日 雲。貴州補用道王雲孫彥來見，乃田之胞姪也，舅氏七旬冥壽後延接鏞兒十二日書，知定於十三日起程回杭相候

跂癸藉申追念之忱。午後謁韞齋師，函伯商件也，順訪部筠翁，未值，手段

修伯書亦有書。前托彥侍代購大清會典一部，計六十套，四百四十本，價銀五十六

兩，茲由孫春皋觀察帶回，裝兩大箱，途中頗費周折矣。

二十五日 晴。堂期見客文武七班。嚴檄精捷營統帶鄧善燮慎守施

黄大道緣目前祇有吴自發之識字營撫標各坡長另挨草鄧軍現駐

北岸理應令魏（全）分任兜截通而後塞有誤大局也（撥安寳營新勇三百人）

二十六日晴　孫春皐引〃見回省来見　陳右銘来商西路軍事　鄧筠翁来晤久

談　下午蔚庭来談　接劉克菴書　手致茗笙書　又致筱荃制軍書

二十七日陰　子健答拜先後来商件　笠西来晤談　後劉克菴書　午刻

奉到六月〇〇寄諭一道（五百里遞回初五日所發軍報）又明發〃上諭一件　附奏拿獲龍益首逆何

春台一片亦奉有明發〃諭旨　即日恭録分别咨行　麻竹師因病請（交部手批留〃）

二十八日晴　張松坪（新授岳州府）到省来見　午前容多成靜齋李星仙曾述周均久談

恭發月摺　計正摺五〇　米摺第十一次請獎〇（交部議）酌量歸併摺片〇到任盤

司中牌示張德容
署岳州府任

查鹽粮道庫。攢船工竣開行日期。十二月分粮價雨水附片四。米捐
鹽斤數目。吏部議請撤協豐捐局。吳元漢等迴避。程壽昌甄别致雨辰書 壬字一號
附修伯萱笙兩信 壬字二號 衡永道方次坡請留岳勇手批駁飭之
二十九日晴 夜雨 硯芸來商件 副屏來牘言清江北岸有精穀營委員尹金東
勒派民粮肆行騷擾情多手搬囊提贓戍道逮等嚴查究办并函致朗
屏隨將晴岳告情形以擴聞見
二月初一日齋 武廟行香堂期見客文武六班 午後料理案頭積件
初二日晴 龍風神廟春祭 卯初恭詣行禮 向與藩台分祭此回因者小懿出
門拜客 徐心容伯動身回新堤傍晚又一村散步心境頗覺閒曠

初三日午前雷雨後晴 文廟春祭寅刻恭詣敬謹行礼是日係文帝聖誕歲祭如儀

回署小憩 致雨辰書壬字二號 匯存銀一千五百兩由漢口轉寄

初四日雨 社稷壇春祭卯刻恭詣行礼是日藩司分祭神祇壇 松坪來謝飭

知與之久談 手批鄧善燮道機籌妥大概情形一稟

初五日雨 堂期見客文武五班 清理案頭函牘 接琴舟二十八日書 知秋生

已於二十五日到漢矣

初六日陰 子健來商件久俳談并論根道載缺子謝筱莊頗有煩言此因早在

意中所以力持洛請部示之議也處多不可不腳踏實地愈閱歷愈不敢

不詳慎耳 審錄醴陵黃敏四等命案八起

司中牌示沅州府篆
周笙翰署清泉縣王
幹勳到任寧鄉縣
舒心田署醴陵縣
吴興學澄署永定縣
張春澤署常寧
縣孫董署 試用

司中牌示桑植縣
周来璜署通道縣
茶陵
州孫清臣署酃

初七日霽 章蘭軒来與之久談 手致琳粟書

初八日晴 辰刻拜發萬壽賀本 之健芝芩来商件 松坪辭赴岳州任

致相侯書并諭第三號鏞兒書 林師自常德回省可晤 傍晚接蕢若正月廿五日

信言萬雲所居失火燒去六間 餘均無恙 尚屬平安幸之幸 藐躬德不忝竊高位祗融徽

之所當恐懼修省焉 接相侯元夜吳門舟次書 知次早換船定妥開行 約十九可以

到杭矣

初九日雨 周韓臣先生来晤 硯芸来商件 再接朗屏来牘并責到寨民

原稟五件 詳言尹全東等接情形 當即手擬襲繼昌等嚴拿解省并

札委双江釐局委員張令鴻順馳往南嘉堡會商拙慰事宜 即日發行

十日晴　堂期見客文武六班　手致丙辰茗笙書　傍晚又一村閒步

十一日陰　書林師移榻過署　手致竇山石書

十二日晴　辰刻拜發　萬壽賀摺　午前客來俗偉　午後出門拜客　晤曾澄侯曾蘭生均晤　子健芝岑仲雲丈均久談　并看蔭雲　時以長孫病殁年廿三　并家中送有表道　傍晚回署

十三日陰　午前見客　下午請三書院山長周韓臣閣部　徐寄崑部郎　易海青內翰　致蔚雲書　梅鎬兒正月二十二日來稟　知已於十九日平安抵里　稽寓琳墨處已在府署前借定小寓　一二日內即須搬往　縣考已定二月初五　府考三月初五　院試仍在午節左右　仁錢兩邑考數每屆不過百數十

人寄回賦（杏花消息雨聲中題與學作）一篇亦尚通順間有可採處文理稍有長進矣述之意甚閒

頗為欣慰

十四日霽　子健來商件與之久談接黃昌岐軍門書報稱湘鄉侯相於

二月初四日戌刻無疾而逝曾澄翁沅甫宮保亦差人報知時局多艱

老成遽隕勝可悼惜　手致鳳多書

十五日晴　文昌廟春祭寅正恭詣主祭前殿礼成後文廟行香慰曾澄

翁昆仲辰初回署　先大夫忌日敬謹致祭謝客一日椿庭違侍忽忽十五年矣祿可

養而不逮思之愴然

十六日晴　午前見署前浙江溫處道魏喘義起服請咨到省來見桂陽州人

敬識厚謹和頗無軍營習氣批會軍牘四件

十七日晴　武廟春祭寅正恭詣行禮回署小憩筱山自江南回省來見借餉因援黄世仍一節

十五弟　寄八弟　蘇七　曾侯處梓閩懷小宋中丞垂情舊雨均無可感得與成數裁

減庸字新勇二十一營之議可以有成湘局之一大轉關也楊萍琴觀察來晤

志局　新又通　接到滌相二月廿一日書即復借餉多言之從之並以稽謂之間論

論見教手翰遠來亟耗先至不勝高山仰止之感　天氣驟熱未能著棉

十八日晴　三書院甄別辰初詣貢院少坐候散卷畢即散順道寓拜與筠山談

接鏞兒二十七日來稟知已於二十五日搬寓縣試準於初五日頭場尚可

定教月也桐侯亦有信敘事多錄詳

司中牌示郴州篆
務馬承恩署理

九日雨　白甫翁来送三書院甄别卷計二千八百餘本　貽珊右銘来商件手　此次請書師與甫平三分閱不另派員
擬借撥蘇皖西銀餉項以資周轉奏稿　酌減撥軍請　江蘇江西各二十萬　江蘇已有成說應
行奏明備案　江西則俟相函中議及也
天氣復涼　又穿皮袍
二十日雨　天后宮春祭　掌期見客文武六班　論釐卡節減砲船事　料理　牘
牘　随手閱陶文毅公集
昔陰　硯芸来商件　審錄命案及京控案共七起　臘月分摺差回省　摺件均照
批　帶到南長若筌彥彼衡峯各信　並年侄西浚信多件　侄師手書訓
勉殷侯奉　當該謹書紳也　手段　宜孫書托修理免瑩及晚請書林
師園居一席　外客惟平三在座　時適幫閱甄别課卷也

同中牌示劉驥代理耒陽縣篆務

同中牌示長沙縣㐬篆勞銘勳調署桃源縣篆錢詒文代理邵陽縣篆諸桓署理

廿二日 雨 子健、笏山來商件，均久談。春雨連綿，甚不爽。手付錦甯兒書第十四號

廿三日 晴 三品卿銜即選道劉毅齋觀察錦棠帶隊赴甘肅，到省來見。叁舫、星岑均來商件。手跋桐侯書，發杭信。侶濂書來，論本省局廠中肯綮。

廿四日 晴 出門拜客，晤蘭岩、星畬、辰海、琴回。回署見客。軍需局提調來商酌遣撤庫營親勇，擬發欠餉成數。葉介唐（現管理錦局務）自長安到省，來見，詢以廣硯香病狀，言甚有起色也。改定世職俸銀請酌予限制奏稿，手草（撤換）者防務撤（奉慈諭）着黃貴赴鄂，近請生甫夫人即政。生甫書。

廿五日 雨 堂期見客文武六班。接筱荃制軍、宋中丞、蓟人太守書。

廿六日 雨 韓慶颺接辦有防，謝麦論切業，勵之。當薮于鎮（高勝）有窮在也料理積

牘後貴州樊（曾樞元、周渭臣）提書接調甫二月初五信已卸直藩將入都矣

廿七日陰雨 清明節祀先 右銘來商援豫軍務 瑞臣信自常郡到有

藉詢地方近日情形 硯芸來商定荼陵奏案 蔚庭來談

廿八日霽 午前見客 致俗廬琴舟書論定酬勞（有）成數 以鏞兒五六日來事

并相侯書知 鏞兒縣試（作和）正場考列第一 藺言（錢唐）考列十一 文理甚淺俚

列前茅亦可愧也 吾鄉自遭兵燹元氣（大傷）即此小考人數文風可以概見 以監利王子壽書

廿九日晴 子健來商件久談 曾澄侯寄到侯相遺（摺）稿 立言有體語不及

私 當自鐫子密手筆也 傍晚又一村閒眺 頗暢襟懷 恭發月摺 計正

摺五○借撥江南江西餉銀○報解頭批漕京餉○陳有鑫虧空摘頂○請酌定世

職役標俸限制○正月分兩水粮價○附片五○茶陵州逃徒陳在恩抗官拒捕就地正法○更正

援軍保案黄兆莘等名字錯誤○軍需動支司庫銀兩西爵○周鑅署沅州府○陳寶箴黄文

桐年滿甄別　平政若笙兩底書

二十日晴　筠山來與駱巡防前營畢辭營務處差留之料理積牘

三月五日晴　文昌廟行香堂期見客文武六班　與曹澄侯二函漢口書寄到

二月十二日○○○上諭一道曾侯贈太傅謚文正入祀京師賢良祠江寧及原籍地

方均建立專祠賞銀三千兩治喪伊子曾紀澤承襲一等毅勇侯毋庸帶領引

見仍查明伊子孫尚有幾人候旨施恩○○朝廷恩禮勳臣可謂至優極渥矣

着蘇撫何

同日奉○○上諭兩江總督何璟署著蘇撫恩錫署　拜發題本

初二日晴 瑞璽儒辭回常德 李庭暲銷假均晤 手致相侯書并諭鏞兒覆

閱三書院甄別卷

初三日午前雨後陰 祭先農壇行耕耤礼 廷芳宇赴京引見辭晤 手致琳粟書 恭閱邸抄二月初二日奉 懿旨選得翰林院侍講崇綺之女阿魯忒氏淑慎端莊立為皇后 又員外郎鳳秀之女富察氏封為慧妃 知府崇齡之女赫舍哩氏封為瑜嬪 前任副都統賽尚阿之女阿魯忒氏封為珣嬪 又奉 懿旨 皇帝大婚典禮著欽天監於本年九月內諏吉 所有納采大徵及一切事宜派恭親王寶鋆會同各該衙門敬謹辦理欽此

初四日陰雨 詣韞師談順道答客外甫來晤 昨晚戌刻接奉二月十六日寄諭一道令倍知前兵部侍郎彭玉麟即赴江皖簡閱水師 事竣迅速到京 陛見面奏

一切均悅由四百里排單恭錄洛竹

二十五日陰　堂期見客六班　校定三書院甄別卷　審錄湘鄉縣民李再二等命案五起　零陵縣李雙龍一起情節可疑　發回覆訊　傳雅三寄來倫修謝維藩（應香伯）巴陵人摺稿一件（時為縣令額懸節用十年八月十二日遞）言人所不敢言語語沈著痛切大可敬服

二十六日雨　接筱荃制軍三十日書　知江蘇借款十五萬已到漢口　湖北亦湊解三萬（約數日內可到也）即日起程　沙鏞兇二月十二日稟知初覆名列第二　料理積牘　竟日鮮暇　左景翁移居又一村五堆子　以修理房屋地基稍有不清　飭長沙令王（營縣往查　意頗不懌）園勘明照契斷歸以昭平允

二十七日霽　子健來商件久談　出三書院甄別案　徵與頭賬未結伏案

初八日晴　祝楊海翁曾達周各尊慈壽順道函寄　接桐侯二月九書并鏞兒禀知仁錢縣試正案首已出　鏞兒與蘭言均得案首　亦屬意外可喜　為宕歎我杭文風之不振也　惟聊以不虛此行　並宣闈垂盼之意而所喜耳　琳案亦有信無甚要語

初九日晴　補閱三營冬操（內箭道　去年多雨展至此時）　先看合演鴛鴦陣　次雜技　次右營（右兩）實缺世職武進士武舉並五戰五馬五守各步箭　申刻竣（閱）　賬冊　右銘來論遣撤屏營新勇事　接子祥二月十八日粵東來書　言將於月內扶櫬旋杭　并送乃郎小考　計四月初可以抵家也　小宋咨到二月四十日奏稿　歷陳侯相賢勞事實　頗為切摯　並言亦能見其大　蓋平日相知有素也

初十日晴　接閱長沙協官兵暨左營已食弓箭銀未食弓箭銀各員（并自副將起至外委）步箭　申刻竣　接彭雪翁書　請將扶病起程情形代為陳奏　因日內即

可到省容晤再商也

十一日雨　廣西護勇委員彭觀察靖由京回粵過省來見彭雪琴宮保到省久談意將道○○旨簡閱長江水師而未肯遽進京蓋猶是從前不肯受任之本意也其一種清剛雋上之氣迴越尋常所有令人欽服起程日期仍請代奏

（論事極近人情毫無怪僻之處　不肯自稱其摺）

并送畫梅一幅土物數種均受之知其非應酬故套也　致餘全制軍書

（擬赴岳麓送學阻雨未果　專辦書院所取士）

十二日陰　出城會拜彭雪琴翁長沙府常毛松年來見氣息似欠沈著政

子祥桐侯書并論鏞兒　午擬彭雪琴函請代奏摺稿

十三日晴　彭雪翁來久談快人快語對之令人精神俱爽即商定代奏摺件午後會以龍井詩箋竹器各種己乘風下駛矣步僕坐砲船趕

五六里始得達。接閱右營長沙協候補各將弁步箭。申刻天雨，留三十

餘人明日再閱。三書院開課，調前列十八人至署面試（王德基、陳正鑾、黃德郁、壽 岳麓八，城南六，求忠四）。

十四日雨。精毅營委員黃君瑢（號雲岑）來見，甯遠人，頗有見識，文理亦好。芸岑昭珊

右銘（蘭臣）先後來商件，料理案頭積件牘。接譚文卿信，言甘肅河州撫局似可有成。

十五日晴。武廟行香，堂期見客文武五班，外甫來晤談。讀陸宣公集二卷

書。

十六日陰。再擬赴岳麓，又為風阻，仍不果行。徐芸翁來晤，復小宋昌期

十七日霽。辰刻由驛三百里馳奏前兵部侍郎彭玉麟遵旨簡閱長江水師

起程日期，懇請代奏一摺。祝韞師壽，赴岳麓書院，送遐子、森兒隨往。一

司中牌示董太守調補長沙府

進水陸各營沿途列隊迎送軍容頗盛申初回署小憩校定求志月課生卷起

等第一名劉受齊卷甚佳　甄别原取第五

十八日陰　周韓翁来會拜晤　子健硯芸先後来商件午後清理積牘

十九日晴　午前見客　郭意誠来久談　清理積件　碌碌鮮閒

二十日晴　堂期見客文武五班　閲視貢品　善弁江清千總黄鴻輝武舉恭進計

君山茶十六瓶　界亭茶十六瓶　祁陽葛一百疋　白蓮蕎麥百合粉各

安化茶十五瓶　硃砂五匣每五斤　龍鬚草席六大床　四匣　鄭耳四十斤

香菌　四十斤　共十二種　午刻補閲長沙協候補將弁步箭　接閲三

筍片　六十斤

營各項馬箭　一日而畢

廿一日陰　手批候補縣張令鴻順稟　馳赴清江撫慰歸順各寨情形稟兩

件附貴州曾樞元中丞黎簡堂方伯復書多切善政之議頗有多曉矣接

鏞兒二月廿八日來稟言祭掃已畢稍慰馳慕桐侯亦有書

廿二日陰 會郭意誠并拜李次青易海青僅晤海青旋次青來晤談恭

祝〇〇萬壽上房演人和班一日頗有精采慈顏甚喜以臣子歡忭之忱

爲娛悅高堂之計亦兩得也

萬壽聖節
廿三日霽 寅正恭詣萬壽宮率同文武屬官行慶賀禮 手諭鏞兒并致桐侯演普慶一日而普天同慶之義右銘來

商件海青來會晤談

廿四日陰 子健來久談汪鐵珊解白蠟回省來見葉介唐來因門堆多号

請出示曉諭復演人和班一日正月分摺差回附到雨衣若干修伯次

司中牌示保靖縣缺（加用）王必名酌補

閱洪君信并各處復信 若籛病頗不輕心竊慮之

廿五日雨 堂期見客 文武五班 酌定軍報奏稿 料理積件 竟日未閒

廿六日晴 硯芸右銘（韓堂）先後來商件 手擬援軍陣亡傷亡員弁請給卹典片稿

李廷暲之弟婦及姪女二以不肯悔齋母女三人同時投繯畢命 亦怪異事也

恭閱邸抄 皇上大婚 欽天監擇得九月十五日吉大徵 八月十七日吉納采 七月二十六日吉

廿七日晴 子健賡揚先後來商件 翁山有期服假書來論時事甚切摯（據實）

會之 料理附遞摺件 傍晚挈兒輩散步 又之村（菜）後圃蔬（依棚）菜秩然成列矣

廿八日晴 辰刻馳奏援黔各軍攻克南岸開懷香爐山等處（苗巢）壘之賊卡烏牙坡一帶

現已會合黔軍 團剿以圖一鼓蕩平一摺 內附識字營搜獲黃平營都司關防

又送次陣亡傷亡各員弁彙案請卹各一片由四百里驛遞另附沅州府章大
畇請調長沙府一摺又第六次查明陣傷亡故員弁兵勇請給卹賞銀兩一摺又
勞銀動調署長沙縣田繼昌年滿甄別軍需動支糧庫銀兩（四萬九千兩）各一片計
正摺三件附片五件 付魯升湘羅經九同來手投雨辰書
二九日晴 筌西來久談 手致若笙修伯書并上經師稟爲星農丞令郎説
親恭發月摺計正摺五 援照捐輸四次請奬 十年新舊錢糧完欠數目
十年分錢糧年內全完各員請奬 世職請龍衣（第十三次） 二月分糧價雨水情形 附片
五 援照捐輸四次監生 第二三卯監從請照原案核准 邵陽縣李炳耀三年奏
銷前全完請優奬 已襲世職及歲賑標 世職江孝棠請歸併並襲

司中牌示江蘇同知缺文璞補永桂通判缺姚有和補

司中牌示歐陽平調署平江縣篆饒樹恒署慈利縣篆曹震東署會同縣篆陸鑑光署新田縣篆

四月初一日陰雨　文廟行香　堂期見客文武五班　校定岳麓課卷

初二日陰　陳展雲鳴志自新寧到省來晤　校定城南課卷　清理案頭積件

初三日雨　同陸若銘莊心安李蘭生汪晉蕃來　四看核辦各批保案武職清單

發三書院月課榜

初四日雨　子健來商件久談　介唐硯芸先後來見　右銘訪君核辦武職清單畢　此繁就簡　甚為合格　未得杭州府考信頗以為念

初五日陰　昨晚大雨達旦　堂期見客文武五班　符介臣自衡山到省來晤　巽卿隨侍至

甫夫人到湘　劉古翁寄贈白木耳兩匣　麝香二枚

初六日霽　仲雲文高蔚光壽農自京到湘來晤　檢閱貴州通志　苗疆建置大略　及歷次用兵

司中牌示王述堯
署湘鄉縣篆

接鏞兒三月十五日禀，知府考正場第三，初覆第一，並聞言正場第三初覆第二，魁首潘與子祥、謝君之似均先後回杭應試，署中頗不寂寞也。向謝蘭階唐本有馳報言烏牙坡已於三月初旬攻破，此外已無巨憂，只須搜剿餘匪云云。苗疆大局漸可底定，忻慰深之。

初七日，前雨，午後霽。蘭岩、右銘先後來商件。辰州守劉詠如因公到省來見，詳詢地方情形，極稱安帖。辰沅以上民情素來質樸，固與下游迥別也。手諭鏞兒，并致相侯函。

初八日，晴。出南城勸農，順至城南書院拜山長徐壽蘅先生，少坐，歸途拜客。子健來商件。歐陽爾甫自慈利到省來晤。何鏡海觀察應祺自江西回省來見。

酌定馳報攻克烏牙坡金積堡苗疆一律蕩平先將大略情形奏慰。。聖

釐一摺 亥刻拜發 由六百里

初九日雨 午前見客 清理積牘 晚酌巽卿姑魯經九請廣侯作陪 亥刻接奉三月二十八日寄諭一道 允准借撥江蘇江西銀各二十萬兩

初十日晴 堂期見客文武五班 致李筱荃制軍書 論李廷暐之弟婦

姪女迷齋自盡一案 龔繼昌函馳報攻克烏牙坡大略情形 九大白已擒獲斬 包大肚現投楊軍 餘黨竄雷公山 正在追剿等語

十一日晴 會李仲雲歐陽甬甫周笠西謁韞師見并到看新房 本月十四要長孫媳 便道

查看候審公所辦理均稱如法 此余前在藩司本任內創辦 亦算一件愜心事

也蘭臣來論保甲局事 連日核看本年秋審新案冊畢 共七十二起 內田閘拔

等情實十起 餘均擬緩決

十二日晴 硯芸詠如先後来商件調署長沙勞令銘勳自桃源赴省来見覃復核台拱保案文武清單

十三日雨 勞王兩令交替長沙来見〇萬壽摺弁回接若笙[二月廿五]兩[三月廿四]辰信該弁入都時於二月廿五日在河南淇縣地方遇騎馬賊搶劫兩處托帶貴物銀兩均被搶失惟摺件無恙知直隸一帶仍不甚肅靖也竟日之力核定文武保案清單

十四日晴 道龢師要長孫憁喜子健来久談硯芸詠如右銘先後来商件料理積牘內子赴劉宅攪親與星農夫人俱亦俗例也

十五日晴 文昌廟行香回署見客文武五班唐蔭翁来晤手談席硯香書筏荃制軍咨到補陳曾侯賢勞多蹟奏稿述咸豐十年以前甚詳蓋小宋

摺內所未備也兩摺系閱曾侯一生行誼功業具在矣 料理節信

十六日晴 芝岑來商件前甘肅提督陶茂林自直隸來奏奉調赴黔也人頗穩

飭無粗鹵氣 詠如辭回長州錢秋舫同年名楨 係衡原自江西來晤 手批

精捷、誠字等營軍牘三件 時烏牙坡逆有奔竄北嵐比 責令迅圖撲滅

以竟全功

十七日陰雨 子健來商件 接 鏞兒三月廿六來稟 知府考正案與蘭言均列第

二 相侯書來論修墓事甚詳上華嶺插地六畝二分 手致少伯書 雨辰有劃款也 戌刻由驛

遞回、代奏彭玉麟起程日期一摺 奉○○寄諭一道 飭俟簡閱事畢病体稍痊仍遵前旨陛見

十八日雨 裴樾岑由籍回省來見 新授雲南迤南道 何受山 福咸 挈眷赴

任將由湘入黔詢知沿途行繞情形亦云遠矣 手諭鏞兒 并致相侯伯文書特付

文亦在杭也 致彭雪琴宮保函並恭錄旨諭備文知照五百里排單發 手批軍牘三件（請字尊營）

九日雨 蔣薌泉自湘鄉來晤 右銘來送閱龔黨首從供 初十日飛函言

連日追剿烏牙坡逆匪已於初七八等日將逆首張吳迷滿老冒美老拉楞大（苗疆創亂首逆止此數人）

六一併擒獲即日派員解省并陣斬逆首岩抱五及偽將軍等多名南岸餘（聞係上游著名首逆來援苗者）

黨悉平并據吳守自發馳報北岸竄匪經黔楚各軍分投截殺擒斬過半餘

亦零零落落不能成隊即可收拾淨盡等語 湘省圖黔數載我於力盡筋疲猶賴

朝廷威福藉手告成（巨逆盡除苗疆大定）慶幸其何能已 手函馳報僚參制軍并慰韞師

酉刻奉到四月初五日寄諭一道 景廉奏調前平慶涇道黎獻奉諭查傳

二十日陰　堂期見客文武六班出門會客并拜曾沅甫宮保朱修伯定雅堂拱保

案正摺料理積牘　〔復〕亦樹書　錢秋舫贈平選四六法海一部蔣心餘先生評選文詩文集並傳奇九種共計四套卅二本

廿一日晴　益陽翰林周桂午開銘來晤　謝筱蓀錯假來見　覆校經課卷　易笏山均

蕭華昌第一

書篆評閱甚精細知其學有根柢也　酌定台拱保案兩請開復各員片　兵部　李龍章等附

遞回三月二十六日軍振奉子寄諭一道明發一件　饉摺件分別交議照准　四月初十日　其

廿二日晴　寅僚頌祝慈壽均辭謝　樓子通世兄到湘以張翰甫書　晚治饌預祝慈壽

廿三日霽　慈親七旬晉三壽辰寅僚陵祝均辭謝　慈體近日甚

健竟日應酬料理毫無倦容可喜也　晚酌在署戚友共三席

廿四日雨　擬出門謝客雨阻不果　王〔甸〕田觀察引子見回省來見二月

摺差回，係三月廿六日奉。。旨，各摺分別照准交議。接若笙、雨辰書寄來冊不

敬節傳

編一冊

廿五日陰。堂期見客，文武五班，四城謝客，一日兩遍。順祝芝岑壽，并送

何受山高壽、農錢秋舫竹。龔繼昌報賊首逆〔生擒〕肅清苗疆〔實在情形〕，閭閻大快。

廿六日晴。秋審過堂共五十四起五十四名。右銘來，商軍報，〔定奏〕胡界及〔肅苗境〕左恪靖四月

四日手書，言現在河湟傾心求撫，玉關以内皆然，察看情形不似從前虛假，或

亦悔禍之機，惟安撫客回，撫輯土回，勞費殊不可勝計云云。如果天心厭亂，西

陲其庶有寧乎。然元戎之用心良苦矣。

廿七日晴。子健、硯芸先後來，商件均久坐。審録命案六起〔桃源縣方正題等〕，京控一起，安化王東時料理

積牘傍晚挈森兒及一村閒步

廿日晴 致生甫衡年實岩鐵君書并諭鏞兒申刻兵部遞回初八日軍報奉到十六日寄諭一道 有覽奏實深欣慰俟詳細情形奏到再行降旨宣示等語 料理月摺竟日鮮閒

廿一日雨 早起忽發肝氣頗覺不舒午後漸平手致雨辰若笙書拜發月摺計正摺四附片五○台拱保案摺共文武員九百六十七人一百八十三人○將保開復各員片副將王俊南彭以達知縣李龍章千總鄭通鑅○米指十二次請獎摺○捐指監生片○十年下忙分數摺○歐陽平等調省片○龔南金甄別留省片○防軍酌減口糧片○三月分雨水粮價摺

三十日雨　致江西劉峴莊中丞文友石方伯書懇請借撥協餉　交莊

心安直牧賫呈　酌定馳報攻克烏牙坡巨憝生擒首逆馘定苗疆一切詳（平定援局告成）

細情形奏稿　硯芸右銘均來商件　接鑣兒十二日平安報附桐侯恒岩信

五月初一日霽　武廟行香　辰正日食　午正復圓　行救護禮　停止衙參　子健右銘

來商件　苗疆善後得人為難　手擬密疏一件　擬附軍報馳陳也

初二日雨　拜發苗疆平定援局告成摺　附片請○○旨　首逆張臭迷應否解京

又附密片一件　會筱荃制軍　咨前衛肩劄以五百里驛馳遞　潤生回南

初三日晴　達周來晤　午前客多　張筴臣季庭暐先後來見　致筱荃制

軍書　並送發銜會奏奏稿　料理積牘　禮部咨恭辦○○大婚禮儀處文移納采

司中薛調衙應即用候補輪補
牌示醴陵縣缺改
補薛振鈺石門縣
篆吳聯奎署理
正途

大徵各吉日在京王公百官均衣蟒袍補服，至九月十五日皇上舉行大婚典禮，
應於九月十三日行祭告禮，十四日行冊立禮，十五日行奉迎禮，十七日行朝見禮，
十八日行慶賀禮，十九日行筵宴禮，應自九月初九日起至二十四日止，此十六日
內不理刑名，京外文武百官咸衣蟒袍補服，以光盛典。
初四日雨。子健、芝岑來商件料理節務。入夏來雨多晴少，近又連日
大雨，恐傷禾苗，殊為焦慮。接李筱荃制軍廿六日書，精穀蒼鮮到九大白金大五壽儀印三顆。
端午節，晴。寅賓來賀，均照常辭謝。出門拜節，兩司、兩道及候補道、首府、午便道均親到。
刻酌在署，戚友兩席。唐、李有謝蘭階報苗酋金大五於四月廿四日出省覲馳
就擒，即日解省，該酋係英明王歷年抗拒川軍最為兇悍巨匪，次

烏牙坡坎破汝首先竄出將而示撫從懷反側我軍困之於白水硐

至此（剛個一面）誘出生致之各苗酋搜擒已盡可為大快

初六日晴　精毅營襲擒著苗派記名提督（總兵）鄧祖興等檻解苗酋張臭迷楊大

六潘老冒江老拉即姜（老拉）到省委營務處易笏山觀察陳右銘太守并長沙

太守童硯芸先行提訊均據供認不諱惟咸推金大五為總頭目稱為金

王爺諸苗悉聽節制云云當即分擬監禁另候分別辦理矣自發報擒斬

（張臭迷等）叛逆目李高腳亦各供所推重者也　修廣西發麻陽報邊防解嚴（逆館臺）

初七日晴　辰刻率同司道親訊楊大六潘老冒江老拉三逆恭請　王命委員

同中軍首府（縣）赴市曹凌遲處死傳首騷擾地方以昭炯戒黃昌岐軍門

送魯肅倉米及漢磚云與國州新出土出存候不致

到省来晤前選濮黃德道白膏生讓卿自皖到湘（来見）意在張羅與翁有函

為之道地檢閱歷年（各前任）擾監軍務奏稿於大概情形信悉源委

初八日晴 金昌岐順道拜客（送天師符）楊海翁来晤 酌瞿子玖陸蔚庭兩廉帝孫鏡

（名禄增湖州人）江銓新樓子通比部 始辛未翰 貴也 俞鶴皋来論粵鹽不宜驟堵情形

初九日晴 硯芸始刪右銘先後来商件 硯香以遣撤新勇餉項不敷稍向期郵

未繕預給托右銘於省中移（挪）兩萬金 連日湊集未繕如數 允以積存庫餘八千

金暫應其急 仍交陳刪右銘經手 免致將来撥還時轉涉嫌疑也 精毅

營遞到金大五供詞一紙（上月二十八日起解）述叛亂蹤跡較詳 酌（餞）達周邀佩九亮笙舫四

筱飲陪 頗盡興 審錄命案四起

初十日陰雨 堂期見客文武六班 秋生到湘新甫内姪偕来 接筱荃制軍二十八日復書 以百番嬗周桂午太史持有偉斋信来言佩爲禹安豐書院一席来意又与在張羅求作登高之呼 勢不能行 惟有自己盡情也

十一日雨 子健来商件 易晌荄来晤 楻及鹽捐事 前署台灣鎮劉璈禀中罕楊在元 寗鄉人 告病回籍来見 武员之中明幹而得滑者 料理積牘

十二日雨 李璞階鎮軍自湘鄉到省来見 潘順甫孝廉来晤 爲料理娃擾事偕秋生雲史同行也

十三日雨 寅刻恭詣 関廟行誕祭禮 大雨如注 要紛晴霽也 回署小憩 接留粗成跋 以大畧情形函左宫保李中堂何小宋諸公 就閑坐稿酌定 雲史来晤

司中牌千李惟丙
署武陵縣篆 酌

福鏞兒四月廿六日稟言院試定於五月廿五取齊童正場仍在卯八九相侯伯
文均有書修理先塋乃心年向不合商之琳案子祥諸君僉議暫緩
十四日午前雨後霽 內子生辰謝客一日 奉到申刻五月初三日○○寄諭一道暨撫曹奏報驛
路踈通奉○○諭會安商
安撫善後各事宜
晚酌在署戚友共兩席
十五日陰 文廟行香回署見客文武五班 致書左季高宫保述苗疆平定均
接局告成大畧手撥軍需局酌裁水師長龍船 陸選鋒中營外餘以長龍二號為式率仿長江
營制之所裁之數仍易以舢板
十六日陰 出內謝步於朝而畢 致李中堂書述苗疆事并向子大婚
賀摺體裁 昨日起感受寒濕腹瀉神疲 請書巢診視即服其方

十七日陰　子健來商件　長沙府縣來見　少荃筱翁復書　於暨日寄奏

一片　意見甚合　此手諭鏞兒　并條列到嘉後應行料理各事　氣體

較昨畧爽　尚未多索　仍服書策方

十八日雨　曾文正公靈櫬抵省　船泊南門外西湖橋　辰刻出城行禮　手諭鏞兒

並
并敘桐侯　嵩雲　賓岩　伯文　并以鏞兒入泮　加增恤嫠正額十名　每季帖錢一千二百文　閏月加四百文

病故者給助四千八百文　作為殯費　并議存欵生息　報官備案　以垂永久　援照軍營

檻解逆酋偽王金大五到省　轄發長沙縣林　聽候提訊

十九日雨　昌岐來暢談　約翁山　硯芸　右銘來　提訊苗酋偽英明王金大五即李開元

供詞頗了了　略通文理　當堂自遞稟詞　中有罪民上知撫敝以保地方並不

知抵敵為抗傲王法等語閱之慨然世有陽明苗疆叛數當不至此 據供從前

苗疆約有五六十萬丁口 甚矣疆事之未可輕言也

目前不過數萬人矣

二十日雨 壹期見賓鋕司道銓均停（免） 巳辰正赴萬公廟迎候文正公靈櫬入

城率同司道等行公祭禮 右銘來商件并交苗疆（全）圖商訂再三至再脫（向來未有成本）

稿 候補縣丞黃昌林倫擬附片進呈也 陰雨過多 焦灼殊甚

廿日雨 李真人廟（設壇）祈晴 率同司道文武早晚行禮 手致譜香書 就商筆

稿酌易之 又致竹筱宋書 述平苗大畧 附論粵鹽未能驟堵情形

廿二日霽 早晚祈晴 鄒筠翁趙玉翁（自湘鄉來）先後來晤 復硯香書 論善後大畧

傍晚散步又一村 登澄湘亭以覘天氣 四圍雲氣漸當可望晴 （三月分摺差回 接兩蓉儕各信）

十二日

廿三日陰仍早晚祈晴巳刻五百里遞回初二日軍報以援閩告成蒙 恩交（奉到明發寄諭各一道）
部優敘張臭迷就地正法毋庸解京密片一件奉 旨留中午刻接鏞兒西信
稟及桐侯書知院試經覆（二旦正場）案發鏞兒取進仁學第二蘭言取進錢
學第五蕤頗甚喜率領（眷）家屬敬賀并告 先靈
廿四日陰雨辰刻偕同司道提訊苗酋偽英明王金大五偽大元帥張臭迷當即
恭請 王命凌遲處死下午請黃昌岐軍門（邀）白寄生（李庭輝兩）觀察作陪
廿五日陰雨堂期見客文武五班送昌岐行晚設并會部鶴仙中丞趙玉
班廉訪拜發 慈安（皇）太后萬壽賀摺又公事五摺一片 苗疆平定優敘（議部知道）
謝 恩摺（知道了）二麥收成分數摺（該部知道）報解京餉摺 審擬江華副將崔大成命（刑部議奏）

案摺〇審擬嘉利縣民覃長幗京控摺〇越南使臣回國入境出境日期片 刑部議奏 知道了

均交萬壽摺差賫遞 分日進呈 手致雨辰書

廿六日早间大雨 午後晴霽 玉皇殿設壇祈晴 早晚行禮 午後放晴 心境一爽 寄

雨辰國朝先正事略一部 手函數行 交〇〇萬壽火牌帶京 三妹生日 點香

備趲與十四日俾料理積牘 夜陣雨

廿七日晴 夜陣雨 仍早晚祈晴 拜發〇〇〇萬壽賀本 細核苗疆全圖

并考通志建城年分〇鄂文端公所奏新闢苗疆創建六城 曰古州 黎屬

雍正八年題建 曰八寨 都屬 曰丹江 都屬 曰清江 鎮屬 曰上江 都屬 均雍正九年題建 曰台拱 鎮屬 雍正十一年題建

二十八日大晴 辰刻恭詣玉皇殿 率同文武僚屬行報謝禮 前江蘇臬司陳

司中牌示安化縣缺吳秉慈補寧鄉縣缺吳麟奎補平江縣缺麻維緒補○尚宗康調署攸縣代理耒陽縣劉驥改署○永定縣缺改補馬世奇東安縣缺改補陳時瀚

俊臣士杰到省來晤，桂陽州人，與之久談，穩練和平，氣息甚好，湘中不多見也。酌定進苗疆全圖序奏稿。手諭鏞兒。

二十九日大晴。子健來商件。唐義渠到省來晤。桂筱宋五月廿九書。

三十日大晴。子健、芝岑來商件。致玉階書，子通攜去。接飛千五月廿三信，言彥侍調任門東聽差將於初九日出省。以揭[illegible]昭勇之及其子國楨侯年譜卷一冊，頗有可觀。

六月初一日大晴。文昌廟行香，拜發題本。當期見客文武六班。子通動身赴鄂，贐以百金，持贈弁將皆世大端論切囑之。接鏞兒五月十三日平安家報，并楊侯伯文書，瀛緘商子祥文臣之乃郎均同進，贄儀每堂四十八元，言考兒已竣，拜客掃墓及應酬，一切尚須半月，約留伯二十六日可起程赴嘉矣。

酉刻奉到五月二十一日寄諭一道，為撫鄖降苗事，楚軍所收，暫歸楚辦，豈撥以款項，瑞麟奏奉旨俞允也。

初二日大晴　子健方伯迎養尊慈太夫人到署　巳刻前往啟賀　琥璜西院廳修葺一新
布置甚好　煥然改觀矣　順道至各館道喜　援局告成案內隨摺保升道員并加運使銜　連日晴
霽　禾苗長發　除滇臨湘河各屬外　其餘尚屬可望有秋也　手定援楚軍扼要設防苗
疆并籌款派員撫卹降苗片奏稿　偕[illegible]魯訂定苗疆全圖并加簽一切
初三日晴　午前見客[illegible]　補用道陳寶箴馳往苗疆辦理賑撫事宜　先籌發修費銀二千
兩　攜往備用　拜發擒獲苗酋金大五餘匪撫降殆盡苗疆全境肅清一摺　附
奏繪具苗疆全圖咨呈軍機處備查　又楚軍所復之地仍由楚軍扼要設防
並[illegible]籌銀二千兩派員馳往賑撫降苗　又[illegible]請卹副將[illegible]首等六名各一片　申刻由驛六百
里馳遞

初四日晴 午前見客 白寄生辞行赴晉 以三十金贐之 手段修伯若
筆書另段 靳迪垣銓部（名邦慶，廣東人，小軍機）函托其隨時關照一切 修伯爲之介紹也
初五日晴 堂期見客 文武六班 手段雨辰書（第八号）并托送翁（琴甫具呈）銘兩處奠分 連日
炎蒸特甚 禾苗頗資長養也 拜發五月分月摺 計正摺四○善化文廟工
程請獎（交議）○薛振鈺請補醴陵縣（交議）○整頓軍需第四次請獎（交議）○四月分雨水糧價（該部知道）
又附片三○長江水師提督到省會商及起程日期（知道了）○李光燎黄文琛請暫緩送
部引見（照准）○精毅營哨長武舉彭青雲請免補行覆試（交議）
初六日晴 天氣甚熱 手録伏蒂閣聖武記數卷 下午清理積牘
初七日晴 午前見客 清理積件 羅徑九赴瀏陽館

同中牌示周松棟
到臨武縣任

初六日晴 筠山來久談清理事頭緒件如清風負笠

初九日晴 海琴來論鎮筸文武又右銘來商赴豐辦理賑撫善後各事宜

詣曾子廟私祭曾文正公筵一席備幛一懸拜遂合留客連日酷暑炎蒸午後竟未能伏案

初十日晴 堂期見客文武五班感受暑濕腹瀉胸滿微覺不適

十一日晴 腹瀉已止暑氣未清時覺頭重神浮謝客一日接請字

營務處儲守裕立稟報該營統領戎道鑑於五月十五日在營因積勞成疾病故

閱之良堪惆惜該道帶兵有年素稱戰功素著而尤擅撫降苗民偽東軍士之嚴明苗民之之

懇摯求之將領中尤屬難得當此苗疆初定一切善後正賴經營遽以

病逝亦時局之不幸也

司中俾承稽有慶調署衡山縣楊保齡署零陵縣酬

十二日晴　子健來商件　右銘（十四日自衡州扶護回籍過省來晤）玠琳來商請營留撤多宜留南知縣李國鎮（小崖人）來見請營委員也詢以營務應對頗了了人亦明白不浮　手批撫監軍廳三件共卯　曹振戈道（病故）也　手檄貴州候補府儲裕立（未交道營務處）鶴翹代理靖年事務

十三日晴（午前雨）　午前見客　手諭鏞兒　寄琴舫函　又接少伯復書　接到南辰匯款　（昨今）暑氣已清一切如常矣　雖君向餘以兩稍減　閱張石卿制軍奏議

十四日晴　曾文正公暫厝南門外金盤嶺回（本日）人僚屬設路祭於城南書院　卯刻出城候殯並行禮畢歸途祝仲山壽　閱駱文忠公奏議（兩卷皆左恪靖手筆也）

十五日晴　武廟行香　堂期見客　文武五班　仍閱駱文忠奏議三卷　復劉蔭渠楊石泉兩中丞書（并寄侯審所章程）　李肅毅補授大學士五月十七日奉諭旨也

十六日晴　曾沅甫宫保来谢并言砚香领款蜀山来商协黔指事右銘
辞行赴贵州办理账捐屯防事宜当即商订一切右銘具干济才心地亦
光明磊落必能不负此行也　辰刻接奉初五日　寄谕一道　饬催贵州协饷
封内外署衔均无署理及布政使字样（亦不称右）　谕旨内亦在谕知之列不在传
谕之列　疑初五日以前已有实授　恩旨也　接镛儿五月二十五日来禀
言身子平安　扫墓拜客均已毕事　定于二十六日由杭动身矣　致李筱荃
制军书　商及闽兵次第
十七日晴　谒鑑齋师　晤设道　砚芸调补喜　送右銘行　子健来商　庭晖贴册
先后因公来见　致实君书　论答之本之家多

十八日晴　午前見客　余收堅待從培之派隨陳右銘前往貴州辦理賑撫事宜
諭旨（二江）實惠及蕃勉之蘭岩送閱即抄　知五月二十三日已奉補授湖南巡撫
○○恩旨敬述萱闈感激榮幸之至　僚屬來賀見司道首府縣及候補府
並三營將官　天氣太熱其餘不及遍見矣　申刻敬告○先靈率同眷屬行禮
並為萱闈敬賀慈顏大喜　自通籍（壬子）至今二十年荷蒙○○天恩稠疊擢至
封疆菲德何堪皆祖宗餘蔭也　先大夫一生忠厚貽澤最深乃戊午年棄養
之時不肖尚未補主事實缺此後餘升擢均不及親見矣思之黯然
十九日晴　紳士來賀均概辭謝以尚未接奉部文且天氣太熱也　酉刻次
孫女生母子平安亦殊可喜　慈親命呼芹官以鏞兒今年入泮也　戌刻

同中牌示慈利縣篆務符為霖調署

接准吏部咨開同治十一年五月二十三日內閣奉○○上諭湖南巡撫着王
文韶補授欽此欽遵○○天恩高厚感悚難名部文尚係六月初一日發行
驛遞較尋常文遲數日始到在邸抄之後吳子健方伯同日真除
即晚恭錄部文行知遵照 接李中堂五月十七書有密寄一紙意殊可感
二十日晴 卯刻在大堂恭設香案望闕叩頭謝○○恩 堂期見客文武五班
擬定謝○○恩摺稿改 兩辰書第九號
廿一日晴 東南城謝客并道子健實授喜（鹽師暨蔡帥芝岑早晨萬蘭言藻雲）本日借用八座自署篆後儀衛
從撫轅夫仍用四從藩制也（親本職） 拜發謝○○恩請○○覲摺改修伯若筆手書
廿二日晴（午前陣雨） 西北城謝客 晤樹堂 次青 海青 回署 改部飭為籌業翁

先後來賀，均晤談。致李筱荃制軍書，述知補授甚欽，并謝平日相待

之厚。

廿三日　晴　四月分摺差回省，各撫保案照准，開復附片妥議，餘均照擬。帶到雨辰、

修伯、蓉舫、吉人各信。蓉舫由山來，久談。料理積牘竟日，鮮閒。晚萱闈賜飲，團圓慶

幸，歡聚一堂，慈顏甚樂。

廿四日　晴　祝星農夫人壽，再三致意，未獲登堂。裁賀子健，晤談。前日以他出未

晤見也。申刻五百里遞回初三日軍報一件，奉到本月初四日○○寄諭一道

指撝蓉舫余木五西言　指示軍機處及萬壽頒撫卹西言

有功，理甚為妥速，及實能力顧大局之處，乃天語褒嘉，跪聆之餘，實深感悚。

接子松賀函，多切摯語，意殊可感也。得左宮保書，言河州撫局已定，湟中亦望風納

致南州並函，時有捷報云云

廿五日晴 天熱無要事 止衛奏 子健來商件 手批營事三件 上李中堂書 森兒接鏞兒二十日漢口來信 知已於是日巳刻到漢 約二十四日可以動身回湘 改浙江丁慶甫典使 陳伯敏太守 魯桃李眉太令 光宇書 皆鏞兒小試受知也

廿六日晴 仲雲文 張笠臣先後來晤 宋德人邦德自京到省來見 長沙府遺缺 現補沅州 帶到宋雪翁 金子白各信 雪翁并寄食物靴等件 改郭遠堂中丞書

廿七日晴 芝岑來商件 審錄京控案兩起 瀏陽劉松亭一案係詞翻異人尤刁狡 藐貴之 仍發回臬司衙守鞫實再行解送 手定戈鑑請卹奏稿

接子誠澧州來書述奉委訪查川鹽事甚悉

廿六日晴　午前見客曾劼剛（文正公長子）来謝賠設向索文正公到京日陛見時日記并酬應款賬目允即檢示料理京信、唐伯代擬上恭邸書賀賠周益最為合格其上樞堂各書則煩潘怡甫考廉擬之也　江西前後解到借款十三萬兩撤靖字三營精捷七營以次餉已見鬆動矣　鏞兒廿二日自澧來稟言船已雇定廿四日即可開行　連日晴有北風行程或不甚遲滯也

廿九日晴　硯芸昔日說之便道留客馬子蘭司馬元驤自鄂来湘暗詢鶴垣近跋言之頗詳　手跋鶴山修作若等書

七月初一日晴　文廟行香　堂期見客文武四班辰刻　鏞兒回湘（自鸚鵡石坐長龍船先行）

衡峯暨甫言午刻亦至此行適遇北風二十六日早自漢口開船凡四日夜
兩達星沙可謂順利矣詢知先塋安妥惟修理則年向不宜及考試情形深以
為慰手致雨長第十號書附樞卿樞雲事函另附董韞師六件 拜發六月分月摺計正
摺六附片四又銀錢捐輸第三次補請獎敘摺○又截數廣額片○長關木稅
請照舊額征解摺○晃州廳豁免民欠錢粮摺○代席寶田謝恩片○
調署攸縣衡山兩縣片○岳安鹽稅摺○郴宜鹽稅片○道員守鑑請卹摺○五月
分雨水粮價摺
初二日晴 笠西來晤談 蔣薌泉中丞以新會陳氏新刻二十四史計八十套八百五十六本見贈
誼不可卻受之 細詢鏞兒 在杭在嘉一切情形不覺竟日

初三日晴 蔣薌翁滑回湘鄉來晤 午前客多 六月二十一二日寧遠有土匪等
蠕動 佳王令闿風會營查拿 書已逃散 駐防道州之錢新前營拿獲伙四眼橋
邀入夥之楊可想等六名送州汛办 據地方文武先後禀報 當即分檄嚴查
務獲首要從速法治 以絕根株 午後料理積牘 王安甫見贈舊本穆修宋板宋名臣言行錄鐫也 樸博
初四日晴 子健芝岑來商件 午前客多 閱名臣言行錄一卷
初五日陰 夜大雨 堂期見客文武七班 跋王階書和陶陶勝貴星此次鐫兒遇漢極
承厚貺也
初六日晴前陰雨午後霽 李次翁來晤 論省城隍廟事 手跋調甫書以
入都大政備列詢之

初七日晴　致桐侯、寶岩書，定議以錢三千六百千分存嘉定南翔二典，月取（現額內六十人每月四百文，額外三十人每年一千二百文，米二斗，年終各給二百竹）
一分息以爲卹嫠之用，並呈縣備案，以垂久遠。閱宋名臣録一卷。
初八日晴　王繼卿自龍陽防所到省來見，詢知常德以下地方均屬平安。致
嵩雲伯文書。接桐侯六月廿四日來信，敘述頗詳。接李中堂六月十六日復
書，言大婚賀摺宜專用天喜之字，不加別項字樣。又○○皇太后上徽號亦應遞
賀摺。○恭閱邸抄（六月十一二日○○諭旨），朱中堂告病開缺，○○賞食全俸。李中堂授武英殿大學士，
單懋謙授協辦大學士。瑞中堂授文華殿大學士，文祥授大學士，全慶
授協辦大學士，寶鋆調吏尚，載齡調户尚，英桂授兵尚。
初九日晴　芝岑來，以醴陵拒捕傷差格斃人命一案商妥，日伴說馳往查

办并令汪伸篮代理侯審所多務楼筱岑制軍為旨書有附片請展緩○○陛見之奏竊暫回治裝以須後○○命云云悵自丁卯冬以接部咨以奉來見之○○旨因事迭次奏留茲制軍又有是舉有似再三之瀆轉恐非宜然一湖之隔彼此不及面商亦無可如何也姑俟○○朝命可耳閲言行録一巻天氣甚熱不減炎暑

初十日晴 堂期見客文武五班酷熱如昨閲言行録兩巻○○皇上大婚恭上（擇吉十月初十日以後恭表及請安摺均照加上字樣敬備）○○慈安太后徽號曰○○慈安端裕皇太后○○慈禧皇太后徽號曰○○慈禧端佑皇太后○○敕諭礼部將應行典禮敬謹查議具奏 准禮部恭辦大婚禮○○儀處來文

十一日晴 奉到加上○○皇太后徽號賀表式三道（聲明十月初七以前一切表奏均照舊式十月初七以後均應）

遵照加上（字樣恭繕）徽禮部來文也從曾劼剛處借到文正公兩次入〻覲日記及用賬

又李中堂入都用賬各一本　應酬微有不同大致可以仿照接篆全移（刪草）

送請綬入〻覲片奏稿係七月初二日專差賫遞計期到在此前謝〻

是措得矣

十二日晴　慈安皇太后萬壽聖節寅正詣萬壽宮率同文武僚屬行

慶賀禮回署小憩　秋燥益甚我不能耐閱言行錄兩卷晚恭接祖先

十三日陰　辰刻拜發〇〻皇上大婚賀表午刻（中元）祀先附設鶴田書晚演保和

班（日間）適在科房（慶）祝〇〻萬壽也　接筱宋書論粵鹽多意在規復長

岸其衡永等屬亦知非急切所能禁絕也語意頗透澈開爽可

佩服 秋暑稍减

十四日午前大雨 内阁中书令寿竟来见广东人 以在候补来书函商畀农子健郁意湘省所必争(論粵厘大局) 其在衡永等属于长沙各境本无出入 至如被此大方即如所议留此全力为将来力争衡永地步 似于乃侍藏为有益 岵侯公商之也 本日暑气 友渔人和班(公)日为蘭言 镛儿贺 却之不得 其实亦殊不必耳 本日起服书桌所定丸方 以理脾疏气去湿为主

十五日晴 文昌庙行香 堂期见客文武五班 定停止长属粤盐厘金 先归淮界三议 晚请(注席)衡峯 并邀潘谢甫 程芸史 执甫 松士作陪

十六日晴 早起腹泻 (胸膈)颇觉不舒 达周来辞行 砚芸来商件 午后小憩

十七日晴　腹瀉已止　胸次微舒　手致子城省涵書

十八日晴　鄧篇仙易海青來晤　并遞公呈為張石卿制軍亮基請

建專祠　另呈擬合建駱張潘三公專祠　并請將福誠尹王培薩保塔勒

黃冕瞿騰龍等附祀（鄧倬良）　石卿先生有功於湘　公論不泯　自須為之據實陳

請也（請）潘潤甫孝廉襄辦筆墨　自遊學（李）回省　移榻過此　秋燥益烈　甚於夏暑者

十九日晴　審錄藍山縣民蕭才葛等人命案七起　又安福縣民畢衍寬京控案

一起　接左恪靖六月二十日安定大營書　言河州撫局大定　文武官入城　該回民已帖然

就範矣　附致雲卿都轉信一紙　提及子祥多閱言門錄十頁

二十日晴　堂期　見客文武六班　上李中堂書　賀節并述地方情形　文後

前函

寄改一件　閱言行錄十二頁　精捷營解到苗酋楊九貓　發首府提訊

廿一日晴　硯莊來　並閱楊九貓供詞　確係著名巨酋　人尤悍狡　飭即正法

具報　改筱荃制軍書并賀生日（本月廿七）　閱言行錄二十頁　料理節信

廿二日晴　子健、樾岑（廷暐）先後來商件　均久坐　秋暑益甚炎燥不可耐

廿三日晴　熱甚　未能伏案　閱言行錄十二頁（午後陰雨微雨熱稍減）

廿四日晴　筱山來久談　手擬請獎辦理軍需司道奏稿　閱言行錄十

頁

廿五日陰　堂期見客文武各班　清理積牘　竟日鮮閒

廿六日晴　葉介唐來商件　改左恪靖書　接筱荃制軍十六日書以李廷暐

家弟婦姪女母女三人同時自盡一案有人控告派委黃虎卿觀察來湘審辦此案

事本奇慘而當時家庭之際亦頗有難善處之隱人言嘖嘖誠無足怪也改

定奏報訪獲苗首楊九毛解省正法片稿

二十七日陰 楚岑來商件 手致雨辰若笙書 檢點明日應發摺件閱上諭行

錄八頁 天氣漸爽有秋意矣 夜雨

二十八日午前雨後霽 拜發〇〇皇上大婚賀摺又奏事摺片各四〇馬世奇永定改補摺〇東

安改補陳時瀚摺〇請獎辦理軍需司道摺〇遵保擒斬首逆金大五等出力人員摺〇

符爲霖調署慈利片〇請革復隆錢鋪柳楷濤官職片〇遵解特提陝甘協

餉銀一萬兩片〇拿獲苗首楊九毛正法片 手致筱荃制軍書 知照保

舉司道并畧論李光燎家一案制軍於此案頗有先入之見方鋭意維
持風化俟虎卿来詳加推勘自有分曉此時（不宜）必欲興之申（辯）論（遇）（過）恐涉意
見於大局非宜也閲邸抄恩錫回蘇藩任蘇撫調張樹聲署漕督仍文彬署
九日晴 仲山自沅請回省往拜晤設送迬周竹并會仲範文鄂範翁鄂涵
萬鈞未值閲言行録四十頁 韓富各卷
三十日晴 辰刻赴内校場看三營軍政并閲各該射弁標兵及春操限期各弁弓馬共五十八人
午初竣事長沙府常毛季卿松年以萬壽宫書院所得重修名目書序来求衛閲之未盡駁
貼煩書單冊潤之率（此等事）何不必理會惟既経送閲稍未便聽之也陵小宋書允
以長郡停柚粤鹽釐餘均照常附賀節信去閲言行録三十二頁 歐文書各卷

師衡兄均移楊學署

八月廿一日晴 拜發兩宮皇太后加上徽號賀表 武廟行香 堂期見客文武六班 浙江蘭溪縣難婦鄧陳氏攔輿乞恩 飭李發、黃貴確查蹤跡 乃其流落貧狀 資之以行 閱言行錄二十四頁

廿二日晴 童硯芸、韓慶楊先後來見 改定請建前任湖南巡撫張亮基專祠奏稿并合祀駱、張、潘三臣 又併鄧佑良、福誠等請附祀一片 鏞兒郵在豐訪君擬文一村之小泊槎

廿三日晴 子健來商件 久坐 連日秋暑又作 不適 較七月二十二三稍遜耳 閱言行錄二十八頁 清理積件

同中牌示醴陽縣
篆務陸續署理

初四日晴 子健芝岑同來商件灶珊來論請营撤勇事曾沅浦宮保自湘鄉
到有來晤閲言行錄三十頁
初五日晴 文廟秋祭寅初三刻來詣主祭前殿卯初禮成回署小憩停止衙參
手致桐侯及寅岩誥君書文陵壽攜回 秋暑酷甚三更後西北風微覺涼爽
初六日陰 卯初出湘春門即北門祭社稷壇禮成後就近閲視先農壇迎恩亭
各工程以上各處皆典禮所關自壬子燬於兵二十年未修及與後本年次第
籌款重修均復其舊惟迎恩亭規模稍隘未能稱題當飭張令玉森兼修委員
酌加更改所費亦不多也神祇壇向在南門外以年向不宜尚候興工回署見客
午後拜發七月分月摺計正摺五附片三口撥豐五叩指摘摺口又收指鹽金片子報解

米捐出成監銀片○請建前撫臣張亮基專祠摺○又請附祀各員片○代曾

侃澤謝恩摺○旱稻收成分數摺○六月分雨水粮價摺 手函雨長茗笙

書 兩宮太后加上徽號除遵(遞)具賀表外應否另具賀摺諭知否乞即備印

花及奏事處咨文托茗笙屆期代為酌辦

初七日晴 楨兒十歲生辰為(率眷屬等)萱慈叩賀并告 先靈晚酌在署戚友共

兩席 閱言行録二十頁 發信料理粗畢 蔚泰厚交到 雲卿手函

并惠寄新會陳刻廿四史全部 遠道拳拳情殊可感 另一部囑致 仲山學使

岳州鎮彭凝芝昌禧到省來晤 承送礼收君山茶兩瓶

初八日陰 (午前出門)會曾沅公翁彭凝芝(以楹聯等件贈之) 午後虎卿到湘來晤不見三年餘矣舊雨重

逢深慰積悵論李朱氏異語極持平固知此歷練有素也

初九日晴 子健芝岑硯芸筱泉來商件 六月初五日所發摺差回各件均平安 接兩辰修伯若笙迪臣諸君書（均七月二十四發） 兩辰為楨兒作伐 請姻於修伯之第四女 業蒙允諾 擬俟呂日批摺回來是否北行再定納采吉期 迪臣書頗有所述足廣見聞

閱言行錄二十頁

初十日晴 文昌廟秋祭 寅正恭詣主祭 前殿回寓小憩 午刻俞虎卿久談 述鄂多甚悉 遇星南晨蔭雲祝部 子美尊慈六旬正壽 少坐 晚設芹尊酌在寓 及嘉太洪、戚友共三席

十一日晴 五月廿五日所發摺差回各件均平安 接兩辰六月廿八書并帶到白摺等件

又宋雪翁黄瀓甫各信　接侄师七月初二日手函　提陞宅捆帝嘱探真八字寄京事

跋序侍書

十二日晴　唐蔭翁仲翁文来　昭午前客多　接吏部来文内開查定例各省 六月廿七日

巡撫授為都察院右副都御史應否兼兵部侍郎銜吏部具奏請○○旨

等語　今王文韶由湖南布政使奉○○旨補授湖南巡撫應否兼兵部侍郎銜

之處相應具奏請○○旨等因　同治十一年六月十五日奉○○旨照例兼銜欽此

相應移揭内閣撰給坐名○勅書並知照可也云云　計開　請○○勅官一員　兵部

侍郎兼都察院右副都御史巡撫湖南等處地方提督軍務兼理粮餉王

檢查成案照例兼銜向係具題謝○○恩　不另具奏　此次應即遵照辦理

十三日晴 武廟秋祭寅正恭詣主祭前殿回署少憩 手段飛千書料理積

牘

十四日晴 硯芸来商件 復鍾雲卿郝椿書 謝送西史并寄侯審亭章程

閱言行録十二頁 接在銘来牘詳陳苗疆善後章程既有見地亦皆

擔當心窮傳之惟情查俭詹各節 揺須豎有破除陰陽城方能和衷共

理否則多屬隔膜雖明知之而無可如何也擬備函牘商之貴州大吏能否

有成須視苗民之氣數何如耳 手段鳳白書

中秋節 文廟行香寅僚來賀者照例辭謝午刻出門至各處謝步賀

節晚酌在四高戚友兩席

十六日晴　龍風神祠秋祭卯刻恭詣主祭龍神　拜發錢粮奏銷題本

手函致陳右銘觀察并批來牘　另函致貴州撫藩就將曾

稿增損之　閱言行錄二十四頁

十七日晴　張子衡廉訪岳齡自平江到省來晤　七年曾在鄂中見過也

硯芸來商請假事　接彭雪翁金陵來書　言定（劄閱已畢）於八月初北上矣

并接公牘　咨送儲陳水師多宜及為黃昌岐請開缺各摺片　提標所

屬參劾至一百餘員　似此剛方浩落　獨往獨來　那得不令人歎服

十八日晴　辰刻謝　恩摺并回奏到　批諭着毋庸來見　并接修茗雨咨（均七月十七八發）

信　鄧筠翁易海青周桂午同來呈遞公呈　為惲次山請建專祠　料理積

件。辛未庶常毛秀卿（松年）（書院所取士也）尊慈七旬壽，祝之。

九日，晴。天后宫秋祭，卯初恭詣行禮，順道會容子健，為二世兄完姻，賀之。曾勤剛、易笏山先後來晤，均久談。周文齋（綬）自平江來見，言將援辦岳州係私事宜也。致筱荃制軍書，并條詢閩兵應行事件。

二十日，晴。堂期，見客文武六班。午後小憩。接調甫書，復述入都酬應大略頗詳。接梅小岩書，亦言惲次山建祠事。

二十一日，晴。答舫來商件。曾　世兄來見，沅甫宫保之長君也，沈厚英發，閎亦甚用功。審錄命案京控等六起，查檢閩兵成案事，胸中稍有規模。

二十二日晴 韓賡揚文子雲同見因韓家湖堤工請增經費也光之張子衡来談有出山意新任臬司涂朗軒廉訪宗瀛到省来見壽有茂之樸稱為時已晚未見及多談即予飭知到任手復亦樹書

二十三日晴 朗軒来見久談擇定九月二十五日出省先赴南路衡永一帶查閱營伍即行知各營及沿途地方官遵照接柏侯伯文書言恤釐存款事已办 復梅小岩同年書論惲次翁建祠事降調屬令李經開復殊難措詞湘中人士有赴京呈請之議如果奉○○旨飭查自可據實陳奏耳

二十四日晴 子健来商件 會朗軒晤述○○陛見時事久談並參夫人生日祝之 料簡閱兵應行事宜分別次第办理接沅州府縣十六

日来寓言精捷撤勇已甚不妥貼（即）飛檄鄧道善燮又妥速理料毋任（只嚴詞責成之）

藉瑞滋多另撤龔唐兩提督酌撥隊伍馳赴沅郡籍資彈壓

二十五日晴 堂期見客文武五班 朗軒芝岑接郎集家來見 七月廿一日（所發）摺

并回各件均照准 接雨慕修各信無甚要語 定九月二十日先將刻有樓

營印撤飭遵照 接禮部（知照）來文 抄行曾文正公○○謚祭文二件 即日札

委萍藩司敬謹謄黃 擇期前往致祭 其時眷屬尚僑寓省垣也

二十六日陰 芩舫芝岑春皋先後來見 芩舫回岳澧本任 芝岑管軍需保

甲局 春皋調援防局 李次雲家驛（晉）省 送壽來 晚黃子壽吳仲華

謝近為及門諸請附祀駱張潘三公祠也 手復修伯書

二十七日晴 朗軒来久談 手致蓉生書 致戀雲迪平書均附普稿

二十八日晴 朱子京表甥氏借錢兩卿内阮到湘 手致雨辰書并寄禮帖為

楨兒 訂姻同邑朱氏 修伯同年之第三媛 硯芸同許丁繼母憂任長沙甫一年遽

以諱去官運亦舛矣為之惋然 拜發月摺計正摺四附片一○奏銷十年分

錢粮摺○十年新賦比較上三年完欠分數摺○動用耗羨支銷因粮摺

○七月分雨水粮價摺○博壽回岳常澧道本任片

二十九日晴 子健来商件久談 孫鏡江銓部禄增来辭行 悟料理積件竟日

鮮閲閲邸抄 單懋謙補授大學士 毛昶熙調吏尚 李鴻藻升工尚 桑春榮

升左都御史 錢寶廉調刑右 宜振調工右 畢道遠補倉場 郎言豫寶

授陕抚均本月初八日寄谕旨也

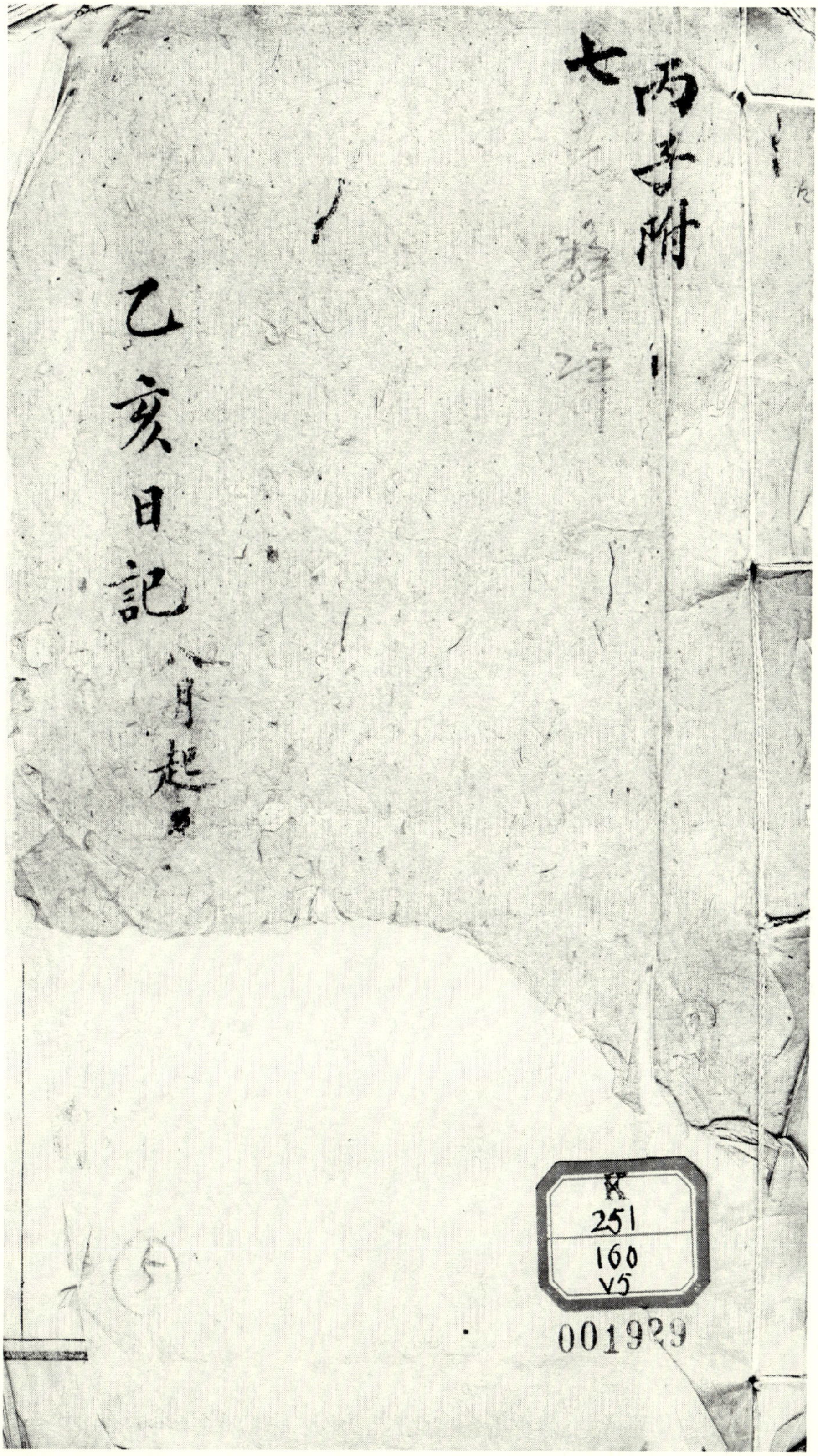
七
丙子附
乙亥日記
八月起
251
160
V5
001929

乙亥八月 光緒元年

初一日午前晴後雨 文廟行香堂期見客文武七班主考午刻到省正

梁耀樞修撰廣東人號斗南副尹琳基編修山東人號琅若秋暑酷甚得

雨稍減

初二日大雨 考試簾官二十一人共調二十五人貢班四人例不與考 文題知所以脩身則知所以

治人詩兔辰刻閱視貢院內外尚属周備答拜劉克菴悟談察其詞

氣非竟豎卧不能起也魏周韓臣閣學額曰鹿洞遺徽擬自聯曰秘省

舊翔華回思周道猶軒兩度西湖迎使節聖恩方籲俊愴憶名山壇

席十年南國育英髦麗生擬 清理應復信件 好雨應時大慰人望

初三日大雨 文廟春秋祭 寅初恭詣主祭 前殿百日後二十七月內儀節服色均照常 由驛四百里拜發

正摺四件夾片一件。劉曲因多病母老未能遵赴陝甘據情代奏摺。采買米數全

數運津摺。報解末批京餉摺。清解普陀峪吉地工程銀兩片。早稻收成分

數摺。接鈞兒十號安稟七月十二日九曲巷發十三日發九號稟未到為省局遺失 當作一函付之

第七號 東璧寄到新刻通鑑輯覽樣本杭聯官堆各一部 字體刻工俱好 韞齋師謂

在鄂浙兩刻之上 價亦甚廉 寫洪武體每百字十八文刻工每百字六十文 惟刷印工料稍貴杭聯每部

十千官堆每部九千 飭通志局酌估在省刷印 便宜較多杭聯五千四百三十文官堆四千二百六十文 當令將

原板送至省垣也全書一百二十卷分四十八本總計二百八十二萬三千二百十字共梨木板二千九百塊 此書係東璧一手經

理校對監刻亦煞費苦心矣

司中牌示長沙府
缺以常德府瑞琛
調補所遺之缺即
以何樞請補

初四日午前雨後晴　社稷壇秋祭料理案頭函牘諸就清釐精神一爽校定
第四期課卷一陸承宗之彭上尊之鄧丙明四龔運丙五楊先俊接若
農書述內外糧運事頗詳畧如所云西事大有把握矣拭目俟之
初五日晴　朗軒星堦先後來商件又見客之起檢點入闈行李　快雨時
晴可喜也接鈞兒九號安稟七月十一日發言清吟巷瞿宅房屋事
初六日晴　晨起料簡一切朗軒星階同見午刻子青來少坐候主考
垂出大堂相見茶畢照例停止筵宴行謝○○恩禮常服不掛珠偕同入闈封門後
祭魁星儲英井明遠樓并至公堂派定內外簾及各項小委執事內收掌鄭
桂星同考官齊德五唐賡麻維緒薛振鈺王必名陳瀾張茂昭張

憲和李宗蓮舒愷潘恭敏外收掌蔡復清楊錫梅受卷符為霖

邸正達連自華陳建常彌封杜變党銘新謄錄孫清臣歐陽斌劉

在璣對讀黃慶萊慶瑞共內外簾二十五人本科正主考梁斗南殿撰燿樞

尹琅若編修琳基提調衡永郴桂道方次坡學蘇監試候補道李

仲京鎬內監試澧州直隸州黃用侯維璜內供給長沙縣萬蔚齋修

簾外供給善化縣吳小山兆熙子初就寢

初七日晴 見五鼓各官申明應辦事宜至提調衙門少坐將往監試處適朗

軒至因學名補錄人數逾額號額共一萬三百八十四間商定借用對讀坐號及至公堂添設堂

號之法约添二百五十號 酉初二刻出堂監印題場坐號亥正二刻始發多

一飯子正就寢連日秋暑甚於伏動輒揮汗如雨

初八日晴 丑正起寅初開點東路朗軒芝岑西路星階菱舫中路補點春皋少村星農借筱莊綸流更替次坡仲京仍專司場內彈壓事宜午初進內飯未正初出至龍門見本屆點名頗滯西路尤甚即傳示將永順沅州晃州及郴靖澧桂等四府州廳屬均改由中路親點中初開點亥初中路點畢東西兩路尚未完即令將初六、七兩日補錄各卷冊提長沙府屬十三學親點 補送已遲未錄歸入正冊諸生守候良苦 亥正三刻竣事校癸酉反遲一刻矣先是至公堂及對讀所五號並廳事均編坐最後補錄之卷共實計一百五十餘人至點名畢查有不到者一百五十人當將空出號舍分攢堂號各士子以示體恤約計二場刈對讀號間并可騰出矣子正晚飯丑正請題與主考相見三揖隔门文題事父母能竭其力四句或學而知之三句是以論其世也二句詩題月滿洞庭秋得秋字至至公堂分給散放寅初就寢夜睡甚濃 本日秋燥如昨入場士子頗苦 實入場一萬三百五十六名窘情 巳正起料理署中公事昨日未能閱看也申正坐至公堂監印二場坐號仍用堂號三十五本因二場須將對讀號騰出故仍暫用堂號俟有臨點不到者再行分攢本届場規一切悉照癸酉舊章諸臻妥適無庸多事更張也頭場投卷一萬五百九名臨場不到者一百五十一名實到一萬三百五十八名内邊字號九十一人田字

號二十三人 亥正就寢

初十日晴 午初出至公堂閱視收卷 未初正放頭牌 約四五百人 仍照上屆勻提二千四百卷分作三起陸續發弥封所 頭批申正二刻送 二批亥初送 三批子正送 均限定時刻 弥謄對三所 期於十一日下午進頭批卷八百本 俾內簾得以從容校閱也 收卷至子初將竣 尚有兩人直至開門時放出 亦從寬矣 是日共貼二十人 均白卷不完題目錯誤之類 接鈞兒七月廿日啟 森兒書 亦言遂才已考 身體平安 得相侯七月廿日信 言北門事已有成議 叙述甚詳 子初稍睡

十一日晴 寅正開點 午刻飯 申正錄卷已畢 較上屆又早一刻矣 湘陰易星溪

因案開徒遇赦得釋今年又改名滕指入場贊見及之一視即順從
寬撲出仍革去監生蓋癸酉二場子健將其扣留表滕時曾識其
面也寅僚均以爲神奇實亦偶然耳酉正封門因尚有未到之故照
舉後稍待之頭牌卷滕錄所遲誤限期大爲喧嚷傳張鍛劉三令當
堂大加申斥頗動聲色事後思之固屬因公仍是涵養未到
也夜子初請題與主考相見如前儀即刻分給散放經題易見後就寢
正秋也萬物之所說也故曰說言乎兌書明四目達四聰詩昭茲來許
繩其祖武於萬斯年受天之祜春秋冬大有年宣公十有六年禮記天降
時雨山川出雲

十二日晴 辰正三刻第一次進頭場卷八百本未刻印三場卷坐號亥初二次進卷一千六百本詳復桐侯書并致潘蓮甫陳星樓北门典事即托两公經理也亥正二刻就寝 是日巳刻内簾各房考已分到卷子矣僞仲京詢之用侯云爾

十三日晴 巳初放頭牌子正淨場封门貼出十三人均白卷割卷不完及春秋禮記倒置之類亥初進第三次頭場卷一千二百本

十四日晴 寅正開點未初一刻竣事中路仍照澧桂两属酉刻小憩彌封所報封完頭場卷一萬二百三十六本 亥正初刻請題進四次頭場卷二千四百本連前共進六千本 策題一經學二史學三文體四湘省山川

五鼓起 酷熱[禮樂]幾及半月 為秋仲所罕有 巳午間西北風大作 驟涼[甚]

各處謹慎火燭 昨起更時後 西[東]北角望樓燒一燈籠 一時人聲鼎沸 聞傳號封處[所]失慎 為之吃一大驚 [今日]風狂 尤宜慎也 夜微雨

中秋節 陰 巳正開內簾門 與主考相見賀節 酉正放牌 亥正封門[仍先封號] 共出場四千六七百人 十五放牌自癸酉始 此係仿照江浙向章 據副主考尹琅若太史云 山東亦正如此 晚酌[次]芝坡仲京 下午風止 傍晚開霽 仍見月

接丙辰七月廿四日書 知請旨觀摺奉旨毋庸來見 未[著]紓懸〇闕之恍見[?][夏]跂倚閭之望 益感天恩高厚矣

十六日 霽 卯正放牌 戌初始淨場 有病者極力完卷 不忍嚴催也 貼出十

七人不完卷者居多有五策均不滿三百字者 秋生恒岩先後來賀節
是日辰初進頭場卷二千四百本 連前共進八千四百本 謄錄對讀先
後報頭場卷完竣本可掃數批解內簾因今晚不進供應者得開门
又提調監試竟日在至公堂照料一切戌正封门後亦須稍資休息也楨
兒來留宿闈中
十七日晴 司道三營首府縣暨點名巡圍各候補府均進見文武五班受
卷官銷差出闈 雲史筱歙恒岩先後來 設手段馬雲峯軍门書論代籌
欠餉事 文慶揚持往面商一切 本日辰刻掃數進頭場卷一千九
百三十六本 連前實一萬三百三十六本 添僱謄錄四百人 分出數十

人作為對讀本屆對讀較細故較遲也 彌封所報二場完竣一萬二百二十七本

十八日晴 寅正腹痛不成寐有似肝氣辰初起仍大痛手足皆汗刮胸背立愈知仍係痧氣也竟日精神稍乏禁厚味 百梅鈞兒初四日禀言購定清吟巷瞿宅房屋已於七月二十七日立契成交計正價洋八千元雜費一千元一切均係譜香琳景雲屏為之酌定相傳是宅為戴家康雍間舊基年遠無可考矣 六月廿日摺弁回省 謹恭請 覲一疏係七月二十四日奉 旨也 餘均平安 若筐雨辰均有書 午刻赴監試衙门少坐 初七日欲往未果 戌刻進二場卷三千二百本 函致謄錄對讀兩所三場卷不必求速務期本本清楚以挽向來草率之弊 楨兒宿闈中

十九日晴 雲史麗生諸君来留飯得半日談有言善化貢生黃廣川於月初得夢今科解元為陸承宗三十六名為熊聲澧頭場首題爲事父母四句聞之而擬作者有二十餘人據稱確有是事並非以訛傳訛姑識之以徵榜發之驗否

二十日晴 次坡仲京萬簡齋同見清理積牘辰刻進二場卷三千六百本連前共進六千八百本 謄錄報二場完竣

二十一日晴 閱視闈墻工程湘闈向係土墻今擬改作磚墻也辰刻進二場卷四千四百二十六本連前共進一萬二百二十八本 二場掃數彌封報三場完竣楨兒宿闈中 恒岩来談

二十二日晴　朗軒來商件　中軍官馬昇臣晉銘首府王浩園先後因公進見

手覆疏通驛道保案　彌封官銷差出闈　麗生來談　又連日秋燥

二十三日晴　辰刻進三場卷六千二百本　仲京簡齋均進見　改桐侯書

寄諭鈞兒托誠民交謄錄報三場完竣　楨兒宿闈中　閱邸抄郭嵩

燾開缺以侍郎候補張岳齡補湖臬劉坤一補兩廣督劉秉璋補江西撫李文敏補江西

藩任道鎔補江西臬孫衣言補鄂藩衛榮光補皖臬勒方錡補蘇臬

廣督英翰開缺回京聽候部議鄂藩林之望蘇臬應寶時均開缺來京另候簡用　夜大風雨天氣驟涼

二十四日霽　辰刻掃數進三場卷三千九百八十八本連前共一萬一百八十八本　并屬內監試諸從慎密

巳刻闈內簾門與兩主考相見敘談少頃　謄錄對讀官各銷差見提

調監試及外収掌官午刻出闈回署啟謁萱闈慈顏有喜司道〻營首
府縣均進見料檢一切夜與在署戚友設闈事
二十五日晴 清理公私各件竟日碌〻 接 鈞兒初十日稟寄到頭場首藝文
氣尚清殊苦薄弱無可冀倖也蔚庭來晤浙江鄉試題子貢曰貧而無
諂一節忠恕違道不遠三句天下大悅至武王烈詩題飛雨過江來得東字
閱邸抄順天正考官毛昶熙副崇綺殷兆鏞徐桐本年試差浙江祇放許
有麟一人亦素所未有也
二十六日 芝舫少村委充武闈提調監試同見硯芸引見回省述春明近
事頗悉又見容四起士均伸 接筱荃制軍二十日書沅陵發擬暫設腰站接遞

滇中文報

二十七日晴　竟日客多，幾於應接不暇。致雨辰、若箴書。接亦樹九日沅陵來函，
言地方官辦差頗累，沅陵尤甚，亦勢有必至也。并言是日奉有薛煥赴滇幫
辦○○旨。

二十八日晴　朗軒來商件，又見客二起。手致旭人書。拜發○○慈禧太后萬
壽賀摺，又正摺五件，夾片一件。○請以瑞璪調補長沙府摺；○奏銷十
三年分錢糧摺；○盤查金半年奏報摺；○撥解甘餉片；○派充房考摺；
○七月分糧價雨水情形摺。

二十九日晴　審錄命案九起。韓膺揚自常德回省，馬雲峯欠餉事頗

就於花園頤指一年餘歸（兩湖今年旬給）清理積牘 夜雨

九月朔日陰 文昌廟行香 壹期見客文武七班 手致玉甫書 籌壽商

馬雲峯久館事 接鈞兒八月十三日稟 錄寄二場經藝殺頭場

似覺充沛

初二日霽 先大夫冥誕（七十有七）敬謹致祭 并陳新得（領）覃恩誥軸及清吟巷居（屋）

圖籍告 先靈 謝客一日 午後致陳右銘瑞徵儒各數行 晚酌在署

戚友餞餘也 滂小恬烟丈適自清泉來 同在座

初三日晴 南城拜客 預祝星農六旬正壽 奠潘黼臣 宗壽尊慈樾岑來

商件 新化橫陽（山）突有匪徒起事 謝總兵晉鈞立時率隊撲滅之 昨

晚稟到 其奮迅之氣洵可嘉也批獎之一面飭府暨縣將搜捕清查各事宜

諸真函復謝儀岳營久於醴陵七月間甫移寶郡分隊駐新化此次適

得其用亦地方之幸也

初四日晴 北城拜客見韞齋師談回署見客四起朗軒來商件主湛園

見接致甫八月廿六日書商辰沅道缺擬員題補事接彭雪翁初二日

岳州來函言將由荊州沅江巡閱而上到省約在月之下旬也

初五日陰 掌期見客文武六班派巡防營勇三百名赴新化駐防彈壓并

照會王俊卿派隊赴安化以為防範馨吾來談團作甚當行此次當破

壁飛矣

初六日晴 芝岑来商件 顧子青學使来晤又見客一起 鈞兒於初四日平安到

漢 本日有致伯文書 補行求莫樓秋祭

初七日雨 朗軒来商件 李次雲家驊辞行進京 筱帥随员安徽丁介颿太守

士彬 湖北知州馬雲龍過省来見介颿乃昔年裙屐少年在京曾識面也又見

客一起 手擬湘漕米綵起運本色奏稿 書林師六旬正壽以袍褂料一副 紅呢幛

一懸楹聯一副新刻通鑑輯覽全部為祝 又解餉砲船帶呈額曰高山

毓德 雲史擬 联曰奉南嶽觴遥祝眉壽振東山鐸敬爇心香 麗生擬

初八日雨 手致筱荃制軍書 午初入闈 簽榜中正至衡鑒堂入座拆封

填榜本科中七十一名 解元栗榮晉 長沙縣學附生 長屬中四十一人 寶屬中八

人衡、永各一人，岳屬六人，常屬四人，澧屬二人，郴屬二人，桂陽州四人，邊田各
一人。內癸酉拔貢中六人：陳兆文、閻士良、李和卿、廖鳳吉、鄧光倬、田應達。又一村會課諸生中五人：
楊先俊、蕭榮爵、汪槩、涂景濤、孫宗錫。又副榜一人：俞鴻慶。易順鼎中四十六名，其英挺之氣
固自不可遏抑也。吾五嶺曉後回署，就寢已丑初矣。閻士良、李和卿、易順鼎，亦癸酉應會課者。
初九日，陰雨。次坡、仲京出闈來見。又見客二起。接曾沅甫八月廿二、譚文卿八月十六
日手書，答有所述。由驛三百里拜發湘漕未能徵運本色摺。劉璈呈請修制據情
代奏片。接謝晉鈞初五日專報，知新化土匪自擊散後已四竄無踪，現正搜捕清查也。
初十日，雨。行謝恩禮（年刻）。傳止鹿鳴筵宴。曹伯夫人出殯，奠之。朗軒、星階來
商件。鈞兒平安抵湘，伯蘭、冬生偕來。朗軒以倭文端遺集見貽，計四本。

司中牌示平江縣麻維緒回任，溆浦縣篆唐慶調署，保靖縣篆王國賓改署，醴陵縣篆

劉驥署理
芷江縣缺以常寧縣
譚為鍳調補
司中牌示永桂通判
篆務和陞額署理

十一日陰雨 見客四起 接寶慶府縣初六日稟言新化匪徒有分竄邵屬隆回而煩勤办請添調兵勇等情當即檄飭候補侯宝黃牧晉碧琛酌帶所部赶速馳往并函致王俊卿馳赴安化酌派所部前往溆新安各交界地方會同防捕以免紛竄 劉士良來見

十二日陰雨 姜舫港園先後來商件雲岑辭行赴寶慶即以保營事屬之 又見客一起 內蓋頗有傳自書步匯疑誌之以備訪察 首二十八重慶李煥章善化縣 闈八十二楊曦萬長沙縣 均第一房事窃私幸回考之得人也 汪馨俞鴻慶來見

十三日晴 接謝晋鈞兄日稟言連日追捕餘匪仍竄回横陽山一帶等情查閱情形未至廷守所稟之甚 相隔郡城殺遠 轉不免張皇也 易順

具来見讀倭文端集一卷 是夜深得該鎮迅剿窮追〻力至無亦可快也

十四日晴 朗軒来商件因考各官銷內簾差又見客三起讀倭文端集一卷 成都得謝甘霖十二日報知永化土匪業已撲滅首逆李開就擒

十五日晴 武廟行香堂期見客文武六班西主考来晤即往拜之并會內簾同考

各官接〻筱荃制軍初四日鎮遠来書以修葺西路驛館為囑得嘉定信

為北典當勒谿已甚此事已成鑄錯急宜有以善其後也

十六日晴 午前見客七起作嘉定信屬將北典印照行停止以杜紛擾而免口

實此事一時輕舉遂致多此耗費正宜以此自戒也 楊先俊蕭學時来見

十七日晴 撫岑廣楊先後来商件 岳州府張松坪因案到省来見 又見客一起 手段

王甫中丞書

司中牌示武岡州篆
務福昌篆署理

十八日晴 朗軒來商件 彭雪翁巡閱到省來晤久談述在鄂懲辦已革總兵譚祖綸事甚詳 快人快事 宜武漢地方之同聲稱快也 午後出城答拜手值順道答客 檄飭寶營黃牧習溶會辦邵陽新化漵浦安化各交界地方清查事宜 接五甫十三日復書商定補發馬雲峯欠餉事

十九日晴 拜發恭進題名錄題本 至製造局閱視工程 小有機器韓賡揚創辦也 外患未有已 軍實正宜亟講 惟有漸以求之 勿致靡費而已 正主考來晤不見客三起 手致旭人書 商北曲歸併濟平事 涂量濤來見

二十日晴 堂期見客文武七班 午後清理積牘 閱江浙文闈均於十三日揭曉

二十一日晴 仲雲丈符介臣來晤 次坡謝飭知回任 唐變友將赴漵浦任請定

司中牌示鳳凰廳同知缺以候補同知傅培元擬補

萱蕙冬同調理方　解元粟榮晉來見

二十二日陰　副正主考來晤又見客三起手擬清理續撥馬提督欠餉摺并咨片一件與

玉甫會奏　李和卿李興鏡來見

二十三日陰下午微雨　幽軒來商件正主考毋斗南殿撰來辭行又見客一起手擬清理

馬如龍欠餉奏稿見江南題名錄嘉定脫科馨吾亦未獲售可惜也

二十四日晴　樾岑來商件副主考尹琅若編修來辭行又見客二起出門送

兩主考行均晤駿玉甫書并寄商會奏稿見浙江題名錄竟無知者

亥刻接總理衙門十四日來函湘字廿七號言雲南交涉事已有端緒現有李中

堂委員宋寶華伴送英官格維訥入滇道經湘省屬飭沿途與李堂

司中牌示武陵縣篆務
胡啓運署理酌

委參照料等因當即函告兩司派候補縣曾德麟一體接護以昭妥慎

二十五日陰微雨　至大西门碼頭送兩主考行　見客兩起　孫宗錫來見

二十六日陰　次坡辭行回任　仲篁來約看湘江饗堂　又見客五起　午後出門會客

并送次坡行　昨日亥刻七月二十八日差弁回省　各摺均照議接　子松及兩

芸迪諸君書

二十七日晴　出南门看湘江饗堂　是堂創建於嘉慶丁卯年　咸豐二年燬於兵火

僅存層屋三十二間　荒烟蔓草無顧而問者　今年夏余創議重修并添層屋　仲篁硯芳兩司年勞贊

其成　二十八間　共成六十間　每間可容三櫃　至是落成　共費錢二千二百餘緡　余捐七百緡　餘皆

同鄉湊集也　重修始末另有碑記　正極　余有匾聯各一　匾曰于特廬旅　聯曰靈爽此

司中牌示安鄉縣公務
鄧錫元署理試用

恁依看湘水有情且休懷三竺雲山六橋烟雨舊盧重補葺傘鄉人蕭傑
須共念故園桑梓邑地松楸又大月聯一日薜荔鶯秋長沙舊是招魂地
梓桑展敬淅水還當謀歸骨期寫作皆麗生一人手筆也查嶽麓書院答
易海青同年少坐進城作若蘭甫辰書
二十八日陰 朗軒星階昭珊先後來商件永順守魏鏡如因公到省來見又見
客二起午刻祀 先因初一須看馬祭故預行也拜發正摺三件夾片四件。
中晚二稻收成分數摺。動用耗羨支給口糧摺。八月分糧價雨水情形摺。
豐備倉穀片。機解十冬兩月甘餉片。衡永道方豐蘇回任片。唐賡
調署溆浦縣片 夜微雨 誠民寄到淅江官題名錄并知書樵之三子文沖獲中

二十九日午後霽 審錄京控命案七起 菱舫少村同見商武闈各事宜又見

偕閱三營將官

客二起 校準弓刀石

三十日晴 郭意城辭行赴浙江就養曾符卿（作瑞）來謝將携眷回湘鄉居住也是

日見客十二起 應接殊苦 明日武場開考 故今日來見者較多耳

十月朔日霽 武鄉試頭場 辰初二刻出小吳门 詣大校場 閱看馬箭共

應試武生二千三百七十九人 較癸酉約少六百人 提調惠菱舫監試但少村同考

仍韓賡揚 竟日閱五百五十人 約每個時辰看一百五十人 酉初回署

初二日陰雨 停試一日 菱舫少村來商定明日改看步箭 魏鏡如來見 清

理疏通驛道之保舉清單 接李中堂九月初一書 言船政係丁雨生接手

初二日雨 改看步箭仍照章分閱 余與韓膺揚在東 姜舫少村與中軍

馬縣臣在西共閱二百五十人 酉初回署 看天氣驟寒幾可擁裘 接左中堂

九月初七日手緘并寄闈墨冊言第一名安維峻秦州人為素所心賞將來可

望成一偉人 諗之以覘僧 又言克葊不出殊失所望 擬請調楊石泉中丞云

初四日陰 接閱步箭東西共二百八十人 酉初回署 早晨見客一起 貢院見客

一起 昨見北闈題名錄 知陸定生饒伯蘇獲中 亦可喜也

初五日晴 接閱步箭東西共二百八十人 辰出酉歸 早晨見客二起 貢院見

客二起

初六日晴 馬道已乾 赴大校場接閱馬箭六百人 酉初一刻回署 早

晨見客一起午間見客一起

初七日晴 接看馬箭竟日閱六百三十人 接玉甫復書 會奏清理馬

棠峰軍門欠餉事事均照議行

初八日晴 接試馬箭竟日閱六百人畢馬箭 畢晨午間各見客一起 拜發奏

報新化匪徒滋事立時撲滅摺 又附陳近年拿辦衡永等處著名積

匪朱洪英劉山壽等一片 ○ 會奏清理馬兵欠餉摺 又密陳一片

四百里由驛賫遞

初九日晴 接試地毬竟日閱一千四百人 合例應試者共二千六十六人 酉初回署 早間見

客兩起 輓錢調甫中丞幛一聯一幛 回疏太常紀續擬自聯曰伏義有到士

之風記樓櫓旅征首尾矣中述時局論交以古人相勗正封疆同寄神傷

河南（內）隕文星（醰生代擬）醰生文有挽其同年友張福恒一聯曰昔日共疑書悔

壁跡太疎與時度交曾幾面中秋蹤明月悵蒼茫欲問令伯道死猶何

心亦自然矜貴也

初十日晴 慈禧皇太后萬壽聖節 寅正奉諭〻〻萬壽宮行慶賀禮停試

一日清理積牘悅饌蔚庭邀伯文雲史作陪（眉五在座）清譚甚浹

十一日晴 接閱地毬六百卆餘人午刻竣事進朝陽門送郭意誠於并倉魏

鏡如 下午樾岑來見請理應復各信件 由驛遞回九月廿九日摺片（正摺戶部議奏 附片知道了）

十二日陰 接試步箭東西閱二百七十人以大風早停一二刻 接文卿九月

芝信并咨函片奏稿 請〇〇飭劉典仍遵前〇〇旨赴甘幫辦軍務

十三日晴 接試步箭東西閱二百七十人 早起見客二起 酉初回署

十四日晴 接試步箭東西閱三百人 酉初回署 見客一起 仲山由廣西差竣到過省

十五日晴 卯正約朗軒星階來商定辰沅道缺 出城拜仲山 即留坐又一村小住 整日接試步箭東西閱二百六十人 午間見客二起 晚與仲山談 接彭雪翁到家後書 通套謝函 無要語也

十六日陰雨 接試步箭東西閱二百六十人 奉到初三日〇〇寄諭一道 飭傳知劉典仍遵前〇〇旨幫辦陝甘軍務 又附到〇〇寄諭一道 飭查來春晚酌仲山應否接替 從陝撫譚鍾麟之請也

邀慎盦雲史陪

十七日晴 午後閱畢步箭共二千二百四十餘人 午後接閱技勇二百人 當場搜除夾帶

開足十二力者已屬寥寥 不力 請十力者 內府武事向來不如外府亦風氣使然

也 復文卿書

十八日晴 接試技勇竟日閱四百人 因嚴搜夾帶故不到者多 晚與仲山話別

十九日晴 早起送仲山登上船即日開行 返即接試技勇竟日閱四百人 清泉頗有

出色者 祁陽尤勝 不弱桃源慈利溆浦也 晚兒輩備肴設祝

二十日陰 接試技勇竟日閱三百八十人 以新化為最 蔚庭辭行晉京匆匆話

別 善化勝情

二十一日晴 四十六歲生辰因在 國服期內預辭寅僚致祝惟率眷屬等

向萱闈行禮而已 晚後便飯三席酌在署戚友 停試一日料理積牘

晚間雨

二十二日晴午前雨 接試技勇竟日閱二百二十人 桃源漵浦甚為減色不如祁陽新化多矣 早起見客一起

午間朗軒至貢院商件 奉到十一月8日寄諭一道 譚鍾麟奏提年終一月滿餉湖南飭解欠

解甘餉項下酌提三萬兩 接左恪靖九月二十八日手書言西事料簡出境必得克莽前去後路方可

放心未言洋防辦理愈謬有電促政慈之喻

二十三日午前晴午後陰雨 接試技勇閱一百八人午刻竣事入技勇場盡數一千七百九十六人 慈利亦

甚減色郴桂則更在長沙下矣 在貢院見客兩起與槿調監試商定二十六日

三場二十七日出榜，專切回署，中懸清理案牘。凡看馬箭每個時辰可看一百
五六十人，每日約看六百人；地毬每個時辰可看四百人，每日約看一千五六百人；
步箭每個時辰可看三四十人，每日約看一百四五十人；技勇每個時辰可看七八
十人，每日約看三百餘人。其間臨點不到之多寡及奏技之遲速，亦有出入，大
致以每日看四個時辰計之，總不離乎此也。本屆武闈頭貳場共二十日，則事前有
可預計者矣。
二十四日晴　見客二起　檢點考冊本屆先令銷兇揀擇一通，有事多矣。八月
二十六日摺弁回省，各件平安，接着兩迪諸君書，藉筮述知經筮師
於九月二十五日得一子，良堪欣慰也。

閩中牌示永定縣篆
務劉在璣署理正途

二十五日晴　朗軒來商件　仲亭來晤　政沈幼丹制軍書并寄海防疏稿　遵旨裕署函屬也　在署請同人作就菊會頗暢適

二十六日陰微雨　武闈第三場挑留一百五人　覆看硬弓無甚出入　各給五錢重銀牌一面　實爲不中者設所以示獎勵也　戌正填榜得士龔經魁（麻陽人）等三十四人　祁陽新化最勝　其餘出色者亦復不少　限於額　尚多遺才　可惜也　子正初揭曉後回署

二十七日晴　見客二起　拜發正摺五件　夾片二件　丁奏報上忙錢糧解司銀數摺。請以候補道陸增祥題補辰永沅靖道摺。請以候補縣鄭錫庚改補桂陽縣摺。請以委用縣談植改補永興縣摺。請以儘先補用縣程秉樞

改補安化縣摺。報解甘餉片。奏委候補知縣馬雲片 賀經笙郎得

子稿 雲史手跋兩長書寄（年侄）滙款 菊花正好 晚酌在署 戚友共兩席

二十八日陰 審錄京控命案等十三起 客來絡繹 幾於應接不暇

二十九日陰雨 率新中武舉行謝恩禮 遵例停止筵宴 見客一起 改選樓

晝晚佩九移樽就菊 亮笙等三在座 餘皆署友也

三十日陰 菱舫少村銷武闈提調監試差 春皋來商件 係芸舫黃曉岱先

後來晤 又見客一起 三妹故後忽忽二年矣 設筵祭之 不禁潸然

十一月初一日雨 文廟行香 堂期見客文武七班 午後清理積牘 長沙遺缺府待

補山同年柩到省

初二日晴 相山湛園先後来見又見客二起 接戶部十月十八日議覆漕糧奏請

征運本邑一摺仍力主規復之議語多隔膜惟本屆仍令征解折色毋庸采買

意在明年之必應遵辦本邑此事地方大局攸關非顧籌久遠而行之法不可

初三日晴 炤卅来商件出門拜客晤朗軒星階菱舫蔭雲 致劉克菴書

問行期

初四日雨 硯芸来晤 料簡積牘 天氣漸寒

初五日晴 堂期見客文武五班又見客一起 拜發正摺五件夾片二件○請

蠲緩被水州縣錢糧摺○鄉試年老諸生懇乞恩施摺○請豁免苗疆

佃欠屯租摺○吳福同壽年滿甄別片○建立劉松山易德麟專祠片

○援黔各軍疏通驛道遵旨保奨摺○黄炳堃徐禮請開復片○九月
分粮價雨水情形摺 戌刻奉到十月九日○○寄諭一道 飭查办會匪并將軍營人員寬
予收標仿照江西章程給予半俸
初六日陰 見客兩起 北城拜客 晤韞師 次青 接玉甫書 寄回會奏清理馬乡龍欠餉稿
初七日晴 貴州主考畢東屏太史保贊請假回籍湖北人 過省來晤 朗軒 芝岑
先後來商件 伍俊卿自沅江回省 言齊湖口築壩事頗難有成 只好另
圖之矣 又見客二起 致沅甫宮保書 亥刻由驛遞回十月初八日奏摺 新化摺片
奉○○寄諭 有勤務尚屬認真之褒
清釐馬餉摺照請附片留中
初八日晴 會拜畢東屏 晤仲京 賡揚來見 下午 劉克菴到省 言宦指二

十日起程赴甘屬商辦8懇及起程摺片稿

九日晴 見客兩起 會拜劉克翁 談西事頗暢 晚酌 在署諸友作餞菊

會 清泉 殷培元觀察一起 寄贈正誼堂全集一部

初十日晴 堂期 見客文武六班 畢 東屏來辭行 晤談 杭州屠桐伯突如其來

頭戴紅頂 自稱卅用一等王 瘋不可言 飭傒審所 暫於看守 即信致金少

伯 稿告其家着人來領 亦一奇也

十一日晴 楊厚菴巡江回省來晤（同治四年曾在樊城見過）又見客二起 午後出門送畢

東屏行 并會厚菴 復左恪靖書

十二日晴（拜發元旦賀本）朗軒來商件 又見客五起 接勇沅翁十月二十日書 料理年節京

信

十三日晴　硯芸來晤　得嘉定信　良仲以第五名入泮　雲程發軔　致足喜也

接筱荃相軍十月二十二日書　言於既望抵滇垣　彥卿頗能和衷共濟　俟並辭

覲翁到來再行熟商辦法　致玉甫書

十四日晴　劉克菴辭行赴甘　易海青、何伯淵兩山長來晤　又見客　客起後彭雪

翁書伯文請喫壽酒共兩席設于寓堂　傲霜殘菊猶有可觀

十五日晴　文昌廟行香　堂期見客文武七班　楊厚菴辭行回乾州　晤九月二

十六日招弁回省　接徐壽蘅及若雨、迪諸君書　雲甫、壺蓀均有書來　向

新漕事

十六日晴 拜發元旦賀摺 送楊星菴劉克菴 衍均晤 順道畲拜 回署見客一起 致雨長書 附寄第一单年節信 接旭人函 商借租樓事（自明年正月起每年送租錢二百四十千文）

十七日晴 朗軒 菱舫 春皋先後来商件 又見客一起 接胡月樵書 寄到鄂省崇文書局新刊康熙字典（宣紙 竹連 各一部 計四函四十本） 子書百種（宣紙 竹連 各一部 計六函一百十本） 史通削繁（竹連 賽連 各一部 計一函四本） 人壽金鑑（竹連 賽連 各一部 計一函六本） （紙板）刷刻精工（良）勝於往日各刻 可珍也 復朱雲甫 盛杏孫書

十八日晴 芝岑来商件 又見客二起 復胡月樵書 寄捐（鄂垣）建（洪江）義莊銀四百兩 接統蔔舫轉交接子健十月二十日手書 并寄昉墨（蘇墨已先由公牘寄到矣）

闵中牌示黃彝鎔調
署湘潭縣事龍陽
縣篆務黃文桐署
理勞績

十九日晴　周渭臣自寧鄉到省來晤又見客三起午後出門會客晤笠西談何
料檢家信　復殷嫜元信謝送書遞江皓君轉交

二十日晴　望期見客文武六班奉到初九日寄諭一道　頒撥來年京餉湖南地丁五萬兩鹽厘三
拜並蘇武園題名錄
萬兩

二十一日晴　海琴來晤又見客三起　手致爐青滄魯各數行　另致慧雲
沅石仲山并慰苟亭信頌閣均雲史稿

二十二日晴　見客三起　手致子松李侯子京子通各數行　接郭筠仙十月
廿三日津門書言將入都出使之期須俟津案辦結後再定

二十三日晴　朗軒硯芸貽珊先後來商件又見客二起　與桐侯十一日書述

元戌事甚卷

二十四日晴 星階蔓舫浩園先後来商件料簡應發摺件晚冬至祀

先

二十五日晴 長至令節寅正恭詣〇〇萬壽宮率文武各官行慶賀禮手跋

若笙書

二十六日晴 見客一起手跋兩侯書附寄年節信第二起拜發正摺四件夾片

五件〇西陵奏来春毋庸接濟摺〇請以譚爲墊調補芷江縣摺〇參革會

同縣胡文炳摺〇十月分粮價雨水情形摺〇請解年終提撥甘餉片〇陝西

延綏鎮標兵劉厚基之母指貲賑族請〇〇旌奨摺片〇清泉縣邑紳楊樹蕃

弟光壯植楫資贍族請議叙片。王葆生等請附祀片。平江縣貞女唐周氏
請。旌片　閱邸抄劉嶽昭照部議革職　御史李廷簫劾劉長佑升雲貴督以逗遛取巧
嚴樹森升廣西撫楊重雅升廣西藩成定康升甘肅臬
二十七日晴　辰刻出小東门赴大校場閱看冬操大陣後樓看鎗砲打靶各
項中當以雜技為最優林勿邨先生鴻年　閩中來書托寄周渭臣
信拔貢门生王懷欽德基自山東臯署有書來述女視老家貧欲歸不得文
人遇阨殊覺可矜正值年終宜稍有以資其薪水也俊臣并有信述及
髮逆餘黨入暹羅事亦一奇聞矣
二十八日晴　在內箭道接看各營官弁世職步箭自辰至酉約看四百人

本當侍講日記下冊
仍用雙靶故校快也 接五甫二十二日後書 馬雲峰應領鄂餉先於湖南
坊銷局就近撥給並詢年終寄考
二十九日雨 王滌園來見 手致筱荃制軍書 又致植三時由楠林催五久不通問
心殊歉然也 附劉厚堂處轉交
三十日晴 接看步箭竟日竣事
十二月朔日晴 武廟行香 堂期 見司道及首府縣兩班 巳刻赴內箭道 接
看馬箭共七百餘人 申初竣事 海琴來辭行侍養暫回祁陽 并謝明年館事 公請辦理
筆墨 舍與朗軒芝岑蓌舫各出百金 加以長沅道首府兩處 接黎簡堂
數亦如之 共修金六百兩 本時有相煩之件 亦可稍資其薪水也
前月十六日書 詞意謹飭 諄諄以俟撤防軍為言

初二日陰 劉馨室自鄂回來晤又見客一起 手致子健書 料理各省年節信

初三日霽 見客一起 手復桐侯書并致陳星樓

初四日陰雨 朗軒樾岑先後來商件又見客二起 靖州文武送報黔粵匪徒竄近邊境飛檄留黔各營星馳會剿毋任闌入肆擾 手復玉甫書

寄密考清單

初五日陰雨 毅皇帝週年忌辰謝客一日 手致寅岩嵩雲書寄親友年敬單 共四十三分計洋四百十四元 接筱帥十一月十八日信 滇省来 寄示疏稿一件 極言寬為收標議給半俸之非 十月十九日寄諭中有此語 所論甚有見地為筱帥向來不多見之作

初六日陰 芝岑來商定呆買報銷款項 復盛旭人書祖棧照議 接吳誠齋前月二十日信言劉制軍抵鎮後沿途紛傳招勇之說來此接連府衛兩城幾無隱地其間無資旋里既多游勇混迹此亦復不少現在設法遣散殊為棘手等語因思此項游勇一經散遣必入楚境當即飛飭蘇元章在於沅晃一帶將勇多為彈壓務令分起行走然有實在無資旋里者准其量為資遣嗣後由局請領緣年近歲偪又值靖屬告警意外之虞不可不防也劉靖臣之貽禍如此不獨沿途州縣之深受其累矣

初七日陰 朗軒硯芸來商件 仲雲丈來晤久談 送王懷欽德基家二十金托程伯屏頌藩妥寄 復馬雲峰書 夜有雪意

初八日陰雨 復王懷欽書并致俊臣料理案頭積件 天氣漸寒異可

得雪 請通飭各屬仍時有警報迅催冀蘇兩軍分投攔擊 應并飭請字營儲

道相機辦理 總以先顧楚疆為亟

初九日陰 曾文正公祠落成在小吳門內 本日安位前詣行禮 官紳畢集 誠盛典也 役

有園圖皆鹽商集捐款營之 局面甚寬 惜結構未精雅耳 四署見客

一起 清理歷復信件

初十日陰 當期見客文武七班 曾劼剛來晤 謝胡聽泉來晤 意將出山

矣 天氣甚寒 濃陰未解 大有雪意

十一日陰微雨 見客三起 審錄命案七件 致崔田書芸史稿 儲鶴勲報克復

永從賊退苗黨仍力籌勦办以免出竄即飭撥冀蘇吳各軍併力 劄稿發之弁

會商爲一勞永逸之計　曾劼剛送新刻十八家詩一部計二十八卷紙板均

好可珍也

十二日陰雨　見客一起清理積牘天氣冱寒仍不得雪由於冬至後太暖

一晴收斂不及也陰寒數日當必有雪澤耳

十三日陰大風　重修真文忠公祠在南城根落成敬詣行禮觀壁間諭属詩石刻并

癸屈子祠在府學宮東側　新從賈太傅故宅改歸移入專祠也朗軒有額曰楚

室孤忠足以包掃一切偶讀放翁詩數十首十八家詩鈔之一也

十四日陰　審錄命案六起內善化王松雲殺死一家三命一案情有可憐法

司中牌示瑞璪升長沙府任何樞升常德府任謝寶文升龍山縣任又巴陵縣篆務伍樾精署理酌善化縣缺以五品名調補臨武縣缺以陳鑑光酌補

無可晃對之惻然 朗軒来商件又見客二次

十五日晴 文廟行香 壹期見客文武三班 鄉資山廣文湘佩新刊之五家詩録成 序文四佃余名印 屬湘資山自擬也 十月二十七日摺并回省各件均照摺 雨辰迪亟均有書 頗有新聞 并接子通京信又黄孝侯後書 閱邸抄閩撫敖丁日昌撫臬敖興奎 又以沈葆楨之請并於省城一体建祠 補帆殁於任 恩典甚渥 追贈太子少保照總督例賜卹予謚 在本籍地方建專祠 長子賞舉人次子員外三子主事 伊孫俟及歲時帶領引見

十六日晴 辰刻星階進見 巳刻升大堂恭請王命正法 善化縣案犯王松雲一名 江蘇甘泉人 殺死一家三命 按律凌遲處死 手致筱荃制軍書 檢點應發摺件

十七日陰 見客兩起 唐蔭笛来辭行 晤將攜家暫住沙市 為就養蜀中之計 集近年家事大壞 以垂暮之年值嚴闌之候 迫而之他 其情

亦可憫矣（重修）府縣倉告成親往閱視一周規模既廠工程亦好與朗軒

一人之力也約可儲穀二十餘萬 夜微雪自丑至辰不及寸

十八日霽 朗軒樾岑硯芸先後來商件 又見客一起候補府吳春谷翽仲

之子武釗雲南鄉試中式來見年十七歲頗英發清羸積癯

九日陰 卯刻封印穿貂褂掛珠自司道以至首府縣均預先止賀以為時

太早也上年即如是 惟左右兩營仍到以存體制徧謝在署各友晚設三席

連日牙疼是晚尤劇徹夜不能成寐

二十日陰 牙疼未愈謝客一日擬定奏報邊防軍務摺一件就硯芸稿刪潤

十之三四 並復嚴渭春黎簡堂各函稿傍晚小憩服書樵方言患在風火

侵冒也夜寢少安

二十日陰 牙疼少愈仍謝客一日手跋若笙兩辰書 拜發正摺五件夾片

三件○奏報黔粵匪徒滋事竄及楚邊立時追剿出境現仍會商勦辦情（填封印日）

形摺○奏銷同治十二年冬漕試辦采買動用款項摺○密陳兩司道府年

終考語摺○學政考試情形片○捐防捐輸第八卯請獎摺○又捐監片

黄穀鎔調署湘潭縣片○十一月分糧價雨雪情形摺 接林貞伯易

笏山書均言黔事棘手情形 鄭壘與此亦殊可慮勇極亢不能辭其責

也

二十二日陰 樾岑來商件 龔鞏甫（保昌）書報黎請軍情并告奮勇手批嘉

奬之并揩飭進勸機宜俾知遵守該程婿固獨當一面才也牙疼頭痛尚未全瘳仍服書稚方

二十三日陰　鈞兒二十三歲生辰自辰至午牙疼又劇滏以金果欖下午少愈復主階書并寄送華　子衡（名聘三）世兄銀百兩　又齋兄之三令郎　戌刻十月廿五日摺弁回省疏通驛道保案奉〇〇特旨允准有明數　餘俱照摺若筐有書言近來入直甚早事簡之日黎明便可散直惟丑刻即須進內耳

二十四日陰　朗軒星階來商件　帷接吏部來文有酌定考試官員章程及州縣要署有人之缺不得逾十分之一均本年十月十二日奏案也接曾沅翁廿五日書　前移一款期以來歲歸還

二十五日陰　審錄命案京控等七起　陸園來見　約唐蔭翁便飯　邀仲雲丈周篔翁陪　雲丈事阻未來　亥初席散　牙疼復劇　徹夜又不成寐

二十六日晴　審錄命案等八起　下午小憩　料理年節雜務　仍請書樵復診

二十七日陰　朗軒樾岑賡揚首府縣先後來商件　韞齋師移居蘇家巷　前往賀喜　引看房屋　老懷甚愜　送唐蔭翁行　贐以双柏　鄂中舊誼理亦宜爾　應酬是也

二十八日陰微雨有雪意　年節敬神　料理歲務　諸有就緒　牙痛漸瘳　仍復書樵方　夜雪

除日雪　預辭上寅僚辭歲　雪澤繽紛　自昨晚至酉刻　積厚五寸餘　郊

原當更深遠也歲事徵祥陽氣斂抑弥復可喜恭懸 祖先神像敬祀

行禮讀通鑑輯覽福唐桂三王本末全卷畢 自赤理升場後久不得閒日讀

數頁不成片段至此接箋

光緒二年丙子四十七歲

正月庚寅初一日癸巳晴　寅正詣○○萬壽宮行慶賀禮　玉皇殿文廟行香回署孟觀音閣竈神前求莫樓各行香并謁先靈僚屬來賀者文武十二班各十餘人均在三堂行禮佐貳千把不計　巳刻為萱闈敬賀新禧去年以来精神較健慈顏有喜在署戚友彼此拜賀午後小憩傍晚上供至十七日落燈止　歲除透雪元日暢晴新年氣象大好

初二日晴　出门拜年半日而畢見韞齋師　雪後道滑後從給賞有差　偶讀桴亭先生文數則

初三日晴　胞伯父八旬冥壽敬謹行祀享禮竟日無事閱王船山讀通鑑論

三卷
初四日霽　湛園來見又見客二起　閱王船山史論三卷
初五日陰　第一堂期見文武四班　閱王船山史論一卷
初六日霽　見客二起悅酚在署戚友共兩席設一宴雲閱史論一卷
初七日陰微雨　朗軒來商件又見客一起靖州谷屬送有警報手批六件
并將防勦兩事各專責成通檄飛行遵照
初八日雨　樾岑少村先後來見又見客二起閱史論一卷　亥刻奉到
8寄諭兩道一十二月二十日馬遞　李瀚章條議收標給俸事仍8飭各省體察情形奏明辦理　一十二月
二十五日五百里　黔撫報永從失守〇〇飭派兵會勦並援撤防軍　閱二十日〇〇寄諭前衛知李[illegible]侯帥

調補四川提督矣

初九日雨 見客二起 摺停止報捐翎枝及捐免在任候選部文上年十二月 日吏戶兩部議覆

摺啟熙借 又摺兵部來文飭保記名提鎮元年十二月初十日○○諭旨陸奏摹

初十日雲立春 見客四起 子青學使自常德回省來晤 手批軍牘三件

儲鶴翹帶隊潘老獲勝仗龔蘇各軍先後劃防楚邊防務已固矣 閱史論卷

十一日雨 曾劼剛自湘鄉到省來晤 手復年節加單八件 復右銘書 如僕風負

精神為之一快

十二日晴 見客三起 富頤子青晤 順道拜客 手復黃雲岑書 佩九恆

岩筱飲伯文公尚指飲喜酒也共兩席 在座諸君興甚豪許年不可少此

司中牌示萬修廬調桃源任長沙縣篆王必名調署湘陰縣篆孫儒卿調署均酌

司中牌示清泉縣篆鄭立誠調署石門縣篆王幹勳調署安化縣篆霍勤烜調署

盛會

十三日午前晴後陰雨　朗軒暈階來商件又見客六起閱史論一卷晚上燈祀

先

十四日晴　竟日無客擬覆奏收標人員碍難議給半俸奏稿（會並實在情形並）

上元節晴　文昌廟行香寅僚集賀均辭謝接吏部文李瀚章調以督湖廣郎著

翁同爵行道署十二月九日上諭陸增祥准補辰永沅靖道十二月二十日奉旨

十六日晴　朗軒來商件又見客四起接彥侍十一月飛千二月書候補令胡

醴源合江人赵服帶來均有寄件彥侍不甚得意飛千則興致勃勃也

閱史論一卷元旦得善回者仲山雨辰蔚庭均有書

司中牌示長沙同知篆
務張茂昭署理長沙
通判篆務謝尚琦署
理平江縣篆務李必

十七日霽 見客二起 午刻祀先恭收 神像 杭俗謂之落燈 恭閱邸抄 皇上於四
月二十日入學 命翁同龢夏同善在毓慶宮授讀 晚酌郁舒翁禊亭湘
生衡伯諸君 夜雨
十八日陰 星農來謝補缺行知 又見客二起 接旭人十二月廿二日書 有江
陰濟美之約 閱史論二卷 連前共十四卷 卷至東晉止 夜雨甚稠 奉到初七日 寄諭一道 催甘餉兩 准借洋款一千萬
十九日晴 辰刻開篆 晚雨早晴 竟日和暢 亦好氣象也 晚酌親友三席 手擬
摺片稿各一件 摺 奏報楚軍擊賊獲勝 并祝商會剿情形 片 遵 旨籌撥防軍并 密陳豫省現在情形
二十日晴 堂期見客文武五班 午後又見客三起 閱史論二十頁
二十一日陰雨 見客二起 復笏山書 閱史論十頁 劉宋文帝止

昌署理永桂通判缺葛怡年擬補永順縣篆務陳鑾章署理酌

二十二日雨 拜發奏報楚軍迎擊黔匪獲勝並現商會剿情形摺又覆奏遵旨復撥防軍並密陳黔省實在情形片又函復奏會匪實在情形並收標人員碍難議給半俸摺四百里由驛 春皋來商件又見客三起閱史論第十六卷 齋東皆侯止

二十三日雨 見客二起 參月二十六日摺弁回省各件平安 兩辰若笙李侯均有信 手復筱荃制軍書賀調任并復參子

二十四日雨 姜舫銷假 唐蔭翁來辭行 清理案頭積件 接劉蔭渠初七日信 新甫來 言請假一月回籍省墓俟假滿到省迎摺北上云云

二十五日雨 堂期見客文武五班 送唐蔭翁行 順道會客 接筱荃制軍

嘉平二十二日書言峯犯均已供認確鑿高侯洋使到滇再行覆審定
讞閱史論二十頁
二十六日大雪 朗軒來商件 王雩卿必名萬簡齋修庵接卸長沙縣事
來見 料簡廳裝摺件閱史論二十頁天氣甚寒
二十七日陰 見客三起 三姝除服誦經兩月居諸易逝手足永離餘痛曷何能已
作茗笙書
二十八日霽 樾岑來商件仲雲丈來辭釐局會辦又見客二起補作三姝四旬
冥壽誦經一日 致魏雲青書 接筱荃制軍正月八日信閱史論十七卷畢梁敬帝止
二十九日晴 見客二起 手致蔚庭兩辰書拜發正摺三件夾片五件 ○

同中牌示武陵縣缺舒樸酌補澧州黃維瓚宜章王道隆各回任黔陽案務陳忠煐署理試用

籌撥南河堰旴石工協餉摺○丁漕征收實數比較摺○上年十二月分粮價雨雪情形摺○撥解甘餉片○胡鏞墊辦軍需請給二品頂戴衔片○鍾銘捐辦地方工程請給二品銜片○調署知縣各員片○奏參吳秉恩暫行革職片 奉到十八日○寄諭一道 上年封印日奏報軍務摺奉○○旨合力會勦

接譚文卿十七日書言劉克庵於望日抵西安十四日起程赴蘭州

三十日陰雨 朗軒來商件 牙疼又作 服書推方 閱史論第十八卷 陳後主止

二月朔日雨 武廟行香 牙疼甚劇 見司道首府縣兩班 餞俱道之

閱史論第十九卷 隋煬帝止 龔储各軍送報攻克南江水口四腳牛黃葉勳洗等

初二日雲齋 審錄命案五起 見客二次 牙疼稍止 仍請書推易方 閱史論

二十頁唐高祖止　奏出正月二十日寄諭一道黔撫奏報軍務仰〇〇諭飭合力勦辦迅圖撲滅

初三日晴　文昌廟誕祭見客一起手草通飭楚軍各統帶分別勦撫檄

閱史論第二十卷畢唐太宗止

初四日雨　見客三起改玉甫書為廣僕道地閱史論第二十一卷唐中宗止大雨達旦

初五日陰　文廟春祭擬奏報攻克南江水口勝仗稿就硯芸原底刪潤之

初六日雨陰　社稷壇春祭神祇壇藩司分祭皮小舲宗瀚曲農部由京回籍來晤藉詢

鄉闈近事又見客一起閱史論第二十二卷唐元宗止

初七日陰　竟日無客稍理積件閱史論第二十三卷唐代宗止夜雨

初八日陰　見客二起麗生挈眷抵省拜發奏報楚軍合剿黔匪攻克南

司中牌王甫市通判
賴承裕到任寶慶通
判鍾鋆署理岳州通
判劉光輝署理攸縣
篆務項映章署理
酌

江水日堅巢摺 四百里由驛

初九日雨 朗軒來商件 鄭子惠調署清泉到省來見 閱史論四十二頁

春雨連綿 意緒殊澀

初十日陰 堂期見客文武多班 閱史論二十四五卷畢 唐憲宗止 夜雨

十一日陰 竟日無客 閱史論第二十六卷 唐宣宗止 接楠植之榆林來書 述近狀甚悉

夜雷雨

十二日霽 文昌廟春祭 閱史論第二十七卷 唐昭宣帝止 醴陵生到館

十三日陰微雨 蓮岑硯芸先後來晤 又見客二起 出门答拜周渭臣 作識氏書

亥刻封篆日摺 差回省各件俱平安 經師笙石樵 雨辰 蔚庭均有書

十四日陰　見客一起出門拜客至藩臬粮鹽各署均少坐料理公牘竟日未閒

十五日晴　武廟行香先大夫諱日忽忽十八寒暑矣僾見愾聞祿養不逮及此恨其何能已　謝客一日　夜雷雨　接曾沅翁書

十六日雷雨　見客一起鄭經伯挈乃郎來湘就親述譜翁近况及家山風景甚悉　方次坡丁母憂委陳壽皋署衡永道篆　致沈幼丹制軍書論派員接管鹽銷局事

十七日陰　壽皋來謝委　姜芝舫來商件　又見客一起　蘭言到湘戌刻遞回正月二十二日軍報奉〇寄諭一道　寄片留中　夜大雨

十八日晴 龍風神祠春祭 作漢口信 致啓誠、蓮三二君 接彭雪翁正月十二日

書意甚殷拳也

十九日晴 朗軒來商件 又見客一起 閱史論第二十八卷上 五代 審錄京控命

案四起

二十日晴 三書院甄別 詣貢院少坐 岳麓題 脩己以安百姓 脩己以安百姓 城南生題 子曰何以 報德五言

童題 吾以子為異之問 求忠生題 君子之道孰先 得烏五言 童題 今由與求也 通場生詩題 安得廣廈 千萬間 歡

童詩題 二三豪俊 為時出 時 竟日作嘉定信

二十一日晴 天后宮春祭 周渭臣來晤 又見客一起 手擬湘省漕糧實在

未餘徵運本色奏稿 閱史論第二十九卷中 五代

二十二日陰雨見客二起岳州救生局添設紅船二號每年（所需經費）撥署捐銀三百兩藩鹽兩署各一百五十兩由督銷局應解各衙門飯食私公費項下提撥詳（可）咨廣善舉 批司詳 閱史論第三十卷下五代并卷末敘論四又一段 奉到十一日廷寄諭道（堅梅奏摺）

二十三日晴見客二起閱（王）船山宋論第一卷（太祖）蘭言補請喜酒共三席

二十四日晴瑞堅儒（調補長沙府）琛自常德到省又見客四起接亦樹從漢陰中來書 接玉甫十六日復信 閱宋論之第二卷（太宗）

二十五日雨霽（下午）堂期見客文武七班（午後）去陸星農鄭佳伯兩處道婚嫁喜 周渭臣來晤 程楊在元龔蘇儲各營均報蕩平四羅腳牛（苗巢）剿事已了但須搜捕餘匪矣慰慰

二十六日晴 見客二起 閱宋論第三卷 寫真 復子松書 雨辰托談喜事有今年之約并商令送至都中丞辭以明年秋冬爲期并令來湘就親爲便 右上盡根牙前年大疼劈爲二內層之半搖動已久日來齟齬非常今日脫去腳甚銳而長如釋重負然

二十七日晴 見客二起 作若莘蔚庭書 内子至陸宅送親

二十八日晴 見客二起 作雨辰憩雲衡峯書 拜發正摺夾片各五件○對調簡缺知縣摺○人地不宜州縣開缺另補摺○盛慶紱籌年滿甄別片○王必名指免歷俸片○報解頭批京餉摺○撥解正二兩月甘餉片○緬甸貢使回國出入境日期片○安華苗舉石永輝片○王松雲殺死一家三命撥律擬辦摺○正月分糧價雨水情形摺

司中牌示寶慶同知
簽務陳世周署理

二十九日晴午後雨一陣 劉蔭渠自新寧到省將赴雲貴任 書仰其樸實和厚與談畏兹向年亦五十矣 春皋辭赴衡永任 瑞臣傳王湛園接印長沙府事来見 竟要之赴 午後會劉蔭翁送春皋行 道遇臣傳嘉歸 途遇雨 閱史論第四卷仁宗

三十日晴午前大雨一陣 朗軒来商件 星農来謝步 又見客之起 接子松正月廿四日書

三月初一日晴 文昌廟行香 堂期見客文武六班 下午約劉蔭翁便飯 清談甚暢

初二日晴 姜舫臣傳先後来商件 又見客之起 政堂肅情四脚牛奏稿 劉蔭渠商議演餉以二萬兩應之俾壯行色

初三日晴 求賢樓春祭 劉蔭翁来辭行 并托附遞奏報起程摺 情甚拳拳

設論弥洛奉到六月二十日○○寄諭一道初八日軍報奏○○旨

初四日晴 出城送劉蔭渠制軍行（朗軒來商件又見客一起） 談有頃 倉周渭臣引游花園頗在修理中胡

恕云舊宅也 誦山樞之什為之慨然 未刻拜發貴州平回剿平（邵陽）匪地方一律肅

清摺五百里由驛 附正摺夾片各二件○湘灣實難征運本色情形摺○請○○

簡衡永郴桂道並派員先行署理片○代劉長佑附遞奏報起程摺件片

○光緒元年秋冬季釐金收支數目摺 撫監甄別試卷

初五日陰 堂期見客文武五班 星垣辰謝飭知赴任 校定甄別試卷 閱劉東山先

生年譜一冊

初六日霽 朗軒星垣辰來商件 又見客三起 發甄別案 接筱荃制軍二月

十月書言英首裕維訥甫於是日抵滇尚多提及公事也

初七日晴　見客二起　作譜香書　閱宋論第五六卷英宗神宗　晚酌鄭侄伯世

兄伯書推陪　閱嚴渭春粵西中丞病故新知中中見好者未竟其用良可惜也

初八日晴　芝岑來商件　秬泉謝委保甲局差　又見客二起　作琳泉雲屏

書　朱榮甫兄自嘉定到湘三十四年前同學子少年也今頹然一老翁矣

回首當年可勝悵惘　夜微雨

初九日午前陰午後霽　見客二起　閱史論第七八九三卷哲宗徽宗欽宗　奉到二月二十八日○○

寄諭一道粵西撫奏報軍務　接查閱營伍部文二月初八日○○諭旨也

初十日晴　堂期見客文武六班　清明祀先　接沈幼丹復書商派湘勇接管局務

十一日陰 菱舫來商件又見客二起後沈幼丹書與仲宣來存々冬生就

首府副賬房席今日到館

十二日晴 詣嶽麓書院送學與山長徐壽蘅先生設木主回署奉到廿一日〇〇

寄諭一道催解西征餉部撥四成洋稅四十萬兩准借洋款五百萬兩提前各省協餉三百萬兩

十三日晴 吳曲臣來辭行久談又見客三起城南求忠山長易海青同年來晤後

李仲雲曾伉翁譚文卿書均芸史稿 三書院開課

十四日晴 朗軒來商件重修賈公祠落成借同人行安位禮祠在西城濯

錦坊相傳為太傅故宅歲久失修夏芝岑觀察創議新之並就隙地也有經

營樓觀略具雜蒔花木居然一游憩之所費銀二千有奇皆出自同人捐集者

十〻八紳士如李仲雲等亦間有臻集，會與芝岑均為文記其事。前楹曰信安堂

就舊額重書；正室舊額曰漢儒第一，於義似有未安，余易以宣室遺賢四字

聯曰：古宅重新，看湘水天涯，依然三載；棲遲地，蒼生無恙，對夕陽秋草正

與諸君憑弔時。後院正楹額曰尋秋草堂，均龔麗生孝廉代筆。同人亦

各有聯額，雖限於地氣局未能舒展，而方十丈間已具有邱壑，則芝岑之苦心

經營也。晚餞董農仍筱飲伯文伯淵陪。天氣驟暖

十五日晴。武廟行香，堂期見客，文武五班。歐陽掌如正墉以俸滿調取引見

請假回籍，過省晤談。掌如初任襄陽道，奉諱，余授是缺；余升鄂臬，接替此為

英豪卿祥。豪卿升蜀臬，其時掌如已服闋，復簡是缺，並此又俸滿矣。夜雨

十七日陰 送星南辰行 答歐陽崇光 姜舫来商件 又見客三起 夜雨雷

十八日霽 祝韞齋師壽 見意興甚好 言明年七十須請客矣 答求忠山長何伯瀾比部慶涵晤談 回看見客二起

十九日陰雨 朗軒来商件 城南岳麓求忠兩山長来晤 又見客三起 審録命案畫擬各三件 作嘉定信

廿日雨 祭先農壇行耕耤禮 辰刻未雨 楊厚菴自乾州到省来晤 何幼瀛世兄葆恩自黔至湘 上年隨劉蓋臣赴滇 今中途折回 此行亦憊矣 接劉克菴杜鶴田書 克菴書言左相於二月廿一日啓節西征 鶴田書言於正月二十六日接署藩篆 手擬為韞齋師奏請開復處分片稿 雷雨徹夜

司中牌示安化縣缺歐陽
斌補平江縣缺韓殿榮
補永定縣缺邱正達補
又牌示瀏陽縣缺湯焯
調補瀏陽縣丞江肇
成署理沅陵縣丞潘
兆奎調署

二十日午前雨 後陰 堂期見客文武五班 冒雨出城會楊厚菴并奉到初九日〇〇
寄諭一道 提前甘餉三百萬湖南派六萬兩在內 年協餉內扣抵江防改撥之說毋庸議 夜雨
二十一日雨 竟日無客 手擬請變通委署章程摺稿 送楊厚菴席 夜雨達旦
二十二日雨 昨晚戌刻正月二十九日摺弁回省 各件均照准 樓題雲若金蔚庭
書本日見客之趙玫發荃制軍書附後亦樹給遞信 候補縣丞湯琛
送湯文正遺書（奉隸甦程）全部計四函以六金酬之 縣丞為文正八世孫名揆彭
雪翁書寄摺稿託代繕發并贈鄉味七種 言二十日由衛郡動身此信
途中先弁（專）先遞（到）也 夜雨達旦
二十三日雨 羡舫硯芸先後來商件 楊厚菴辭行 校定三書院月課卷

晚酌何彷瀛世兄以五十金送其行　春雨過多寧郡晴霽

二十四日雲霽　彭雪翁由衡州到省来晤久談　因所托僕遞奏報起程摺件　各有所酬　蘭言繕摺贈梅花一幅　包摺家人張華王鈞各賞對聯一副　亦可謂多情而周到矣　朗軒来商件

又見客四起　午後出城會彭雪翁　并送楊厚菴行　手擬變通鹽綱章程序奏稿

二十五日雲霽　辰刻微雨　堂期見客文武五班　清理積牘　王稚珊表棣到湘　十八年不見矣　詢知小本經營　頗思自立　亦可慰也　莊銘臣借来

二十六日午前雨　午後晴　彭雪翁来辭行　久談　歐陽開甫　保極　赴廣西學政任　過省来晤　藉詢都門近事　午後出城送雪翁行　順拜開甫　料檢本月應發摺

件戌刻五百里遞回初四日軍報奬卹各員均明降8諭旨照准並奉到○○

十月十五日

寄諭一道謹悉朗軒已蒙8恩升授廣西巡撫御著迅速起程馳赴新任

朗軒亟勸畀毅并事有年深資勵助今此擢以去未免失所倚賴然粵西當

積敝之餘得朗軒藉手整頓地方之福不啻8朝廷慶得人也孫春泉舉補

授衡永郴桂道出自8特恩強後可喜

二十六日晴朗軒來謝々談約星階來與之要約一事飭令驅逐一蘇姓家人余固開誠

相與星階亦能受善言朋友相處之道固應如是又見客二起姜崇星

階畧理藩署看夏芝岑並署看皇象閱宋論第十卷高宗致劉蔭渠制

軍書寄還遞回捌件

二十八日晴　星階芝岑来謝委又見客二起出门道朗軒叶任喜久坐訪仲雲丈
談順道會客為明軒酌定謝恩摺稿又手擬委署藩臬兩司奏稿
接筱荃制軍初十日滇省来書并寄示摺稿（片）大致案已查明惟外間未続議
結仍須由總署定議也言定於三月望後起程迎摺北上（已另疏陳請陛見）
二十九日晴　星階来商件　郭子美自湘潭到省来晤又見客三起　手跋若笠
魏雲兩長蔚庭書　二十八日拜發正摺四件夾片八件○王必名調補善化縣（請以保靖縣）
摺○光緒元年徵收錢粮完欠數目摺○請變通（州縣）委署章程摺○二月分粮
價雨水情形摺○請開復前巡撫劉崐革留降留處分片○准補辰沅（永靖）道陸增
祥請緩引見先飭赴任片○徐隆報效軍需整數請奬片○報解三四兩

司中牌示會同縣缺張
鴻順酌補吳兆熙到
益陽縣任黄世照署
善化縣事

月廿餉片。酌解滇餉片。請免穀米釐金片。請變通廩監食俸章
程片。奏委勸捐委員恒琦片
四月朔日晴 文廟行香堂期見客文武五班拜發委署兩司篆務摺 郭子
美送象牙一對 拜發委署藩臬兩司摺
初二日陰 胡聽泉鏞別後道員指省湖北赴京引。見來辭行又見客二起
致亟甫書代朗軒致擬恭報到任日期疏稿晚酌縈甫銘臣稚珊夜雨
初三日雨 朗軒文卿藩篆星階芝岑接卸藩臬事均來晤又見客一起
午後出門會朗軒子美並道星階芝岑署事喜均晤 接左爵相書 夜大雨
初四日雨 馬雲峰因清理餉項事令其三世兄到省來謝名廣仲年十八歲魏

半農晦先 衡陽人曾纘嘉定縣令持玉甫函來見意在謀事也又見客二起
手函雨長書托買皮貨交西國謝日恩及朗軒報起程摺便帶京
初五日微雨 貢差起程當期見客文武五班清理積牘代西國料檢謝恩摺
件並朗軒奏報卸事起程摺
初六日晴 見客四起料理年節賀信奉到三月二十二日寄諭二道
一飭知照馬如龍清理滇中舊部欠餉
一御史李嘉樂奏請整頓捐局釐卡事宜通諭各直省遵照 閔鄉杉森左都御
史景廉在軍機大臣上學習行走 函致馬雲峰書交伊世兄帶回
初七日晴 伯慶揚來屬其函致馬雲峰務須將滇中舊部欠餉妥為清
理免致日久糾纏重煩 朝廷廑念又見客一起 手致玉甫書論求

州綏靖兩鎮事 閱宋論第十一卷孝宗 接閱邸抄 棠星階升湘藩 四川鹽

茶道傅哲生慶貽升湘臬

初八日晴 馬世兄來辭行 以送祖奩京靴圍爾徽墨四禮 下午餞朋軒邀星階

芝岑 美舫陪 閱宋論十二三卷光宗 甯宗 手撰摺片稿三件 一省外委缺署事宜奏 官請俟閱兵後再赴近調考 一請展期閱兵 一請當新任藩司辦理闈務暫緩陛見

初九日晴 方次坡奉諱回籍 到省請咨 同朋軒暨司道等出城公奠 歸途

會客 鄭子美來 遞增修號舍 借款應用 公呈 此舉本可不必 然此時則勢成 清勸公

騎虎 不能不設法曲全之矣 又見客 起 清理積牘 夜大雨

初十日雨 堂期 見客文武五班 黃春伯世煦 吳小山兆熙 接 鄧善化縣篆見

閱宋史論十四卷理宗 十五卷度宗 恭宗 端宗 祥興帝 全卷畢 奉到三月二十八日○○寄諭 撫豎

奏報六硐肅清 蔡蘭亭書来商考試官員事以摺稿冊式録寄之

十一日雨 朗軒来辭行彼此共事先後五年從無一言一事齟齬遽爾寧撽分馳惜别之情各難自已也 次青到省来晤新自江南歸畧述金陵近事 登西来論增修號舍事頗能見其大 下午出門送朗軒行他出未值 附發寶夫書 戌刻二月廿八日摺差鄧成廣回省往返祗四十二日此為最快矣 雨辰 茗笙 蔚庭 甥雲均有信

十二日雨 朗軒起程赴廣西巡撫任偕同人集城南書院送之有呂旨飭催故由陸遄行也 附致文卿鶴田書

十三日雨 芰舫硯芸来商件 又見客四次 審録京控三起命案七起 朗軒途次書来商到任遞摺事宜即時復之

十四日大雨　星階芝岑樾岑先後來商件附䟦曾沅翁吴子健書并寄○○封典照陰雨過多急盼晴霽

十五日雨　文昌廟行香堂期見客文武六班周渭臣來晤新任廣西[illegible]臬台長筠臣賡過省来見氣宇頗好在山东蘭山縣任内懲办土匪手段甚辣其時文質夫適守沂州也

十六日晴　少村銷假商釐局事宜與傳來見又見客三起出城荅拜長筠臣閲湯文正語録一卷

十七日晴　星階來謝接出授行知又見客二起檢點應發摺件久雨初晴形神俱爽

十八日晴　見客二起　閱曾文正陝西公牘一卷　蔡經鐸筆　龍璋第一海防論甚有見地

十九日晴　賀崇星階畬李次青順道拜客　與儒來見　接蔚庭本月朔日書　森昌信言滇局來

撫岑彥卿丁憂文武皆升授是缺晉臬程豫升四川藩潘瑛署　授晉臬呂六世兄

錦綸以貴州通判晉京引見到省來晤　叔弟偶僅深慰其淨　晤以識量謹慎勉以墜家聲　接玉甫

初十日復書言筱帥薦升到鄂

二十日微雨　堂期見客文武五班　清理案頭積件　高小岑書來告急以五

十金寄之　晚閒兒輩為萱闈預祝舉案團圞　慈顏有喜

二十一日晴　少村仲京先後來商件　鄒子美來以李申堂所撰封翁墓志銘

乞款書丹晤談甚快　又見客二起　大二兩孫女入學謁字莊銘臣課之　○

補記

十八日拜發正摺三件夾片二件。奏報楚軍搜捕四腳牛餘匪暨楚粵邊境均已乂安摺。請留新授藩司常福暫緩引陛見摺。科場屆期請緩至明春再行出省閱兵片。遵照部章考試官員分別等第摺。省外實缺署者事應考府廳州縣各官請俟閱兵接臨府至就近調考片

二十二日晴　竟日無客　手批巴陵磨盤洲民戶官佃互爭界址一案　提省審斷

二十三日晴　慈親七旬晉七壽辰　寅僚來賀者概辭謝　率同眷屬等敬謹敬祝　晚酌在署戚友共三席　萱闈竟日酬應精神矍鑠意興倍增曷勝忻慰可喜之至　夜大雨

二十四日雨　四城謝客　酌何芷庭、復端、呂緯廷觀卿諸世兄　命鈞兒陪　星階、芝岑先

後來商件。夜大風
二十五日陰。堂期見客文武五班。接沈幼丹四月卅日信，復書，知曾錫句榜已委仲宣
接辦午後。姜舫仲宣先後來晤，并商接印日期
二十六日晴。秋審過堂，適當子弢典之後，解勘者祇五起七人而已，亦僅遇也。晚錢馨
吾倩將挈眷旋婁
二十七日晴。見客，客起，呂傳廷世兄辭行回南京，即進京引見，以百五十金資之，冀
其能自樹立，以承先志。閱邸抄，盧午峰當京另候簡用，衛靜瀾升湖藩，謝膺禧
升皖臬，楊簡候放成綿龍茂道，候補金兆詩德自廣東起復到省，帶來佩文
韻府一部計二十四函，紅木紫檀色草靠椅一堂，方杌、坑几、坑桌各一，意在從送，堅辭卻之，後言

業已據來自願作價計開韻府三十二兩木器四十兩合之時值不相上下所飭巡捕（旁注：當據其據實開報）

官銀借兩文以明授受而別嫌疑 韻府一書向本有也

二十八日霽微雨午後 星階研芸先後來商件集三書院肄業生監運源等三十四人於

又之村作第一期會課文題吾猶及史之闕文也有馬者借人乘之詩題千門走馬將看榜見會試

題名錄陸伯葵金沅石獲中餘無知者魁雲困頓場屋乎餘年今乃郎連戰

兩捷所謂不於其身必於其子孫者天道固往往不爽也湖北黃陂縣拔貢范

坡軾晴川書院所取幼童也書來問訊意甚拳拳

二十九日陰 仲章偃園先後來商件蘭臣辭行起服赴鄂手致茗笙正尉

庭書

司中牌示綏寧縣方
傳質回任瀘溪縣篆
錫愷署理正途

午月朔日陰雨　堂期見客文武五班檢點應發摺件　筱甫就報銷局館仲
容所訂也
初二日霽　姜舫仲容硯芸同見　劼剛自湘鄉到省來晤　又見客一起　手發甚雷雨
辰書拜發正摺六件夾片七件。歐陽鐵更補安化縣摺。邱正達更補永定縣
摺。潘兆奎調署沅陵縣片。張銘趙詩貞年滿甄別片。光緒元年分下忙
錢糧征完分數摺。提前甘餉六萬兩全數報解片。報解南河堰圩石工協餉
片。奏撥升場鹽費片。援防捐輸第九卯請獎摺。又捐監片。奏文
停止以前報捐正印各官請照章給獎片。援照捐輸第六次補獎並請
截數摺。三月分糧價雨水情形摺

初三日晴 見客二起 料理節務 接朗軒書訴已於二十日行抵全州 劉蔭帥

可送到準於二十四日在全接篆 約二十八日可抵桂垣矣

初四日晴 朗軒遣僕來商件 又見客三起 黔藩林貞伯肇元入都日陞見過

湘來晤 詢精毅營中近狀 由幕而官起家軍營 人極精道地

端午節 晴 出門謝步并賀節 答林貞伯 晤 晚酌在署 夜共三席 劉曾文正

雜著數則

初六日晴 芝岑來商件 黃雲岑新化清查差竣回署 據述情形 鄉新

安徽之間可期安靖無事矣 又見客二起 晚酌林貞伯[illegible]

京陪天氣驟熱

初七日晴 硯芸來商件 陶仿琦桂馨 仲琦觀察之子也 自江西到省來

見葛杞琉 通過驛道案內係以知府留湘 屬以趕辦到8見再行禀到

以符定制而免人言 接誠民初三日書 言筱帥已於朔日行抵鄂垣矣 雲南藩臬請8片陛見 道由四川由宜昌坐輪船東下便道省覲

初八日晴 林貞伯來辭行 星階來商件 又見客一起 午後出門送貞伯行

順道會客 接馬雲峰書 言向滇中清理餉項不可作負氣語 不可提已往事

初九日晴 見客一起 致筱荃制軍書 得鼎甲信 狀元曹鴻勛山東濰縣人

榜眼王賡榮山西朔州人 探花馮文蔚浙江烏程人

初十日晴 堂期 見客文武六班 揀派金牧堅馳赴貴州四腳牛一帶辦理

賑卹事宜 該處兵燹之餘 民不聊生 窮急情形殊難想置也 擬稿

行知撥款以一萬兩為率并咨豐撫查照撥翁山五月朔日書言於四月廿日接東道篆寄示整飭營務地方各條議實心偉抱令人首肯有議及楚軍事可資考核也譚文卿書來四月廿三日致述西事甚悉手跋朗軒書

十一日晴　長江提督李興吾到湘來晤陸彥頎祐勤隨節赴滇差旋過湘來見詳述滇事又見客二起閱顧亭林先生日知錄一卷

十二日黎明大雨午後霽　審錄宮經命案等七起菱舫仲章來商件又見客一次出城答拜李興吾晤談興吾隨來辭行備席送之接子健朔日書詳述禁阻鐵路事上海至吳松口

十三日晴卯刻雨 關帝誕祭寅初恭詣行禮 存銘郵辰沅道送家回省久談 佘鎮垣来與論赴豐办賑事 閱日知錄第八卷 接星農初二日書

十四日晴 内子四十六歲生辰 酌在署戚友三席 手復星農書 閱日知錄第九卷十四頁 校定第一期課卷前五名左湘元陸承富蔣昇瀛彭壽李昌煥

十五日晴 文廟行香 堂期見客文武五班 接任筱園書寄贈磁器 書籍得朗軒初二日信述知地方大概情形

十六日雨 見客一起 出門謝客 遇雨而回 尚未畢也 清理積牘 手批茶陵州稟二件 游勇朱楚珍因姦故殺 就地正法一案 批飭記過

十七日晴 北城謝客 朗軒星階照傳来商件 又見客二起 手復玉階書

十七日晴 樾岑来商件 又見客一起 接曾沅翁玉甫簡堂各書 酉刻三月二

十八日摺弁回省 各件俱平安 函叔若笙憩雲蔚庭均有書知筱帥有

来見之之命 黄兆皆寄闈墨題名錄

十九日雨 見客一起 代新授臨元鎮李字香 明惠 擬謝之恩摺稿 又自擬

片奏稿一件 十員均請一併留於湖南歸標之補用 曾食弓箭銀兩経部議駁之之隨殿元等

二十日雨 堂期見客文武五班 長沙縣請薩八品監生楊楚森一案查有

獎賞將兵科清書朱耀亭及長沙兵書秦佩芳即國馨管押候訊并

嚴拿該班書刁之兵科朱海南以憑究根追質究

二十一日大雨 芰舫来商件 约曾小山張文星来 將書吏舞弊一案之之又令

帶回研審，時兩人均在長沙幫審案，而王令適請姻假也。朱海南門
朱南亭亦拿獲刀革州歸案嚴訊，手擬籌款派員分理堤疆賑恤及修陂
案，會保舉人員不准更名，復擬奏片稿兩件。大雨竟日夜，南水大漲，大小西門
驟驟入城，下游堤工可慮，心殊焦念。得朗軒初五日書，言幕友查小石已辭
二十二日巳刻雨止。星階來商件，胃倅張令來述昨案訊問情形，手致玉甫書
二十三日陰。黃曉岱來晤，又見客兩起。接筠山十四日書，馳告八寨勇變事，即分
檄留防楚軍，各儘帶不分畛域實力會剿，并作復函
二十四日陰雨。新任廣西藩台楊琴伯重雅過湘來拜，藉詢粵外軍情。歐
陽崇如來晤，仲雲丈送三公祠碑記十套（余撰文，郭意誠書），久談。又見客一起，檢點月摺

司中譯示寶慶府
通判篆務易念祖
署理

拜發賀表七月初二日兩宮〇〇〇皇太后崇上徽號

二十五日雨 堂期見客文武五班 冒雨會楊琴伯 即送行 渠赴程甚迫也

衡山縣令報本月十六日午刻文廟大成殿為雷火所燬與癸酉閏六月岳廟之災如出一轍衡嶽本居離位此次文廟被火[redacted]年月日時恰係丙午年月丙午日丙午時五行之信而有徵如此 上經笙師書并送六旬壽禮印總蔚庭在京備辦

二十六日黎明大雨 巳後放晴 黼堂文來談 送以臨安志一部 又見客一起 作茗笙蔚庭書 遞明解起程摺及兩司謝〇恩摺 差李洪年回省 接兩長初二日書 傳詢差弁直隸被旱情形 不勝焦慮之至

二十七日晴　南菱舫、硯芸先後來商件　手致朗軒書并寄摺件交信匣

堂函差賚遞　作楚雲信　兩釋過多　照聆晴露

又一村第七期信館發南店中行請季和本月沙沫草閣寒

二十八日陰　仲京來商件　又見客　起手致兩長書　拜發正摺五件夾片

七件　○報解二批京餉摺　○二麥收成分數摺　○第七次彙請郵賞摺　○

審結沅江縣監生倪若霖等京控摺　○四月分糧價雨水情形摺　○偕陸

軍營保舉人員不准更名復姓出繼歸宗片　○謹遵寬免收標　○諭旨請

將副將孫殿元等留於湖南接班補用片　○籌款派員辦理豎疆賑恤片

長沙水師推營勘捕日期片　○

○光緒元年分抽收川粵鹽釐將趙聯陞等請免騎射片　○糧庫撥解軍

需片　○糧庫撥解苗疆經費片　○奉到初十日　寄諭一道　前奏邊境又安　摺奉○○旨飭仍

通飭防軍不分畛域協力探訪以期固守邊圉　接蔚庭五月初九信　晚酌歐陽崇如邀樾岑右銘硯芸陪　任筱園寄贈磁器書籍　資治通鑑宋元明史記事本末各兩部江西癸酉新刊版

廿九日陰　星階芝岑菱舫先後來商件又見客一起　連日署中患吐瀉時症者上下十餘人恆岩銘臣家刻往視之尤劇亦歷年所未有也　夜雨達旦

三十日雨　奏署永明鎮廖燮堂長明　卸常德協事到省來見藉詢提標近日營務　午後冒雨出門會黃曉岱歐陽崇如廖燮堂以崇如即日北上也　銘臣病危為之照料醫藥竟日不能坐定　恆岩病勢漸定芸史蘭言均次第平復

閏五月朔日午前晴後雨　文昌廟行香　堂期見客文武五班　銘臣病有轉機　閱邸

抄知金浣石星桂陸伯葵寶忠均得館選可喜也惟識補至五月十二日

南中得雨北省亢旱至此殊深焦慮耳 府縣設壇求晴

初二日晴下午微雨 見客四起 四月十四日摺差回省奏件均照摺 閱日知錄數頁第九卷

初三日午前雨後晴 星階來商件 李庭樟自湘鄉到省 隨劉蓋臣由黔於回 潘蔭農部益陽縣事先後來見 剿平粵匪(計四十二函)及剿平捻匪(計三十二函)方略告成 蒙 恩 頒賞一部 摺差先賫到兩函 餘飭京提塘交便差雇車賫回 本有先行具摺謝 恩 因接准軍機處咨另有 恩 頒賞曾文正胡文忠各一部 遞到交該家屬祗領後亦須代為陳謝 未便前後兩歧 故須俟到齊一併具奏也 閱日知錄第九卷畢

初四日雨 右銘熙儒先後來商件 嚴渭春中丞靈櫬過湘登舟弔之送祭席聯幛各一並派舢板两號送至宜昌聯曰 往時僕射盡知名正桂徵專膺依然前後三持節 去日使君初識面感若公結契空憶音塵一愴懷 亦麗生所擬也 署中諸友患時症者次第平復 惟伯文病勢日篤 為可慮耳

初五日陰雨 堂期見客文武五班 清理積牘

初六日陰 早晚詣李真人廟祈晴 致星農書 伯文病益危險 恐有旦夕之虞 心緒劣甚 接李甫穀書 言馬加利案 威使頗肆咆哮 藉端挑釁 固在意中 全神注射 則在案外 欲借此盡收中國利權 恐尚大費唇舌

煒臣蘇蔭舟方伯補知州李鳳鳴

等語言之可恨

初七日陰　早晚稍晴　右銘交閱郭筠仙信件其立論不能無偏其命意不無可採錄存之以備考證　伯文仍有轉機仍恐一時藥力所致未足恃也

初八日晴　仍早晚詣李真人廟祈禱天氣放晴風和收燥亦不驟熱或可冀久晴也　見客二起　顧子青昨由衡州回省來拜未值科試已竣　接蔚庭五月廿八日書寄家信

初九日發遞致雲岩良仲信告知伯文病勢危篤狀

初十日大晴　見客一起　久雨開霽精神之爽　莊銘臣病又大險真異心事也　接玉甫廿八日書言惲延事

十一日晴　詣李真人廟行報謝禮　會拜顧子青晤笠西後本日上轅

照料伯文銘臣醫藥竟日碌碌 夜子初刻銘臣竟爾化去單傳無子

家有老母情何以堪来湘未及二月遽有此變亦多多由於前定者也

十一日晴 伯文病正危又適有銘臣之事其勢未能隱匿設法婉轉告之幸勉

強尚可支持惟伯文夫人大難處此耳 審録命案事稽壽六起謝客

一日為銘臣料理後事權停又一村之船廳 接刑部釘封一件 祁陽周彭氏斬決

十二日晴 星階芝岑萲舫先後来商件又見客二起 伯文服蘇溪舟方及似尚

對病冀其漸有轉機

十三日晴 硯芸熙儒来商件 伯文病情反覆挽回極救百計俱窮奈何奈何

十四日晴 見客二起 清理積牘 改曾劼剛書 專丐母呢阿係西洋藥物 據醫士汪

司中牌示乾州廳同知
林書勳擬補湘潭縣缺
黃教鎔調補茶陵州
缺童恩擬補新寧縣缺
缺張正侃酌補華容
縣缺擬回孫丙煜酌補即用
縣缺了炊煋酌補

樹德言無物大補真元功在參茸之上於伯文病體爲宜也

十五日午前晴 午後大雨陣 武廟行香堂期見客文武六班接筱荃制軍五月二十日粵垣

來書言現請病假兩月擬俟秋間入覲伯文病勢益篤爲之預備後事

人力既窮真無可如何也

十六日晴 下午微雨 伯文久病不起竟於本日午正三刻化去寡婦孤兒情形慘極撫床一

慟不知涕之何從也其妻莊氏侍疾誠至衣不解帶者歷二十八月有半 伯文於甲戌二

月初旬起病 午間微聞昨晚三鼓有割股療夫事内子親驗瘢痕血猶涔涔下也

噫可敬亦可痛矣

十七日晴 午後陣雨 提訊善化縣民陳力員因瘋殺死祖母陳李氏一案即時審詰

○○王命照例凌遲處死卯刻伯文大殮附身附棺均親為檢點尚無遺憾已刻
移靈又一村寄雲山館其眷屬亦搬往暫住以便早晚哭奠目擊心傷睛
為嗚咽以謹慎和粹之姿而天不永其年亦見錢氏門祚之衰矣
十八日午前雨午後晴 拜發○○皇上萬壽賀摺 量陪仲京先後來商件 作寄岩良
仲書馳報伯文凶耗縷述情形彌增悽惻
十九日晴 為伯文設祭弔者頗多祭幛有收有璧擇其收難款幛用紅紙作封繳就其平日有無來往為
斷亦斟酌出之也 五月初二日摺差回有各件均照摺接兩良若笙蔚護雲
庭二十五日書
二十日晴 堂期見客文武五班 接朗軒初五初八兩書 接譜香喜差來

函商有成、改留下典事致星曲長書

二十一日晴 見客二起 手段譜香書 校定第二期課卷前五名李昌煥鄧丙明錢運原彭上尊陸永宗

二十二日晴 見客二起 清理積件

二十三日晴 審錄京控命案等七起 見客一次 晚餞諸衡伯李蜀坡

羅經九卿署沅陵縣江兩田肇辰以漢銅洗見貽 云係上年四月水冲離城七里之營盤洲被水冲出 共十二件 有破損者 本年星曲長過境定為漢時物 是處離壺頭山不遠 為漢伏波將軍征蠻時紮營之所 星曲長精於考古 必非無見云然 余素不嗜此 偶然得之 亦復覺其可貴 暇時當向星曲長一詢證據也

同中牌示辰谿縣
篆務周元鈞署理
學債

二十四日晴 星階來商件又見客四起料檢應發摺件

二十五日晴 堂期見客文武五班閱張江陵集二十一二兩卷

二十六日晴 菱舫硯芸元本件提調監試來見又見客一起審錄命案

京稟六件 微感暑溼小有不舒 作蔚庭書

二十七日晴 見客一起作若笙兩辰書閱邸抄雲南主考正龍湛霖湖南人副胡喬年

湖北人貴州主考正顧奎江蘇人副李岷琛四川人閬五月初一日放本年係五月考差

二十八日晴 笙西來晤伯樾岑右銘論事拜發○○慈安皇太后萬壽賀摺

又發正摺六件夾片三件○徐焻元仍請補授鳳凰廳同知摺○黃赦

鎔請調補湘潭縣知縣摺○審办蕭倫重犯陳力吳先行正法摺○奏報

司中牌示永興縣篆周元豹改署長谿縣篆杜燮署理試用

光緒元年分抽收川粵鹽厘摺。籌辦軍需各員七次請奬摺。五月分糧價雨水情形摺。報解十冬兩月廿餉片。熊體恆等年滿甄別片。顧王氏馮馬氏請旌表片。合劉蔭渠書第三期集（會課）一處堂文題有穗子歌曰吉蠲斯灑足美賦得風定池蓮自在香得香字

二十九日晴　星階來商件　閱張江陵集二十三四卷

六月朔日晴　文廟行香　堂期見客文武五班　閱明史紀事本末江陵柄政一卷　近日適閱江陵集也

初二日晴　接王甫書（京信）商捐賑事　隨傳司道公商僉擬捐銀五千兩　星階三千兩　芝岑美舫各二千兩　其餘道府州縣按照缺分均勻議捐（仍去其缺太瘠者）擬集成三一

司中牌示零陵縣丞惲祖祁署理，酌耒陽縣丞羅佳竹代理，興寧縣丞邱培蓄代理，均丞缺

萬兩，以湖北之數鐵補奇災，根本重地，誼應竭力報効也。熙儒來見。

初三日 晴 邀瑞熙儒、王浩園、徐熙堂公商州縣捐款。又見客二起。復王甫書手

擬卑属捐廉備賑奏稿。夜雨

初四日 霽 審錄命案京控等六件。星階、硯芸先後來商件。調補雲南鶴麗鎮

御永州鎮朱煥文洪章赴滇過省來謁。又見客七起。閱邸抄，福建主考

正孫詒經浙江人，副王倬江蘇人；廣東主考正王之翰山東人，副郁崑浙江人；廣西

主考正朱文鏡漢軍人，副李嘉樂河南人，均閏五月十二日放。

初五日 雨 堂期，見客文武四班。答拜朱煥文，晤。手批寶慶廷守委員盛守

會審一件，查办邵陽李鄉仿風都門賓劉二姓鬧考抗傳案。

初六日晴午後陣雨 星階來商件，又見客二起，閱張江陵集二十五六卷

初七日晴 仲京來商件，又見客二起，作嘉定信，恭閱邸抄閏五月十二日○○孝陵大碑樓為雷火所毀，非常災變，雖曰適然，殊非細故也，深悚懼

初八日晴傍晚微雨 拜發摩屬稍虞備賑摺，四百里驛遞，見客二起

初九日晴 見客二起，作朗軒書，并寄備賑奏稿 奉到閏月廿五日○○寄諭一道，催京餉，補記八日

初十日午前大雨午後晴 堂期見客文武四班，作飛千書，恭閱邸抄京師於閏月十七日得雨深透，撤壇行報謝禮，雖計候已遲，然聊勝於無，亦可慰也。○湖南考官正潘衍鋆廣東人 副陸潤庠江蘇人 四川主考正周家楣江蘇人 副吳觀禮浙江人 甘肅主考正黃毓恩湖北人 副胡聘之湖北人 閏五月廿二日諭

十一日晴　見客一起　陂雨辰書寄通鑑輯覽四部一送康官餘仲山蔚庭

伯葵各一部　文聲解賑款委員試用通判汪沛帶京閱济陵集二十七卷

十二日晴雨間　星陔来商件　又見客二起　玫玉甫書　又鈞兒帶鄂接

竇岩良仲初三日書情詞均中事理　良仲仍秋後来湘

十三日晴　吴誠齋自貴州軍營到省来見　述黔省近日情形甚悉　又見客一起

歷生得李佑臣閏月廿四日通州来書　言近畿連得甘霖人心大慰　於相軒（解餉来省）

於閏月廿六日由滎澤渡河廿八日来函　言沿途自十四五後連日遇雨中州境内

農事尚可補救　并聞北路亦一律得雨　已形霑足云云　似此則直豫一帶播種（得以）

秋粮人心得以繫屬　土局移金濟暑（在平糶）　否則有不堪設想者矣　欽幸

之饒枕令人驚悸不已也　手儀歸試紀畧付　鈞兒備覽
十四日晴　星陔姜舫先後來商件又見客一起　致筱荃制軍書　鈞兒
回籍應試午刻登程蘭言暨諸序馨連世兄同行
十五日晴　堂期見客文武六班　接玉甫子日書寄來捐賑奏稿閱江陵集
二十八卷
十六日雨　審錄命案五件　見客二起　答拜吴誠齋晤談少坐　校定第三期
會課卷前五名李調元彭上尊蔣舁瀛徐樹錫鄧甫明
十七日大雨　搔癢誤傷足背皮破流水不便着靴謝客一日　捐賑欵先湊銀
三千兩交蔡巡捕解局　閱江陵集二十九卷

十八日早晚大雨午間開霽仍謝客閱江陵集三十卷時逢收穫殊苦雨多也以暢晴為盼手諭鈞兒第一號

十九日霽　星階來商件王俊卿自益陽到省來見瀏陽任雨田編修貴震留館攺請假回籍述都門近事頗悉又見客一起手批湘鄉蔣朱氏案一件　十四後今日始見南風

二十日晴　堂期見客文武五班李次青周文齋來說慶和昌錢鋪歐陽炳事願承保清理許之五月二十八日摺弁回省各件平安若雨慧蔚均有書　若書亦言滇案可期了結兌釐二事俟將來再定兩書內有用賑截止閏五月止計墊付五六兩九錢慧病頗不輕蔚考事似有消息直東豫均得透雨詢之摺弁云然可喜也

二十一日晴 仲雲丈来談論及邵陽閙考案 鄧鶴卿自新寧到省清釐

指案 又見客一起 接曾沅帥初六日書 筠兒於十八日過湖 是日岳州来禀

二十二日晴 出门會客 謁韞齋師久談 芝岑 仲京先後来商件 又見客

一起 貢差周吉泰回省 賫到本年五月廿日八頒賞剿平粤捻方略 本擇抄撮

各全部 又曾胡各一部 敬謹珍藏 用垂世寶 雨辰寄到皮梘箱一件

朱煥文来辭门

二十三日晴 送朱煥文行 便道至尋秋草堂 少坐新構小樓 顏曰大觀 嶽麓

湘江平眺如畫 益知芝岑之胸有邱壑也 韞齋師有一聯題尋秋草堂 極

渾脫自然 聯曰 漢策讀遺編 掩卷猶聞長太息 湘濱尋勝蹟 結廬

還憶此栖遲甚老懷爲不可及也右銘來商件又見客二起致旭人杏蓀

書作嘉定信（寄鄉試贐儀單）

二十四日陰 星階來商件胡世兄子勛（文忠公嗣子）來見 因奉頒方略商謝恩事

又見客二起手擬徐淦墊办軍需遵駁改奬片 接鈞兒二十日來稟知

於是日辰刻平安抵漢十九日由常津港閘行抵金口泊亦可謂迅利矣

二十五日陰 堂期見客文武四班清理積牘

二十六日陰 幼儒來見又見客二起（周振瓊 劉康來） 下午酌吴誠齋邀鄧鵠卿黄雲

岑陪閲江陵集三十一卷 三更雨

二十七日晴 星階來商件吴誠齋來見又見客三起接鈞兒二十三日平安報

述鄂垣漢皋事頗悉定於二十五日趁北京輪船赴滬夜大雨一陣

二十八日陰午後霽 皇上聖誕寅正詣○○萬壽宫率同文武各官行慶祝禮遵照部文穿補褂掛朝珠行禮畢常服掛珠前後三日均常服第四期會課經文一篇題以閏月定四時成歲允釐百工庶績咸熙閱江陵集二十二卷手諭鈞兒第二號 閱邸抄知麗寶生作古年未六旬舊有交誼可惜也

二十九日晴 竟日無客 手批岳常澧道查禁私錢稟一件 閱江陵集三十三卷

閱邸抄江西主考正文徵滿洲人副劉恩溥直隸人浙江主考正潘斯濂廣東人副王先謙湖南人湖北主考正葉大焯福建人副梅啓熙江西人六月十二日放

司中牌示衡山縣篆
務連自華代理篋缺

七月初一日午前晴 午後大雨一陣 武廟行香堂期見客文武六班坐船自漢回至
陪壽磁器食物等件 知鈞兒改於廿日東下因蘭言有事稍留也
初二日午前晴 午後陣雨 靈守默世兄病歿永州釐局伯郎介臣同年來為商料
理事宜接兩邸六月廿四日書奉到六月廿九日寄諭一道 催滇餉
初三日午前雨 午後陰 硯芸來商件又見客二起審錄命案京控等八件商定
子頌覆方君謝子恩摺稿 芸史主筆 子生參酌之 覆手批陳右銘條陳開礦事宜
稟件 委吳誠齋先就醴陵試辦卬令右銘會同藩臬兩司總其成 因天地自然之利備國家緩急之
需無病於民有濟於用目前要務無過於此未便畏難苟安狃於流俗之
所謂利弊也作若笙兩信書

初四日晴　星陔来商件吴誠齋辭回堅營與論試办礦務事宜又見客二起作蔚庭書夜大雨　府縣設壇祈晴

初五日午前雨後霽　堂期見客文武六班連日陣雨大碍收成殊深焦慮拜發正摺五件夾片三件○頒賞方畧謝恩摺○譚為楚仍請調補芷江縣知縣摺○審結東安縣革員胡昌棠京控案摺○援防指餉第十次請獎摺○又指監片○五月分糧價雨水情形摺○徐淦勢办軍需遵駁改獎片○陳萬全等年滿甄别片

初六日晴　送吴誠齋行順道答客左銘来商件王綬卿辭回防營又見客四起

初七日晴 書進辭付衡山代篆接劉蔭翁六月十八日書述滇中近事頗悉 偶閱南唐書二卷昨江西過客蔡學蘇所送其人專以販書為業此次索價三十金要浙江通志一部不肯論價矣曾指主事分戶部攜書頗多而價甚昂前年曾過此今自蜀歸也

夜陣雨風狂甚幸片時即止

初八日晴 三書院決科文題子曰多聞闕疑一節詩題平地丹梯甲乙高得梯字

閱南唐書三卷 跋廣侯書

初九日晴 蔓舫來晤送決科卷十一本共八百四 又見客三起王懷欽自山東歸赴南闈審錄京控命案等七件 閱江陵集三十四卷

初十日晴 堂期見客文武六班吳峻峯卸廣西學政事過省來晤由驛

遞回指廬助賑摺六月二十二日奉旨王文韶著交部從優議敘其餘各員著該部查照成案酌給獎敘欽此

十一日晴 答拜吳峻峯 周渭臣來晤出示詩稿 又見客一起 手批寶慶廷守妻員盛守會稟兩件 擬結邵陽闈考案 又批平江縣紳廣西候補道李彝章悔呈一件

十二日晴 慈安皇太后四旬萬壽 寅正詣萬壽宮率同文武各官行慶賀禮回署小憩 龔蕃甫到省來謁見 四腳牛軍事甚悉 吹青來晤言慶和昌倒賬事清理已有頭緒 又見客一起 接鈞兒初二日由滬發稟 兒書知於朔日平安抵滬初旬起身回杭 燈後恭接祖先神牌 新檢神堂

江蘇主考正龔自閎浙人副邊寶泉漢軍人陝西主考正洪鈞江蘇人副陳欽浙江人

十三日晴 中元節祀 先仲京來商件 親校決科卷將以覘閱卷者之眼力為簾差地也 贐吳峻峯四十金

十四日晴 樾岑熙儒先後來商件 吳峻峯來辭行 又見客四起 仍閱決科卷並料簡節信 天氣甚熱 今年三伏太涼 於節候非宜 秋得毋炎蒸庶無陰伏之患

十五日晴 文廟行香 止衙參 仲京來商件 清理積牘 天氣熱甚

十六日午前晴午後雨 星陔菱舫熙儒來商件 又見客二起 審錄命案京控等九件 出門答拜龔紫甫 校定第四期會課卷 前五名左調元李昌煥蕭檠昌陸承宗

司中牌示安化縣歐陽斌到任桂陽縣篆務孫光燮調署

徐樹銘廣西主考昨日行抵省城今早起行循例差帖迎送午前熱不可耐未刻大風得雨炎熱稍減 丑刻砲坪口失火離署甚近幸即撲滅

十七日晴 月食行救護禮寅初三刻初虧寅正三刻食甚卯正初刻復圓 定發決科卷前五名盧連芳侯昌銘蔣日瀛余宗伯徐樹銘

十八日晴 硯芸來商件又見客四起 雜閱浙江通志數卷 係乾隆元年重修

十九日晴 星陔來商件龔鑾甫來見又見客四起仍慎甫來幫議 節信加單 發決科案 獎賞共銀一百七兩

二十日晴 堂期見客文武六班 新授廣東碣石鎮總兵丁泗濱來見 長沙人 清理積牘

二十一日晴 審録命案京控等九起 接郭筠仙六月二十日書 論滇案現办情形頗悉 詞意之間猶憤憤也

二十二日晴 見客三起 接鈞兒兩八日信 知已于初七日平安抵杭 美秋暑酷熱甚 爲今年三伏所無

二十三日晴 仲雲丈來晤 候選道魏綸先號温雲 奉李中堂委赴湖南開办煤鐵礦務 到省來見 肅毅另有信 又見客三起 檢點應發摺件 手擬請補給馬郯龍應得廕生片奏稿

二十四日晴 出門答客 慰毓師母 見星陔 蓑舫 仲京先後來商件 曾劼剛來未值 手致朗軒書 晚間大風 微雨 天氣乍涼

司中牌示郃陽縣篆
李大绪調署新田縣
篆慶瑞署理正途

二十五日陰大風　堂期見客文武五班　作子健信　閏月廿日摺弁回省　得徐
笙師復書　謝送六旬壽禮　子松　茗笙　雨辰　蔚庭均有信
二十六日晴　奉到頒賞穆宗毅皇帝御製詩文全集各一部　敬謹珍
藏垂為世寶　匯儒来見　作茗笙信　接朗軒十六日手書并咨送奏調
蘇元章光緒丙戌進士摺稿　又送接陳俊臣六月先本月初八兩書　一論閩海防疏稿　一述滇案傳聞
二十七日晴　龔榮甫稟辭回營　盛錫吾寶慶差旋均見　又見客二起　作蔚庭
雨辰信　閱邸抄　山東主考正鍾駿聲浙江人　副曹煒江蘇人　山西主考正蕭晋蕃湖南人
副馮光勳江蘇人　河南主考正汪鳴鑾浙江人　副楊霽漢軍人　七月初八日放
二十八日晴　送龔榮甫行　順道答客　回署見客五起　拜發正摺六件夾片四

件。（松壽助賑奉旨依議）頒發防暑謝恩摺。代曾紀澤、胡子勛奏謝頒賜方略摺。

光緒元年新賦錢糧比較上三年完欠分數摺。早稻收成分數摺。審結石門縣民陳光槐京控案摺。六月分糧價雨水情形摺。報解第三批京餉片。報解甘餉片。請補佐馬如龍應得蔭生片。陳丕業等年滿甄別片

二十九日晴　星陔、芝岑、硯芸先後來商件，又見客四起，清理案牘積件

接筠兒十三日信，言留下先塋平安無恙，樹木暢茂異常，差慰馳念。保豐事已有成議

三十日晴　新調永州鎮名張扶元保和由滇至湘來見，人頗明爽。又見客

二起（歐陽石坊挈其孫佑彭來應試）復蜀人書并料理應復嘉定信又手諭鈎兒

八月初一日晴 文昌廟行香答拜張扶元考試簾官題文鄉人皆絡繹兩排詩兒

坐待闈起講後赴貢院閱視一切今年新葺圍墻規模殊合新添號舍

收移改騰對各所工程俱好 手復朗軒書奉到七月十三日所寄諭一道

飭令收復淮鹽引地 主考客於午客進城（正潘衍鋆號任卿南海人編修乙丑 副陸潤庠號鳳石元和人修撰甲戌）

從江督沈葆楨請也

初二日晴（星后來商件）仲雲丈來晤又見客二起後任筱園書含以黃絲蟒袍料兩

件咸淳臨安志兩部 接鄧信知朱觀侯表舅氏病歿鄱陽嘉定戚友之

逝者今年可謂多故矣 清理案頭積件漸有就緒

初三日晴 審錄命案京控等八件張扶元來辭行又見客三起何昭珊來

酌定張扶元劉錦事　手致玉甫書

初四日陰　龍神廟秋祭畢　分祭風神　重修賢良祠　昭忠祠　張公祠落成（三祠外分兩甬官舍培舊址）恭詣行禮安位　張公即後漢長沙太守仲景先生也　回署小憩　仲京来商件段

星曲長書

初五日雨　衡州協馬朝龍引見回省来見　料理入闈事宜　諸臻傳子毅商屆似稍從容矣

初六日陰　晨起料簡一切　星陔芝岑同見　子青来少坐　午正主考至　出大堂相見　茶畢行謝恩禮　國服未滿仍常服掛珠停止筵宴　未初入闈　卅至公堂派定內外簾及各項小委執事　內簾監鎮南李師澐　守忠劉錫九　趙維鐸

李宗蓮陳建常龍起濤張憲和潘恭敏黃慶萊內收掌唐榮邦受卷

施廷鄉慶瑞韋嶸李楙松彌封張正紀党銘新謄錄薛振鈺張鴻順

孫清臣對讀林煥曦陳維楨外收掌楊錫梅吁鳴清本科正主考

潘仲卿衍璗編脩衍璗陸鳳石脩撰潤庠提調鹽法長寶道惠菱舫年

監試候補道童硯芸大旴內監試候補府呂燮堂世田內供給長沙縣玉

寶卿必名外供給善化縣黃春伯世熙余以同治辛未奉 命撫湘越二年

為癸酉正科光緒紀元乙亥特開 恩榜今年丙子接舉正科前後四年三次

監臨試事余當賓興之歲輒以公暇進多士課其文藝欣洽 聖德涵

濡楚材蔚起邦人士復增修號舍擴大其規模盛典迭逢多士之幸

亦余之幸也爰佀聯於楹以志其畧聯曰依然丹桂飄香惟楚有材三
度秋風憑管領從此青雲直上譽髦斯士萬間廣廈盡歡顏寫作
皆麗生手筆也楨兒宿闈中亥正就寢
初七日陰 姜舫硯芸同見并見外簾五所各官按其執事各有所囑巳刻至
提調監試衙门少坐申(未正)初二刻坐至公堂監印頭場坐號酉正二刻印畢
截數後學臺又續補兩起共二百八十餘名除以未投卷之餘號抵補外尚
溢出三十餘名現刻壹字號編之以待臨點不到騰出之號再行撥
入亦上科故事也改鎮筸鎮唐英階論營務書 右銘代稿 閱鈞兒七月
十八日與楨兒書言二十日録遺保豐定於二十三日開市奉到七月二十

五日◎寄諭一道部議舊欠滇餉自九月起每月解二千亥正就寢

初八日晴 丑正起寅初開點本年新添號舍二千餘間今三路點名中路右銘仲京東路星階筱莊西路芝岑稚泉綸流更替者則少軒貽珊也提調監試亦時出換代中路點進頗遲西路尤甚隨時惟東路最為順利隨時調撥煞費招呼仍至亥正二刻完畢 子初封門將臨點不到之生號改撥堂字號各生守候竟日亦云苦矣 子初晚饍 丑初正請題與主考隔門三揖不敘談如常儀文題子曰射不主皮一章今夫天一段五畝之宅樹墻下以桑一段詩題惟善以為寶得字書至至公堂分給散放後就寢

究日晴 午初起點定紅號一百二十字外邊一百二十四又四十一人各一字菱舫

硯芸同見商量因防木實事 申初坐至公堂監印二場卷頭場誤

印二三場卷者不一而足臨時更正深費周折飭各執事格外細心

本科投卷一萬二千三百 名頭場不到者一百六十人實到一萬二千一百

一十五人 亥正就寢

初十日晴 竟日坐至公堂閱視收卷仍提前二千四百本手自料理分作三

批每批八百本自申正起至子正先後裝、又彌封所一切照上兩屆辦理有

駕輕就熟之效 此次交卷甚遲午前殊寥寥未正放頭牌仍不過五

百六人至子正尚有百餘人未出場小睡三刻亦未能成寐寅初出視尚

有六人未完勉收三卷（均係補稿謄詩者）撤三卷（有三篇只有半篇者有試帖尚未做起者）若待

天明放出未免太不成事亦不得不如此也巴陵職監方大芝新田附

生劉典查有弊竇從寬逐出貼白卷不完卷之類（係題目錯誤）二十二人楨兒送

閱慶鈞七月二十四日書言遺才已考過今年係學使胡筱泉侍

郎代办監臨場規極意整頓鄭老太太於七月十九日仙逝保豐已於二十

三日開設

十二日晴寅正開點巳初進內小睡一時許午正出視已點進大半矣申正點

畢正與上屆相同昨日逐出之劉典猶狡獪可恨尚須嚴查樓玉甫初四日（呈控）

釘函告知邵陽俞令植為刑部主事尹錫綸等在都察院列款揭奉

寄諭飭查子初請題與主考相見如前儀另敕給第一次進頭場卷六百本（十二日進卷上兩屆均未能也）經題易繻有衣袽書用賚爾秬鬯一卣彤弓一彤矢百盧弓一盧矢百馬四匹詩白牡騂剛犧尊將將春秋冬十有二月戊午晉人秦人戰于河曲（文公十有二年）禮記蝦胥蚳醢脯羹兔醢麋膚魚醢魚膾芥醬麋腥醢醬 子正就寢酣甚

十二日晴 巳初二刻起未刻印三場卷申正第二次進頭場卷一千八百本今日頗暇豫架上有知不足齋叢書偶閱塵史三卷宋王得臣彥輔撰亥初就寢 二場不到一百二十人

十三日晴 巳初放頭牌午刻進頭場卷一千一百本（第三次）連前共進三千五百

卒子正封門尚餘八人開門時放出湘陰老生易化鴻年八十四歲草稿全完謄真尚短兩篇憐其老令其在封門前出場俟次日補謄

子初稍睡　補貼頭場四卷均割卷越幅之類二場貼十六卷

十四日晴　寅正開點未正竣事午初小憩孫封報頭場完竣共一萬二千一百十五本先是場前有訛傳洋人將來湘開設碼頭者士氣頗為不靖本日申初封門後至公堂前聚集一二千人呈遞公稟求為作主阻止當經為開導并明白懸牌示諭均各散歸號中固足見義憤所在不約而同然當此中外交涉日形棘手之時而湘中人情如此正懼其肇釁而僨事也吁可畏哉送五所及至公堂委員共三席循上兩屆

成例也亥正第四次進頭場卷二千二百本連前共進五千七百本子

初請題策問一經學二史學三選學四選舉五湖南水道子正就寢

中秋節陰微雨 巳初起開內簾門與主考相見賀節作春皋書屬楷呼

教堂事申正放牌亥初仍封號共出場約三千人晚酌芙舫硯芸接

鈞兒七月三十日平安報子初就寢

十六日晴 辰正二刻起卯正放牌戌正淨場示諭各生安靜回籍勿輕信浮

言抵名公牘附和多事致悞功名謄錄對讀先後報頭場完竣三場貼

四十二人劃卷越幅居多此次彌封二場卷較遲謄對頭場卷較快楨

兒宿闈中 五次進頭場卷二千九百本連前共進八千六百本

十七日晴 司道三營首府縣及監臨各官均進見文武五班受卷官銷差出闈筱飲伯淵恒岩采三來談接鈞兒初五日安稟巳刻掃數進頭場卷三千五百十四本 得彭雪翁七月廿七日書丹徒發

十八日晴 地痞向上林寺滋鬧派兵彈壓始散非訪拿嚴辦數人不足以警刁風也可恨之之 接文卿初二日書 得收復烏魯木齊捷音六月廿九日事是大好消息也麗生芸史來談芝岑賡揚左右營首府縣均進見 弥封報二場完竣共一萬一千九百七十七本

十九日晴 巳刻恒岩來言萱闈體中甚覺不適即刻出闈（三場畢後遇有緊要事件仍出闈）省視症係秋燥肝旺虛火上炎又以余方入闈鈞兒歸試心多牽掛遂致不克自持今回署後心氣漸平昨

脉趙蓉生方頗對仍請復診云肝脉較昨漸和各部均平正服一二劑即平安
也侍奉半日隨意說家常事申正印從余入闈 闈郎抄見學政全單甘肅許
應騤雲南李岷琛江蘇林天齡廣東吴寶恕廣西歐陽保極奉天楊書香均未更
换順天何廷謙安徽楊鴻吉江西吴仁傑浙江黄倬福建孫詒經湖北梁耀樞湖南
朱逌然河南瞿鴻禨山東鈕玉庚山西朱福基陝西陳翼四川譚宗浚貴州張登
瀛 恒岩接鈞兒初七日信言湖州謠傳甚緊府城遷徙一空郡守有告急文書
到省也 本日巳刻第一次進二場卷二千八百六十二本
仍隨時着人問安否
二十日陰 萱闈漸就痊可楨兒來告知昨晚及日間起居狀稍慰系念作
漢口信清理積件 巳刻進二場卷二千六百本 連前共五千四百六十二本

弥封報三場完竣共一萬一千九百十四本 夜大雨

廿日雨大風 萱圃又校昨稍安仍隨時着人問安否 樾岑賡揚同見 憶録

報二場完竣 二十日亥刻 巳刻進二場卷八千七百六十三本 連前共三千三百一本 手擬復彭雪翁書

節署硯芸来夜話

廿二日雨大風 星陔芸岑樾岑賡揚同見 又見首府縣 諭嚴禁匿名揭帖事 上林寺餘波至今未熄也 弥封官銷差出闈 巳刻進二場卷三千二百十八本 連前共一萬一千九百八十一本 二場掃數 楨兒来知 慈闈漸臻康復 慰慰

雜閱四朝聞見錄數卷 見知不足齋叢書

廿三日晴 仲京来商件 又見客一起 鈞兒寄到頭場文詩題 四藝首題子曰

君子不可小知而可大受也次題序爵所以辨貴賤也序事所以辨賢也

三題非聖人而能若是乎而況於親炙之者乎詩題荷花夜雨風露香得香字

諸作均明晰無疵惟力量不足未能十分斟酌飽滿蓋平日工夫止於如此也

壯甫亦寄到頭場首藝子貢曰（屬閱後即寄鎮箄）有美玉於斯一章亦頗見荒象不如去年矣

接陳俊臣八月朔日書述燕台議結滇案緣由頗足一快旋接總理衙門初九

日來咨錄恭金奏左恪靖咨到收復烏魯木齊奏稿接五甫廿八日闈中書

巳刻進三場卷三千九百九十七本　麗生偕楨兒來禀並聞起居安善惟

精神尚未如常耳　謄錄報三場完竣

曹晴　對讀於午刻報竣謄對各委員先後銷差出闈已酉兩刻先後進

卷七千九百十七本連前共一萬一千九百十四本三場摺數下午料理一切闈內簾

門與主考相見坐談少頃連日精神較疲左脇作痛今日稍好萱闈仍請蓉生

復診云肝脉尚旺餘均平和矣

二十五日晴　辰刻出闈　萱慈有喜色　冀當日臻康復也　楊厚庵巡江回省来

晤稍稍清理案牘積件　氣分仍弱　未能多坐　與在署戚友夜談

七月廿五日楊升田有書笙雨張仲山肅庭均有書

二十六日晴　星陔来商件　仲雲丈来談　料檢應覆摺件　并手擬附片奏

稿一件　密陳十四日場内星遞公稟情形

二十七日晴　天后宮秋祭　答拜楊厚庵　旋来辭行　晤徐芸翁　李黼文先後来

談　請趙蓉生汪樹德酌定萱闈現服方　舊恙漸瘳　補須中肯　故復加斟酌也

李中堂咨到议结滇案奏稿，知就此收科，已煞费经营矣。岳州亦在添口岸之列，幸而未允所请，吾则印此一端便难措手
顺天正考官满洲魁龄，副江苏殷兆镛、浙江夏同善、宗室麟书。奉到十六日○○寄谕一道，催甘饷

二十八日晴　拜发○○慈禧太后万寿贺折。经甫二嫂五旬正诞，祝之。早间备起晚设两席，酌在署戚友。拜发正折夹片各六件○○颁赏○○御制诗文全集谢○恩折○乡试房考折○又密陈片○光绪元年分奏销钱粮折○援防捐输十一卯请奖并截清捐数折○又捐监片○米捐第八次请奖并截清捐数折○又捐监片○七月分粮价雨水情形折○动用耗羡支给口粮片○报解甘饷片○孙光燮、李大绪各调署片　手致若笙、蔚庭书　阅邸抄，知曾沅翁调晋抚，李子和调河督，陳蔚庭得秋闱分校

二十九日陰 微雨 南城拜客 悟韞齋師 頤子青 星陔 芝岑 韞師商刻陳句山先生時文集 又一村閒步 重陽節近 菊花已將次開放矣

九月朔日陰雨 武廟行香 北城拜客 子青來晤 約明日會考優貢 手致玉甫書

初二日晴 黎明赴學署會考優貢 回署見客三起 先大夫七旬晉八冥壽 設筵致祭 殊增祿養不逮之感 悅以餕餘餉在署戚友 復彭雪翁書 詳述會匪頭目蕭朝舉（竇）業已伏法緣由 適信來論及也

初三日晴 鄧鶴卿來見 將請咨晉京 作嘉定信 復譚文卿中丞書

初四日晴 星陔來商件 接曾沅翁八月十五日書 其時尚未知調任晉撫

也衡州道府稟民教不和請派隊彈壓即刻如議照行事仍飭辦謠言

兩起居民積疑生憤牽波及教堂勢甚洶洶殊可慮也

初五日陰雨 祝學名太夫人壽并送行籍也 先期回 見客二起 銘臣靈櫬東歸着

調勇一節屬先出示曉諭

鄧福送至漢口 改春皋書論民教不和事 萱闈連日服補脾和肝養陰之劑

甚對 精神漸臻之復矣 作桐侯書 復顧采亭事

初六日陰雨 外祖母陸太夫人三十週年 自初四起延僧誦金剛經三日 本日設筵

改發晚放燄口一壇 見客二起 奉到八月二十三日8寄諭一道 飭拿傳習邪教匪徒

竇若寄到場作 機神甚好 頗可望中 良仲殊遜

初七日晴 仲京匹儒來商件 易海青因年來悟 歐陽吉人由籍到省 謝保舉 覓

司中牌示保請豁缺
以蔡永恩題補

客四起午飯已申初矣接李中堂八月十四日書述烟台會議大畧并摺趙再庵總署咨劄
議結滇案示稿擬遇武場再行司刊發
初八日晴 審錄命案京控壽七起 星陵來商件擬正優貢陸承宗徐樹錟
周鑾詒同見又見客二次接鈞兒八月廿日書言掃墓已畢松楸無恙深慰遠系
定於廿三日登舟廿四日開行約初四五可抵漢口矣
重陽節陰雨 徽金鎮垣泰來四腳牛賬務回省銷差詳詢情形頗悵昨願未初入闈
發榜申正二刻進內簾入座填榜本科中五十七人解元陳鶴曾武陵庠生長沙
府屬中三十六人寶慶府屬中五人常德府屬中七人衡永岳各二人辰一人
澧田各一人內癸酉拔貢中一人湘吳本科擬取優貢中一人汪周鑾本年會課諸

司中牌示古丈坪廳篆務趙惟鎏署理

共中三人 彭上蒿 龍璋 周鑾詒 上兩屆與課者中四人 汪頤 楊樹先 陳立達 俞鴻慶 李瀛桂

計先後與又一村會課者至此中二十四人矣 子初出榜後回署

初十日霽 姜舫 硯芸同見會發優貢榜 陸承宗 善化 徐樹錫 長沙 左斌 清泉

尹銘綰 茶陵州

十一日雨 韓勉吾 炳章 來見湘中知名之士本科新中也 執贄 辭之 又見客二起

作玉階書 賀劉蔭渠馳告乃郎中式之喜 名思訓中二十一名

十二日陰 星階來商件 李冠卿到省來晤 新中舉人汪頤 龍璋 俞鴻慶 新

取優貢左斌 尹銘綰先後來見 又見客七起 竟日酬應殊苦碌碌 求莫樓竹

秋 癸禮次青之太夫人八十壽 送一幛一聯 托任雨田 編修 帶去 雨田今日設次提塘寄知

司中牌示新化縣楊
森榮到任安福縣
篆務章榮邦調署

之也接星西侯書公私均有所述

十三日晴 午刻行謝○○恩禮星陔芝岑同見午後出门拜客晤兩主試暨姜
舫銘兒於初七日平安抵漢生甫觸少侯約須十一日起程赴湘本日接
有陔楨兒書於中舉人龍溥霖楊澍先來見接子健八月廿四日手
函述洋務詞旨甚憤又接筠山八月十八日信述永從令吳延堯貪酷情
形直堪髮指

十四日晴 兩主考來拜均托代奏請假回籍星陔來商件又見客二起衡陽羅
令事拿獲剪辮妖匪劉桂四供情確鑿批飭就地正法梟首以儆邪術而
定人心 酉刻七月二十八日摺弁回省各件平安并若笙有信兩侯州典試山左

司中牌示衡山縣熊鎮南耒陽縣李師濂興寧縣劉錫九均回任通道縣唐榮邦到任會同縣張鴻順到任司中牌示常德府同知篆務楊恭來調署

蔚庭以分校秋闈也 接徐樹壽衡書頗有所述

十五日晴 文廟行香堂期見客文武六班又內簾二房考十一人均銷闈差李冠卿辭行回任上年筱帥赴滇奏調帶往也 第二名舉人吳獬來見癸酉拔貢本年補行會考

十六日晴 見客七起竟日碌碌 檢點應發摺件

十七日陰微雨 星陔來商件又見客二起曾符卿紀瑞將赴山西到省來晤右銘丁內艱唁之順道拜客手致崔田硯農書交何筱端三世兄帶去致左爵相書賀克復烏魯木齊 致楊石泉書謝派砲船護送鈞兒至滬 復陳俊臣書寄海防原奏前有書來索閱也 以上各寄闈墨題名錄

十八日雨大風 魏溫雲來論開辦煤鐵事又見客五起下午請兩主考便飯

叙談甚暢接户部文指賑案內議加隨帶五級亦定例也

十九日陰雨 芝岑來商件 歐陽吉人辭行晋京 新舉人彭上尊李瀛桂來見 又見客三起 手致飛千書 接曾宫保信述知調任晋撫約十月初可以交卸 具摺請覲尚未奉○○批回也 鈞兒平安回湘進城已丑正矣

二十日晴 定期見客文武六班 魏温雲辭行回天津 誠民少齋良仲偕鈞兒到湘

二十一日晴 曾符卿辭行赴山西 又見客六起 手致彦侍書 并寄托筱端帶蜀件 悦卿誠民諸君第一次考試 考廣方正黄世崇等二十四人 端學術以正人心策 孝悌天下之大順論

二十二日晴 送曾符卿行 順道會客 副主考陸鳳石來晤 又見客四起 接總

理衙門湘字十九號書本月廿日發　接李中堂書言湘陰郭氏承繼事

二十三日晴　傳見薦舉孝廉方正何桂芳等十二人　又見客二起　清理積牘

二十四日晴　奠張錫田順道會客　傳見薦舉孝廉方正李揚華等十二人　又見客三起　見江浙題名錄竟無知者　初次考試孝廉方正舉黃世榮文鄧隆李揚華陳玉璜等四人餘分別給頂戴匾額有差

二十五日晴　堂期見客文武五班　正主考潘任卿來辭行　賀曾沅翁調晉撫

二十六日陰　製造局新設氣爐偕司道往看機巧不可名狀化工洩備盡矣數十年後洋人伎倆中國今人餘論視之唐然可與角勝乎　預行孟冬祀先禮以屆期武場開考也

二十七日陰　星階硯芸先後來商件　副主考陸鳳石辭行　黃曉岱同年來晤　又

見容三起奉到十五日8寄諭一道准甘餉閱知前衛知李筱翁調回湖廣丁

稚璜升四川督文武格常調山東撫

二十八日雨 送兩主考行見過容二起作若笙函蔚庭函倩 托蔚庭請領封 紬弁膺生執照 拜發正摺五件

夾片六件○拏獲剪辮妖匪劉桂四審明懲办摺○續獲剪辮妖匪張有世一

併正法片○察陳衡郡民教不和情形片○中晚二稻收成分數摺○釐金半年

奏報摺○吳葆儀楊泰來整办軍需請獎片○報解甘餉片○奏參窃取公文

意圖誆騙之補用參將曾毓俊摺○八月分粮價雨水情形摺○正副考官循請

代奏請假片○李喜溢請免騎射片

二十九日雨 韓賡揚來論製造局事未刻出大西門送兩主考登程歸途會

董曉岱作雨辰書悦仿在署諸同人賞菊設三席頗盡歡

三十日雨 審録京控命案等六起 驗（較）弓刀石武闈已定十月朔日開考連日天雨馬道泥濘牌示改看步箭 仲雲文來又談美船來商件 又見客〻起閣邸抄何小宋放閩浙（潘晴軒升滇撫）林穎叔放晉藩杜鶴田升滇藩方子箴升蜀臬

十月初一日雨 辰刻詣貢（院竟日）閱步箭二百六十人 本屆赴試者共二千二百七十四人較上屆少百人 酉初回署 復總理衙門湘字十九號書 又接九月十四日公函一件催發滇案豫結告示 接子祥八月二十日來書 以經收釐務短绌被參摘頂處（法）設楞園 ○本科武闈提調仍惠美舫監試陳貽珊同考仍韓賡揚

初二日陰 接閱步箭辰出酉歸 竟日閱三百人

司中牌示益陽縣
篆務吳之倜署理
酌

初三日晴 墨該来商件又見客一起辰正赴貢院様閱步箭三百人酉初回
署

初四日晴 塡楷妻負陳展堂 鳴志 自於寓所者来見又見客二起様閱步
箭二百八十人貢院見客一起

初五日晴 黎明見客二起連日晴霽馬道已乾辰刻出小吳門至大校場 見司道十一起
様試馬箭竟日閱六百人酉初回署

初六日晴 様閱馬箭六百人午云史回鄂少齋偕竹楼子健九月十五
日信 寄江南闈墨并抄
示賈斷鎮路茶議

初七日晴 卯刻長孫鈺孫生 丙子 甲午 己亥 丁卯 鈞兒以二十四歲得子余以四十

七歲得孫均不為晚惟萱闈盼得曾孫有年今舉一雄足以博堂上歡是可喜耳 仍赴校場接試馬箭竟日閱六百三十人寅僚戚友賀者紛紛循俗例分送紅蛋皆 慈親一一親為檢點喜氣盈庭老懷彌增愉快長孫取乳名在鎔學名鍾孫以五行缺金也

初八日晴 同道三監文武以次均來致賀概以辭謝午前接閱馬箭三百二十餘人 馬箭畢共二千一百五十九人與考的 午後接閱地毬六百人 共與考者一千七百六十三人

廣西正主考朱文鏡號右峯副主考李嘉樂號憲之差竣回京過省來拜

初九日晴 出大西門答拜廣西主考晤 赴教場接閱地毬申正閱畢一千一百六十餘人

初十日晴 慈禧皇太后萬壽寅正詣萬壽宮率同文武各官行慶賀禮停

初十日清理案頭積牘晚見客兩起平之設湯餅會於樽一堂就菊共兩席皆
崔、田、高、戚友也
十一日晴接閱步箭二百八十人早晚見客三起貢院見客兩起手批湘陰部
曷氏呈詞一件
十二日晴接閱步箭二百七十人貢院見客一起常星畡五十正壽親往祝之
十三日晴接閱步箭二百八十人早晚見客三起陳展堂楊海琴張力臣
十四日陰接閱步箭二百餘人申正竣完早晚見客二起竹間星畡赴貢院
商件小船奉到九月二十六日〇〇寄諭一道飭嚴禁賭局並查拿齋匪從劉典之請也
十五日晴接試技勇竟日閱二百八十人與考者一千六百三十人早晨見客一起貢

院見客一起 接文卿九月二十五日書述新疆軍務頗悉并商撥

大批協餉

十六日陰 接閱技勇四百二十人不到者多 早晨見客一起 接勇抚帥書有請假一月

赴漢口就醫之說 雷隺皋自湖北到湘來拜

十七日陰 接閱技勇三百人不到者少 朗星晓至貢院商件 又見客三起

十八日陰微雨 接閱技勇二百六十人 接朱石泉表弟民書 拜發正摺三件夹片

四件○已革训導劉洪澤朦混録科中式奏請注銷審辦並撫實檢舉摺會學政

○奏報征收上忙錢粮截清解司銀數摺○板解末批京餉摺○營借倉穀

片○馬闲科王惟和等年滿甄别片○章榮邦调署安福縣片○許和生吳

鑑清保案聲明改奬片

十九日晴 姜舫海琴同見接閱技勇三百七十人申正竣事通計馬步箭地毬五日步箭八日技勇五日前後共十八日今年尚算省事也接兵部咨五月間條陳軍營保舉人員不准更名復姓出繼歸宗一片已照議行 九月二十九日覆奏

二十日陰 校閱武闈試冊粗有頭緒限於定額遺材仍不少也晚間兒輩設筵致祝家慶團圞慈顏有喜

二十一日午前晴後陰 四十七歲生辰 國服未滿仍概辭賓僚致祝晚酌戚友三席手擬片奏稿 請寬後楊菊處分并准終養 奏到初十日寄諭一道 飭查來春應否接濟

二十二日晴 姜舫燦珊同見商武闈二場事宜又見客三起撿點考冊

司中牌示准補寶慶
府侯晟到任

大致就理手擬洋務密摺一件

二十三日晴，武闈第三場挑留一百十六人，弓力有增無減，戌正填榜

得士莊玉階等三十四人（常德府學，桃源人）第二名彭萼，子初揭曉，氣宇甚好

二十四日晴，竟日謝客，歇息一日，仍清理案頭積件

二十五日陰雨，南半城謝步，謁韞齋、頤子青，并拜雷雀皋，年已八十

二，老健猶昔也。仲寅來商件。郭子美到省來談。宋竹孫江縣丞分

省到湘，述乃翁近狀甚悉

二十六日陰，率新中式舉行謝恩禮，國服未除，仍停止筵宴。嘉慶

丙子科武舉平江李家文，年八十二歲，距中式之日花甲已周，例得與重

預鷹揚宴隨同謝恩 是日精神矍鑠亦人瑞也 除例賞外另給綠綢袍
料一副以示優禮 星階商件 又見客二起 接嘉定信 知陸晴杉
本家病歿 少年無祿 深為惜之
二十七日陰 北城謝客 并會子美 見客五起 森兒開筆 設席請麗
生并酌秋生師 破紫蒙 誠民師 權館 邀瘟署戚友陪 共兩席 設一賓堂尚
有傲霜殘菊也 復李中堂書 論郭氏爭繼事 并附批詞及左爵相移長沙府原文
二十八日陰 見客一起 料簡應發摺件 奉到十六日寄諭一道 催京餉
復譚文卿 劉毅齋書
二十九日霽 星垓來商件 仲雲丈來談 又見客四起 作若笙 蔚庭書

司中牌示甯遠縣
篆務曾德麟署
理酌龍陽縣篆務
鄭桂星署理勞績

拜發正摺四件夾片三件。年老諸生三場完竣奏懇　恩施摺。
軍需報銷第八次請獎並遵照部議以後一律停止摺。九月分糧價雨水
情形摺。遵解滇餉并聲明欠數片。續解年終奉撥甘餉片。請
將楊翰開復處分並准其終養片。奏陳洋務密摺
三十日陰　竟日無客　作雨辰總憲信　復劉克菴書
十一月初一日晴　文廟行香　堂期見客文武五班　閱葉世卿病歿岳州釐局今
年戚友之將盡也可謂多故矣　讀呂文節師奏疏全卷　六世兄綍廷所送
也吾師剛直忠亮為世所推　今得讀遺編　益不勝泰山梁木之感云
初二日晴　呂六世兄以通判引　見回黔繞道至省來晤　又見客一起　接郭筠仙來文

并函述郭昌猷繼業可謂大奇 作王甫書 印論筠仙洛文事 渠併洛

皆署應將此間各理情形數言知照也 政兩長由漢上滙款三數

初三日晴 楊海琴來謝 鄉資山來談 作嘉定信並慈以得曾孫之喜命將

卹嫠加廣十人（本有六十人至此七十人）并將本年田租每石減收五升以廣慈惠

初四日晴 審錄呈控命案等七件 星暌來商件 又見客三起 樸若 筆雲

蔚庭九月下旬書 摺差於抵岳州病殁 由承差路過攜回 故較遲也 九月

二十日奏件均照摺

初五日晴 堂期見客文武六班 呂六世兄來晤 適點稍局有解餉差須在此

稍候也 晚冬至祀先 拜發元旦賀本

司中牌示芷江縣篆務

蔡履清署理 酌華

容縣篆務李盧署

理 試用

初六日陰 長至令節寅正恭詣萬壽宮行慶賀禮以百金購通志堂經解全部計四百八十本廣東新刊板由周笙西觀察處來

初七日陰 鍾孫滿月寅僚多有來賀者晚酌戚友四席 檢點通志堂經解標識卷冊竟日就理

初八日晴 仲京來商件李世侯孝廉鑾授自襄陽到湘來見又見客六起竟日碌碌未治公事

初九日晴 出門謝步見客一起 接鄂理衙門湘字二十號公函十月二十一日發屬查某某選右揭帖事 手批郭志識稟呈一件

初十日晴 堂期見客文武五班 清理積牘

司中牌示准補茶陵
州重恩飭赴任武
陵縣篆務任之駒
署理酌

十一日晴　芝岑美舫先後来商件　又見客三起　復子城書

十二日晴　星畡来商件　又見客三起　料理年節第一起京信

十三日晴　見客一起　接玉甫初七日書　商填寫出示事　作經韞兩師加年

就識民稿增損之

十四日晴　莫陳年伯母右銘尊慈　便道留客　星畡　硯生　云先後来商件　又見

客一起　奉到初二日〇〇寄諭一道　部撥来年京餉湖南地丁十萬鹽厘四萬

十五日晴　文昌廟行香　朱肯夫與使迪然到者　出城至大馬頭公所迎候

午後肯夫来拜（四日午刻接印）　碩子青亦来辞行

政雨長書　并寄第一單年節信

拜發元旦賀摺　又公事二摺　[illegible]各州縣[illegible]錢糧摺〇稍草湘

譚縣吳秉燕因審刑訊家丁致斃審明定擬招

十六日午前晴後微雨　拜肯夫晤談貽珊來商件又見客二起親抱鈺孫剃頭俗名剃胎髮向須擇吉也復總理衙門湘字二十號來書

十七日霽　芝岑來商件又見客三起俛姨母八旬冥壽慈命延僧誦經三日以資追薦姨母本乏嗣兵燹後祇存堂姪俛雲屏一人亦望七老翁而無子也一綫之延絃將斬矣噫

十八日晴　周渭臣來晤午刻赴賈公祠偕司道公餞顧子青學使並請朱肯夫學使酉初席散子青一徑登舟即出城至大馬頭候送循舊例也省以尊朝命余於此等處向不敢草率將事也

自中牌示常德府同
知缺以張茂昭擬補
永興縣缺以姜鍾
琇擬補

十九日晴　呂六世兄來辭行赴豐并帶解豐楮局餉屬其勤慎當差勿圖自愛臨
别贶依依也　豐楮盤費較優此來别無所贈惟
見其衣單檢送缺襟皮袍子一件　又見客四(三)起　復黎簡堂書
即交呂世兄帶去

二十日晴　堂期見客文武六班午後星畡又來商件　復林勿邨書　附周渭臣寄函

拜世侄武闈題名錄

二十一日晴　見客三起　復丕甫書

二十二日晴　肖夫來久談星畡來商件又見客三起　料理年終節第二
起京信　葉蔚香病(於十月廿五日)歿岳州營署內少桐亦(十月廿六日在)於仙女鎮巡檢任內作古葉氏一家
至此世交戚誼殊難爲懷善後之謀無可委也

二十三日晴　見客一起　接彥侍六月十六書寄呈叢籍綱料等併述近況頗

司中牌示永順縣篆務恭鉽署理酌
龍陽縣缺以金兆基
擬補

悉作菊亭子松沚寅爐青諸君各年信加單　致書葉瑞卿崧友文之
次子興少柏昆仲為曾祖弟兄行囑某來湘一行以便為葉氏題商善後之策不僅為
蔣壽歸櫬地也

二十四日晴　見客二起　作仲山京卿子宗沅石各年信加單　九月杪摺弁回省各
件平安　雨辰若笙蔚庭均有書

二十五日晴　堂期見客文武六班　前署藩林遠村方伯之望到湘來晤吾
與星畡有舊此來專找星畡也　施礪卿梢升知府分發廣東稟辭回籍
閱邸抄安徽學政改放龔琳雨　自閱　雨辰信中言雁湖行次宿州猝患疔毒
一日化去亦可傷矣　作李侯年信加單

二十六日晴 翕甫夫訪仲雲丈，旬久設順道拜林遠村方伯、硯農來商件，韓

勉吾、辭竹晋京會回試見作，憩雲年信加單 曾沅甫宮保因病乞假

今辰過省回湘鄉，未停留也 手擬年終密考

二十七日晴 曾荷卿（名作瑞，沅甫宮保之未少君）来晤，并還前冬借件 乾益票期詢悉，乃翁退志明年六月

甚決也 廷芳字即寶慶府家來見，又見客二起，作蔚庭吳笙生書

二十八日陰大風 審錄京控命案等八起 星畯、菱舫先後来商件，作雨辰書

附寄年節京信二十三件（第二起） 連日筆札紛紜，至此為釋重負 拜發正摺

四件夾片三件○来春冊庫接濟摺○年終密考摺○學政任滿摺

○十月分糧價雨水情形摺○金衢田等年滿甄別片○熬明樓之得保案

司中牌示益陽縣缺以唐步瀛擬補

片。謝晋鈞請免騎射片　晚微雪不成分寸

二十九日陰　次青來晤談仲京來商件又見客三起清理案頭積件有以海龍褂統求售者毛頭頗好以二百十金得之用重價置備衣服在余亦僅事也

十一月朔日晴　武廟行香堂期見客文武六班　胃臣來晤因報銷事擬改簡堂書來謝也　彭雪翁之世兄（名永釗）以二品廕生請咨引見到省來拜（人甚清樸）即日辦給之并送食物四色不肯收頗有父風　下午酌林遠村方伯邀海琴稚泉隱皆其乙巳同年也　席間叙談頗暢

初二日晴　孫小峯相埜指資回省（候補府壬子同年辛未回籍）　又見客二起與小峯論川省

賦稅差務情形，頗知大概。微斂太繁，民不堪命。冀丁稚璜制軍出任，有以整

理而培植之也。孜筱荃制軍書，問困李勇東鄉縣案，已於冬月初接川督篆

矣。劉霞翁寄贈端硯、畫冊（趙千里漢宫設色、文衡山寫宫詞）、肉桂、茯苓四事，遠道見貽，無多

孜卻也。檢照應發各省年節信。夜微雪

初三日陰。答拜次青、渭臣。檢閱彦侍寄來書籍：說文解字（咫進齋）、說文繫傳（叢書）

華陽國志、周易集解

廿一史感應錄

初四日晴。星陔來商件。碑芸、海琴先後來晤。又見客三起。湘陰寄鄉先

得報得雪一二寸不等（十一月二十八九日）

初五日陰。堂期，見客文武七班。作嘉定信，寄年節單

司中牌手於學琴回
湘陰縣任孫儒卿
到衡陽縣任

初六日陰微雨 林遠村辭行赴桂林又見客二起
初七日晴 送林遠村行順道會客晏暎芝岑先後来商件又見客三起
手擬覆奏楚岸鹽務難以復淮應由川鄂兩省通籌可否湖南無可置
議摺稿
初八日陰 龍芝生太史湛霖典試滇南請假回籍来晤述滇中近狀頗悉候補
縣貴州杜理堂燮三三子来見長慶元三鼎元本科同榜中式二長齡乙亥
舉人少年兄弟聯翩亦嘉話也又見客一起 改李方兩相書 年節加單
初九日陰 答龍芝生晤談美舫来商件又見客一起 改劉蔭渠譚文卿書
坤
年節加單 奉到十一月二十六日 寄諭一道 部撥明年 惠陵工程
銀兩湖南鹽釐金四萬 手

擬遵奉部議查明湖南徵漕糧實數據實具陳摺稿 接劉蔭翁十一月九日書

初十日陰 堂期見客文武六班 陸辰堂来商淮指局事 接芸史桐侯信

致耘甫書 寄密考單 本日起省府縣設壇祈雪

十一日陰 约硯芸来商件 浩園亦来見 常德釐金局芝岑来商定覆有滋事情形

奏漕務摺稿 又見客七起 致子健書 年節加單

十二日陰 仲亨来商件 李次雲来晤 又見客一起 手致星農書 以情形之变慰之

致譜香函述漢上近事稿 誠民

十三日陰 硯芸来商件 又見客二起 致劉克菴書 年節加單 手擬试办機器

議求軍實奏稿

十四日雪 星階来商件仲雲文来晤常德龔金局滋事委呂燮堂前往
查办見商一切印辞门又見客四起 望雪已久今日濃陰冱寒續仍不
已冀可渥霑透澤矣
十五日雪 武廟行香堂期見客文武七班又見客一起 由昨今兩日得雪四五寸
優渥均霑民望大慰可喜也
十六日陰 硯芸来商件又見客六起審録命案宣撫等五件批常德府縣
會局禀一件 手擬试办機器片奏稿 諸衡伯翁子培到湘接閱新書
十七日陰 星垓芝岑来商件又見客兩起手擬遵保堪勝專閫人員奏
稿 龔继昌 廖長明 韓殿甲 陳海鵬 臨儁加王永章

司中牌示霍勤烜調署衡陽縣篆劉錫禧署安仁縣篆勞績李蓮正途弟在安仁前署桂東縣篆胡鶚薦署江華縣篆試用酌

十八日陰 星畡、芝岑先後来商件 右銘百日期滿来谢晤談又見客乙

起檢點應發摺件

十九日雨 辰刻封印穿貂褂掛朝珠遍谢在署、戚友悦設三席 賀玉階

外函局賀芸助调漢閔 均用誠民稿自繕 手跋朗軒書 附手节信去 夜雷閃雷

二十日陰 作茗笙雨辰尉庭書見客一起 委谢筱莊廷榮署岳常

澧道芩舫俸滿卓異奉部调取引見也

二十一日雨 夜半晴立春 筱莊来谢 委黃雲岑来見 拜發正摺五件 夾片二件

○遵旨奏保堪勝專閫人員摺 ○試办機器講求軍實奏明存

案摺 ○試办機器緣由片 ○蔡承恩請補保靖縣知縣摺 ○學政

幕友姓名籍貫摺○龍並峯內洛保弁兵遵照部議核删請獎片

○十一月分粮價雨雪情形摺（填封寄家日）年內公私諸務至此將各就緒自冬節月

初料理年節京信起碌碌者將及兩旬矣

二十二日陰　肯夫来晤談又見客三起由驛三百里拜發正摺二件○黃溪陳

楚岸鹽務禁川復淮應由川鄂兩省通籌可否湘省無可置議摺

○遵照部議查明湖南抵徵漕粮實數據實具奏摺

二十三日雨　星暌硯芸熙儒賡揚先後来商件與硯芸商定創办矜恤

同鄉流寓孤寡一事凡官幕家屬窮無所依者每人每月助錢一千

二百文（按每日四十文）余創捐三十名餘於同鄉官幕中量力捐助約可集成百

名現在核實訪查共得三十一家計五十三人以明年正月爲始年内先送一月之資俾之卒歲此議自余實創之而董硯芸李仲京王亦陶之實贊成之其實力查采訪備極辛勞者則從九劉棠慶也詳細章程尚容妥定以期永久

二十四日陰 仲京來商件 又見客二起 十月二十九日摺弁回有各件俱平安 若笙蘭雲雨長蔚庭均有信 洋務密摺有所奏 甚是之[illegible]展 夜雪寸許 閃雷

二十五日微雪 見客三起 有山東饑民入境 人數不多 文檖岑程初安爲安慊慊之 天氣較寒尚有雪意 夜微雪

二十六日陰微雨 審録京控命案等八件 [illegible] 又見客一起 午刻年

司中牌示益陽縣篆務徐保齡署理酌

節敬神 接譜香本月初四日書

二十七日陰雨 謁韞師荅肯夫坳晤談蔓舫石銘先后来見後鹿仙養泉各數行以百二十金買大狐袍褂統一副號稱元狐雖不見真尚可去得夜得雪二寸許 天氣甚寒

二十八日陰微雨 星畯来商件又見客々起偶閱湖山便覽一卷公私歲務料理完竣至此稍得休暇矣

二十九日晴 見客兩起手跋磬吾書 陰久放晴精神一爽

除夕霽 寅僚来辭歲概辭謝 恭懸祖先神像行年節祀事一年將換 萱侍康強闔家安吉地方亦漸稱平敉殊足幸也

致朗轩

两衡碌碌，久未致书，歉念之私，与日俱积。敬维岁祺懋介，勋祉

绥佳为颂。湘中大致[昨]惟秋间因讹传岳州通商之说，人人汹汹，文武

诸生多率投揭议划论，嗣经各释然，武闱却甚安靖，已非从前所及。此外

地方诸务均[托]粗平。弟万苦竭蹶，聊以奉告。闻尚卿知毅勤劳，更不遗余

力，[佛山]一加整顿，必尚知所儆畏。蔚然发繁业已到防，其人品学究竟如何？

田州马平两县之须第就理，原奏[夏]向保陈候署。章程一案，已奉部复

处均亦接到，通行，以此宴为办理，可无掣肘，更望台端主之。手[不能详]

闽舟门平不甚易，筱帅已奉即赴楚，种种子言大伤正气，[开印前后]可抵节，曾沅

翁翮兄回里后闻近甚望闻春尚须续请也此间冬燥颇好年望后乃遣

雪由农望大慰雅量老已因出涯漫矣赵戴庵即有信置有候补县勇

今侍均曾任巴陵江寻现在服阕所有女人与向其优人亦□樸弟知之

近疑怦怀□随时试看之何如弟定于二月初出省赴衡永查阅西

路长沅一带须待秋间再定也知往隋陆手此载启敬请台安　十二月廿六日　不尽缕缕

孜若笙

冬月二十七日手教一纸计达○青览献岁发春敬维○新祉繁绥○□

谭第偏福如愿此间冬燥乾望前後连得透雪渥泽普沾由長

民大悦来时□好吃有如□气象□

春每二月初即須出省先赴省南給衛承學，回省後即須辦理秋審各
件。其省西長則鎮筆若屬須俟秋間再去，亦成例也。劉洪澤案[illegible]
承　枕寄感感，都中新春景象何如？三月間國服期滿，想又增一番熱鬧
矣。歲乃將屆，公私雜沓，[illegible]便手助附陣，致頌　春祺，順請　台安　弟[illegible]　嘉平廿日

跋蔚庭

云云　同上亦成例也。等事此間故南信後已屢有信來，兩老尚能勉抑悼懷，足以
告慰。惟時見跋愷君書（看中一句均於老七經理），雜極瑣屑，多均出自老弟親筆，因見精神
之好，復覺太勞耳。都中新春景象何如云云　十二月二十日

跋雨辰

云云。回上。底戲例如此也。前致新刻（新由煙來）擊文郎回里應試，定於何日起程，是否逕陸抑仍
航海便否？並及有新到高麗參否？代購大段數觔，乞起函摺弁帶南
頌湊寒寒都中新春景象云云。十二月二十日

又啟雨辰
茲有襄陽李學侯孝廉修鹿門書院所得士，（以計偕入都）遠涉重湖，過訪於滙市，手足
迄銀五千兩，乞見系撥付是荷。十二月初日

又啟馨吾
別後公私碌碌，迄未肅函致數行，歉念之私與日俱積，雖催偃（於）
邇維□□祺，為頌。如欲湘中七八月間訛傳岳州通商之說，人情洶洶

文甯我政生多幸：前誠斷論，旋就釋我，甯卻人律安，請與外地方

政務均托教，千歲收存得中穩。本月望後連次得雪，僅計已及尺，餘農

望又後，大慰矣。惟情移之變，闔之實堪軫悼，向來氣候乾強，何以遽至於此

筆罄接信後，此間已屢次得書，知二老尚能勉強（抑情）自重，然不言之痛可想。而

之知尊府之庭月有之書，函致南歸尚候家諭，其意謂家鄉結構（伊）既妥，束決不能

無之函來湘，（伊則）惟有出路為高，侯子已假綸義，就目前情勢而論，無論假期久暫，係

（南中亦非常多隨時閒睹，怪若書的知之）

不可不此之行，董年由局了事繫完。現值極須得多偽，此月（手）就裁，未免太覺

勞勤，誠不可無人分任之也。三步郎尚能以禮制情，不至毀瘠否？家慈現已回至江陵

均甚繫念。兄爲政言勸慰，不足人繫懷。都署大小均安。並稟於月間頗發肝疾

錦旅已月念況已如常，有功四首錄，老懷殊增歡慰。定於二月初四日出省赴衡，亦閱兵鎮，算須七月间再去也。自文武兩闈後即料理京外年節各信，歷屬半年餘，並封奏修五首，昭得少閒，屢擬裁書左右，延遲至今，所陳握管弟素患目疾，小楷殊難，向延。大力卿卿鄉延兩函復延。未能詳述，鼓頌春禧，維希愛照不宣。慶樹隨叙。鑒。安薩

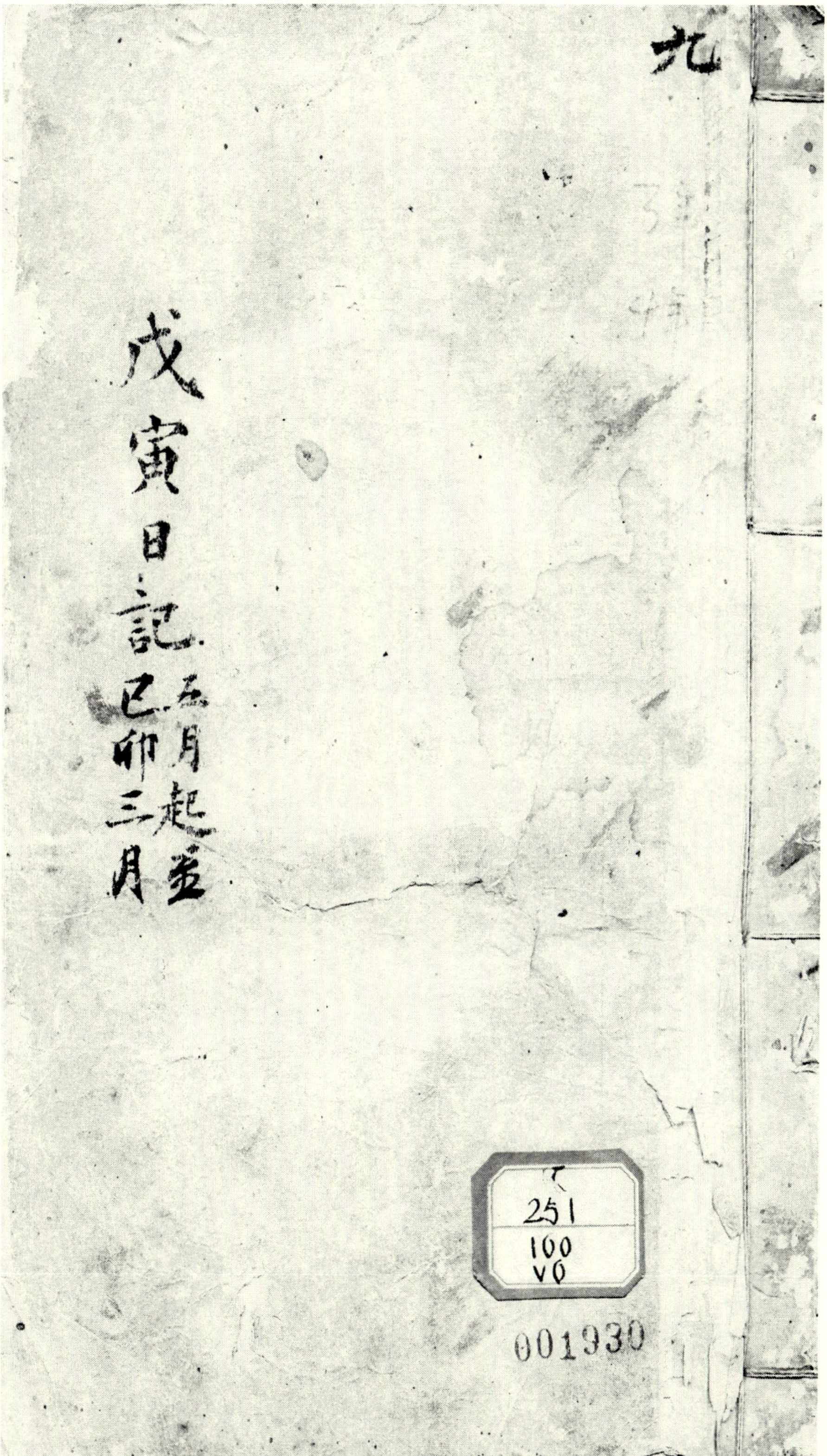
九

戊寅日記

五月起至

己卯三月

戊寅五月

初一日晴 辰初自老墻根啓行與雨辰揖别令乘轎隨行車四輛帶戈什哈二人譚國正劉正凱僕三人王順謝福小王出彰儀门四十里長新店尖時方巳正午後行二十五里過良鄉縣城又三十里申正至竇店宿

初二日晴 寅正三刻啓行四十五里辰正至涿州南關尖又三十里三家店茶尖三十里申初抵新城宿店房甚湫隘

初三日晴 寅正二刻啓行三十里（行十里渡白溝河）白溝鎮茶尖鎮頗繁盛北屬新城南屬容城又四十里至雄縣南關尖時巳初（正）三刻尖後過十二連橋三十里申初一刻抵莫（鄚）州宿本擬住任邱趕六日至德州因途長天熱遂匀作七日焉

初四日晴　寅正二刻啓行　三十八里辰正任邱尖尖後五十里抵河間二十里鋪
宿晴方申初南昌蔣萑林太守繼洙　入都引見至此適遇來見叙談
由陳嶶卿同年惡耗歎悼不能自已又有山東泉河通判王建衡號濟甯者亦
來謁見記在湘時每接與人年帖賀稟而不識何因至此詢之則云丙
辰年趙蓉舫師在文昌館請客時同席也無從記憶宜矣訪以運河情形
亦不甚了了惟據萑林云由清江至濟甯似亦水淺難行閱之頗增懸系
端午節晴　寅正二刻啓行二十里卯正過河間府城訪吳清卿太史大澂未
遇又三十里辰初二刻商家林尖尖後三十里未初抵獻縣宿訪盛杏蓀亦
未遇吳盛皆李中堂奏派辦理河間賑務者也嘉定馮亭笙來叙談藉

詢此間賑事言之頗詳序笙向為杏蓀辦筆墨杏蓀近赴天津伊留此照料得朱雲甫惡耗年少有才未竟其用與有世誼深為惜之

初六日晴寅正二刻起行四十五里辰初二刻富莊驛尖之後四十里至阜城縣南關外茶尖適金季尚解淮餉入都留此待車邂逅相遇敘談有頃亦巧合也又二十里申初一刻抵漫河宿

初七日晴寅正一刻啟行三十里景州茶尖又四十里巳正抵劉智廟尖此次經過河間各屬秋糧均已播種賑務亦正在舉辦沿路情形較前稍覺改觀矣尖後二十里過河抵德州地方文武均在河西迎候自出京至此一路不令人知州縣亦無知者此間竟被探得州牧遂為預備館舍力辭

不就詣粮道嵩松鎮青觀察署宿焉余以樞垣請假出京一切不得不格外謹慎鎮青與有世誼非地方官可比故無擾也統帶勤字營記名總兵現署德州參將黄宗華（長沙人）兆昇德州知州陳頌蘐（泰州人）副良均來見黄甚樸實前次派馬隊送至黄村頗得力即令仍派四人送至濟寧陳甚老練藹詢地方情形言之了了當是能吏也（即令知照下站所需指呼預備以照向常例）與鎮青夜談并許借坐船至臨清候接閱（初十日）郵抄知鶴峰師大拜（管工部）芷汀師復協揆功名有前定豈不信然（靈鄉生調吏尚恩露圃補禮尚榮仲華補倉憲志藹雲調戶左繼樹堂調刑左）

初八日晴午後雨 寅正三刻啓行仍過浮橋走河西各官均候送三十五里故城縣茶尖河間屬（時巳午初二刻）風甚大行走頗遲又二十五里鄭家口尖界故城水路碼頭也（頗繁盛）尖後行三十里遇雨即就李家庄宿（武城界）本非尖頓之地店甚小將就眠食而已

是日本擬住武城離此尚二十里

初九日午前陰後晴　卯初三刻啓行二十里過武城隔岸又三十五里巳正三刻由坊尖亦水碼頭廣平屬清河界尖後四十里或作三十五里渡河抵臨清州宿與船行預備雇用赴通船隻詢訪河道情形知北來不得過臨清南來不得過濟寧自濟至臨非陸行不可仍與原擬行程符合也若北船祇至東昌南船祇至安山則陸程祇須一站惜乎不祇行耳離東平州十二里　臨清醬菜甚佳頗有南中風味點心均

初十日晴　文武岩中丞派武巡捕一員弋什哈四名迎來護送持函於昨晚趕至臨清該州城文武黎明齊集候送一概辭之寅正二刻啓行三十五里孔家集茶尖又三十五里巳正三刻梁家淺尖堂邑界尖後四十五里抵東昌府城東關宿文武迎至郊

外就館舍見〻同知周　庭鷺　清苑人辛亥同年聊城令汪農卿維亮上元人
壽同侯補通判金叢彩　夜謹嘉定人周送菜四點二兩年受〻汪照例預備悅言
謝卻仍自覓客店也知府程小泉傳武為東省老吏卓有能稱以晉省未值留段
黃運交會簡明圖一幅意在開通姜莊舊運河也因此次晉省面商此事云
十一日晴　寅正一刻啓行六十里巳初三刻銅城驛尖東阿界至此始歸河路大道南來
者尖此則宿茌平也尖後三十餘里渡黃河八里過東阿城十二里（有山溝）抵舊縣
宿此半路亦稱六十里有家眷車自濟寧來詢〻言運河近已有水清（自）
江北來者當可無阻不知果信否耳
十二日晴　寅正一刻啓行四十里（微有山路）二十里鋪茶尖又二十里辰正三刻東平州尖〻後

三十里沙河站茶尖，又二十里草橋宿。汶上界。是日東平州恩牧奎、汶上縣鄭令

溥皆有預備，均辭之。抵草橋，濟寧州探馬來報，文漕台有差弁到濟，

老太太於五月初六日自清江開船等語，因之藉慰懸盼。至沿途水勢如何，

則傳問異辭，須到濟寧方有確信也。管帶黃運兩河水師山東候補道

劉沛若（時霖）路過來見，詢以河道情形，亦未盡了然，人亦未脫軍營氣息。

十三日晴。寅正二刻啓行，十里過汶上縣，又四十五里（辰正）康莊驛尖，濟寧州王

幼石（直刺）錫麟到此迎候。尖後四十五里抵濟寧州城，文武各官均郊（汶上至濟寧舟九十里，實不過七十里）

外候，接宿行館。王牧（佳城）呼預備到此，勢不能自覓客店矣（容）。見客三起：運

河道王理之（化堂）為壬子同年；泇河廳何錫園（師范）為壬子年姪，（山松亭）乃郎。（東河候補同知陳伯享（敬詩）亦壬子年姪，（納軒）乃郎）

接質夫初五日專弁來書（言俱巡河主便開行）并鈞兒初四日家報知是日行抵清江准於初六日開船北上　萱闈康健舉家大小均安理々同年又出示質夫初五日信言是日行抵淮澤前途水勢甚淺有礙進行請放湖口開濟運理々云近日湖水亦甚小現雖專人前往啟閘是否足資運送尚未可知閱之實深焦灼夜作家書并復質夫信交專弁馳回探楼定於十六日乘坐小船沿途迎候天氣已同炎暑行程後多阻滯萬年遠道於心殊覺不安

十四日晴出門拜客與理々同年暢談並晤劉（號漢三）萬兩觀察（萬名年清前在鄂垣曾一識面現办淮軍轉運駐濟寧）王仿石來見托以覓屋暫住事天已炎暑安輿甚抵此擬

佳過三伏後立秋後再行北上也下午兗沂曹濟道潘彬卿駿文專誠

来謁駐兗州離此六十里與談河工情形頗爲明晰夜作桐侯書

十五日晴 函拜潘彬卿 復俊臣書 彬卿送席 即邀同理之觀察仲名

直刺来談藉詢東省民情吏治頗資閲見 連日炎熱逾常幾同三

伏可畏也 料理一切準備南迎

十六日晴 卯正出南门登舟 雇中次紅船各一 中次黄艕子各一 預備夏

鎮換船及韓莊之湖之用 酉正抵南陽鎮魚台界泊 是日約行八十里 下水

而逆風未能迅速也 王仲名送至此 殷拳可感見而辭之 早间戈什哈羅榮並言

十七日自沙河口来離台莊約三十餘里 詢悉慈體一路康安 舉家大小

吉
均安殊爲可慰

十七日午前晴後陰　黎明開行未正至徐家營房上數里有淺沙一段頗費推移申正至辛莊橋東南風太大有雨勢即泊焉離夏鎮尚有四十餘里是日約行六十餘里

十八日晴　寅正開行未初二刻抵夏鎮沛滕連界沛令陳桓士家於錢塘人滕令何少谷維藝徽人安均在彼迎候連日東南風過大探知微山湖水勢甚淺蹶涸即小船亦不能達遂登陸行三十五里抵鄒山宿滕縣界沛滕兩令均送至此何少谷預備甚敏捷到此無店可覓竟不能不打攪地主矣嶧界尖

十九日陰　寅正起行三十五里辰初二刻至韓莊探知八閘淺阻已甚爲數十

年所無湖口雙閘啓板後水竟断流無可偷灌至此始知水程之不能径達夏鎮矣尖後行八十三里過台莊（嶧界）鈞兒來迎又数里抵黄林莊（江南山東運道交界處）安輿已於夫日到此登舟即謁慈親歡喜非常精神顔色猶勝平時舉家上下一律清吉欣幸之餘彌深寅感質夫同駐此即往謁謝蓋自清江至此非隨漕節同行不能遽達也泇河廳何錫圖嶧縣令李子羲以菁及漕河文武隨員均來謁見以侍談辭之慈親歷述別後情事井井有條娓娓不倦夜深始安寢後與家人縱談屢歷備至述及四月十八日自鄴開行以知津橋船桅擦岸甫出鮎魚套過黄鶴磯暴風驟作巨浪掀天危險萬狀舟人水勇極力撑持抵塘角始得泊因知慈親福澤之厚遇險皆夷是行路之

難閔閔猶為心悸不已悉信可以涉波濤甚無益加兢業乎夜雨達旦

二十日陰早起見客與何錫圃李子箴定登陸至夏鎮之議午後詣贊

夫船久坐夜談家常

二十一日晴料理陸行事宜此次行李繁多隨從人衆并有湘省賓僚以男

女僕人托帶回京共八人并形冗雜遂作分别行走之計下午詣贊夫船辭行

婦孺不能那均攜之未小孩起

二十二日晴贊夫來送行見客四起卯正率眷屬奉侍安輿起程十八里至馬

蘭屯住孫姓宅時方辰正二刻子箴以高年陸行又當炎暑格日計程不宜

過遠過此二十餘里並無可住之屋故止此焉並攜借來同日率第二起趕

夏鎮張華率各項人等帶重帶行李分作三起四起五起次第先後前進

二十三日晴 卯初登程，十八里至古郎 俗名固抄 安輿稍歇，又十八里抵隆平，住孫姓

宅。時巳初。孫姓為嶧縣大族，兩日主人均出謁，自言籍此者有二百萬餘戶，可

謂繁盛矣。子義初議到此後由南常、臨城驛 嶧界 滕界 而至夏鎮，計程七十二里，分兩

日走。由隆平至南常二十里，由南常至臨鎮四十三里 亦以寨看河道之故，路亦稍紆也 輿人言此係小道，路甚壞，不如由沙溝之便，遂 余來時走鄒山韓莊

從之。子義來見，與之久談，人極老練，亦甚平實，貴州人，曾任湖南知縣 湘 在任本有一面

此次預備一切周到，而不涉靡，以大郡而走衝路，不得不借東道主人之力，要可

矯情也。孟揚稱是日先抵夏鎮上船

二十四日晴 寅正二刻起行，子義將送至交界處，辭謝之。十二里至某處 忘其地名 茶尖

小歇，又二十五里抵沙溝 時巳初 住王姓宅，係滕縣界。何少谷趕來，伺應一如嶧例。下午

王啓迪押第三起行李亦到此

二十五日晴 寅正三刻起行十八里至埠家嶺張拱宸李奕又十八里巳初抵夏鎮

登舟陳桓書偕此何夕谷亦送至此魚台令李淦到此迎謁何鶴園来見

即赴濟寧 慈親遂行四日健適如常行所無事上船後親手檢點隨身行

李毫無倦容随從人等均詫為難得大可喜也三更後張華押第四起行李

亦至其第五起則從劉帥若用小船駁載之議仍走八閘繞湖而来尚未能剋期也

二十六日晴 寅初三刻開行午刻遇風一陣申刻遇風雨一陣均小泊及抵利津閘

巳亥正矣 離南陽鎮十八里 五理之同年来迎辭以過船不便到南陽見先以慈體康安告慰之

是日夜行未泊以前遥見岸上神燈二三十盞引導船而行若護送然（船艄之前有大紅燈二）隨行人等

大憩中見最版冊

亦有見之者余隨侍另一船夜深窗閉未及見也於此足以覘　國家之氣運蒸

親之福澤惟有欽之寅感而已

二十七日晴　寅初二刻開行辰（卯）正抵南陽鎮小泊見客三起　王理之　陸伸享　濟城文（慈體甚健無欲遊行遂羅循佳之議）（及魚台李令）

武沿途迎候酉初三刻抵濟寧見客四起潘彬卿後自兗州來周少鶴自曹

縣來探知水程可抵安山遂定由東平登陸之議　[redacted]

二十八日晴　登岸拜客彬卿來藉談黃運兩河情形理之來詳述運河

今昔情形均是以增閱歷王幼石來久談此次預備于周匝而不浮靡

洵州縣中之老手也少鶴來夜談探知由東平走西望阿城（俗稱西道）七級而達

東昌（俗稱東道）臨清較之舊縣銅城驛近三十里以高年　兩炎日當陸行不得不節省也（計算）

此遂定議竟走西道下午第五批糧重行李亦並分莊分起進時計不到此也

二十九日晴　會拜潘彬卿及劉綿若料理陸路事宜除隨身侍行外其箱籠笥件交張華徑赴德州上船此外床鋪木器及零星物件之不宜陸行者俱寄交淮軍轉運局萬漢之收存俟伏秋大汛張秋可通（舊云每年必有數十日暢行）即托舟送通州以省周折漢之亦極殷肫也見送行客五起

六月初一日雨　卯初開行酉初過柳林閘抵分水龍王廟泊汶上界（並令差弁伺應）上坡恭詣龍王禹王閣帝神像前發謹拈香登樓一眺汶水東來至此劃分兩道南北分流洵勝地也隄之同年送至此辭之不獲蓋以巡河為名也是日約行八十里順風逆水

初二日雨　卯初開行申正抵靳口泊東平州界州牧恩霖五峯迎候是日阻雨祇行五

十餘里

初三日雨 辰初俟雨少開行 三十里抵安山東昌守程筱泉繩武到此迎筱泉

縣丞俞言連日多雨由安山至西望三十里均係河淤泥濘難走目前水勢可（來不必繞東平州城）

直達戴家廟十里鋪即由十里鋪登陸十八里至史家橋過（渡）黄（由西望走亦十八里至史家橋）

家過河而北多係沙道雖雨無礙多走一日水道少走一日旱道計亦良得

從之卯（全之）由東馬夫役先赴十里鋪伺候王理之觀察王幼石直刺隨行三日

屢辭不獲見筱泉來迎拾辭去

初四日晴 卯初開行 三十里過戴廟南又十里抵十里鋪（東平壽張連界） 壽張令何式芬

迎候駐紮張秋之銘軍統領（記名提督）劉子徵盛休來見人頗軒昂劉省三之雲

經張秋至此二十五里。十里鋪有閘，同治十年新建。閘外即黃水矣。下午裝車畢。

筏泉來論濟甯以上運河情形甚詳。

初五日晴。卯初一刻奉安興（安穩）登陸，行十八里抵史家橋渡河。咸豐五年河南銅瓦廂決口，黃流自西南濮范而來，至壽張境毋采園子分兩股，南股趨趙王河，北股趨沙河，均至史家橋合流入大清河，由利津歸海。前數年大溜在沙河，由八里廟而過，借黃濟運，其勢較易。近年大溜向趙王河，距八里廟一帶（東平壽張）溜勢微弱，引水入運，其勢甚難。筏泉因有開通姜莊舊運河之議。兩牧令送至南岸，何錫園及（兗州府）捕河通判查（筱筠）送至北岸。過河行十八里至阿（阿井在鎮西五里）城。（東阿、陽穀接界）陽穀令曾志蕃（啟壎）堅留一尖，辭不獲，尖後十八里抵七級宿（因七級住宿處打掃未畢也）（住倉房）。慈視兩次途程，惟本日午後在道稍覺炎熱。到銘段十憩，卯安。是日（尖後）銘軍以三千人站隊，旌旗裝束齊整絶倫。

初六日晴卯初行巳初四十里抵東昌府住試院宿文武各官郊迎盡禮午後拜客府

署小坐自運河梗阻後沿河繁盛碼頭俱形彫敝東郡其尤甚也是日館舍

最嚴汪農卿大令預備亦周

初七日晴卯初一刻行四十里畢家溇茶尖堂邑令預備又三十五里未初抵孔家集宿

店房甚狹 清平邑令曹鴻齋鍾彝為孫文尚書之哲嗣頗有骨幹是日

程途稍遠安輿亦行所無事也 鈞兒偕孟楊先發至臨清料理舟行事宜

初八日晴寅正二刻行三十五里辰初二刻抵臨清州文武均郊迎嵩鎮青觀察以坐船迎候住舟中已

二十日矣船甚寬敞蕙意大適州牧洪蘭楫用舟在河濱備有館舍余奉

安輿登舟後即就館舍見客五起預備甚周至似以初來未及款接意甚

歉然者亦可見州縣之不易為也自十里鋪至此程筱泉太守沿途照應備

極周到其意甚可感而余心殊歉然(不安)初意此行不敢煩擾地方而兩次陸行多

走僻道隨行人等又衆食宿一切不能(免)不借重地主有乖始願實出於不得已也

自此換船後可以直達通州無長江大河之險無水陸阻滯之虞而慈親舟行

六十餘日陸程八日精神健適起居不改常度迎養之志至此大慰矣

廿九日晴　卯初開行程筱泉將回東昌行七十餘里過油坊夏津令衛小山桂森

出迎洪(蘭)閘橋送至此又六十里抵武城縣泊時已亥初矣縣令吳邦佐晉省文武教佐均迎候

卅日晴　卯初開行四十里過甲馬營北風過大停候一時許又行五十里抵

武城(鄭家口)泊時已亥正本日無酬應之繁復謝文武岩中丞余紫垣方伯各

一函

十一日晴 辰初開行五十五里（或作七十里）至故城邑令丁绍基迎謁曾在湖北（小宋舊幕）崇文書局日

久忘忘矣又三十里抵四女寺泊界恩縣邑令陶錫祺迎候崧鎮青黃宇華

陳頌萱 昀到此迎接桐侯五月二十八日書作俊臣信（謝）

十二日晴 寅正開（行）四十里抵德州（巳初）（故城四女寺至此七十里按圖作六十里）見客二起鎮洋人張安之

其爵來見山東候補令也午後進城拜客在粮署少坐閱邸抄毛旭初丁艱萬

藕舲調吏尚徐蔭軒補禮尚灶平升總憲伯寅調户右馮展雲補禮右吾華

峰引疾秋坪調户尚管仲華補工尚文星岩補總憲省城之寓均來函致

问前書借就來函致候加單（谷一）復謝之夜作桐侯書專人送京張華押送䘵李阻

雨未止下午戈什哈劉振凱馳來知今晚甫抵腰站須明日纔到留王順候候

十三日晴寅正二刻開行酉正抵柘園（俗呼桑園）泊是日行九十里德城文武均送（至）此繞帶

直隸直字營汛名提督劉祺來迎謁（駐安陵鎮）吳清卿太史在吳橋放賑到（離此二十里）

此換錢略述河間各屬賑務情形甚詳自臨清至此農田亦亟盼雨澤

矣

十四日晴寅初二刻開行辰正過安陵鎮（三十五里）（景州界）景牧恩廬迎謁午後風大

灣多節節停候申初過連鎮（三十五里）（吳橋界）即泊是日祗行七十里亥初雷雨大作農

田足資潤澤為之一快

十五日晴寅正開行三十里過東光縣四十里泊頭鎮（俗呼包頭）（交河界）三十五里薛家窩又

十里將近馮家口泊夜雨未透是日行一百十五里

十六日晴寅正一刻開行二十五里顛河盛杏蓀自獻縣来迎謁三十六里滄州

州牧楊琛（漢陽人）謁見又四十里（或作五十里）至興濟鎮泊是日行一百一里作賀夫書杏蓀

来夜談言常州劉凱生（含蔚山東知府）翰清究心洋務可備使才○有婦併濟平平議

張華萼押行李以丑刻趕至

十七日晴（午刻陣雨）寅正開行三十里過青縣杏蓀辭回獻縣又四十里流河又四十

里（或作五十里）曹家莊泊是日行一百十里致譜香書

十八日晴寅正開行三十里靜海縣又三十里獨流鎮四十里楊柳青又二十里陳家

屯泊（俗名十八胡同）距天津二十里姚訪梅及代理天津府萬子禾（年豐）署天津縣王炳燮

均迎謁帶山来即留便飯不見十五年矣暢敘闊衷夜深始散是日行一百

二十里

十九日晴　卯初開行（二十里至天津）李爵相暨運司如冠九山都轉互集田者津海道丁耀山

壽昌天津道劉崑圃秉琳及府縣籌出郊五里設行館迎迓上坡相見畢

即回船爵相以次旋即上船晤叙行至大王廟前泊午刻登岸拜客與爵相

久談耀山鶴山均晤餘未值（自十二至十五天氣炎熱已甚十六至九炎暑稍退）

本日又酷熱矣下午回船後又陸續見客五起與弟翼甫論雲甫身後事

二十日晴　午前上岸補拜客即赴鶴山招翼甫在坐話舊甚適傍晚爵相招

飲不邀外客席間暢談中外議論相洽情意尤殷殊可感回船將子初矣料

理水陸行程事宜未能安寢

二十一日晴　寅初一刻挈森兒登陸起程命鈞兒侍奉安輿由水路赴通三十五里浦口府縣蒞已先晚到此候送余恐重勞地主故五更即行関爵相已命舊要遣人持柬謝〻乃求鄭皮保營防軍語隊相送亦以令君辨開未能成列也而子禾訪梅諸君乃先日出候殊抱不安匆〻晤談數語而別又二十五里楊村尖時方巳正一刻小憩（避午暑也）至申初復行二十五里蔡村宿（時酉初）武清邑令毛理南璋迎界候亦有預備非意計所及無從預辭也是日行八十五里

二十二日晴　寅初起行三十五里河西務在朝陽菴茶尖又十八里安平十八里馬頭鎮尖（時巳初一刻）（通州界）令森兒至其乳母劉媽家一看（相隨十五年抵津後先令回家看視也）小憩至申正復行二十五里至張家灣宿　通州牧高星槎建勳迎謁尖宿均有預備是日

行九十六里一路莊稼茂盛可喜惟亦盼雨耳
二十三日丙午陰 寅初起行 三十里于家園 二十里進沙窩門 辰正三刻抵寓 桐侯以下
闔寓均安 金季尚 楊綸圭 都亦留寓局相見 答述別後情形 憊甚 雨辰 仲和
子涵 毅士
適來探問 留談久之 預備安摺 定於明日銷假 遣人至恭邸 稟閱旗營差人來
問 申正詣徐師宅 晤談一切 冒雨而歸 近畿一帶盼雨甚亟 甘霖渥沛 殊可喜
也 自夏至今 酷熱非常 得雨稍減
二十四日霽 寅初進內 大雨甫止 路甚難行 本日吏部帶引 見 先詣養心殿 皇
上前請安 卯初一刻隨班入對 兩宮 皇太后前均請安 兩跪兩起 公事畢
西太后垂問到京日期 母親一路安否 叩首者一 答稱托兩位 皇太后福 母

親一路平安精神甚好起居飲食一切如常又問在何處迎着答稱在江蘇山東交界之黃林莊地方迎着因自莊以上運河淺阻陸行四日仍就舟行至戴家廟十里鋪又陸行四日至臨清換船後仍艙行又問沿途天氣熱否答稱陸程祇走半站巳刻即止舟行惟午間頗熱早晚尚涼爽又問家眷已進城否答即印代奏王某因假期將滿又值花衣期近先由天津起早回京家眷仍走水路到通州計尚須三五日到京又問沿途雨水情形及災民光景均據實奏對二刻許退出辰初二刻散直詣恭邸及金寶兩師宅寶師在假就臥榻談有頃回寓暮笙來久談仲山顧閣子松先後來晤知吳子儁以時疾遽作古人才長逝塞惋悼曷勝接鈞兒二十六日晚間信知兩日行一百五十里計抵通尚有二百四

十四大伯三哥可達矣

二十五日晴 入對巳刻 辰初三刻散 直花衣第一日 呈進如意一柄 向例受賀前一日進呈 見客

二起 張霽亭 魏鏡如 雨辰來晤

二十六日晴 是日皇上御乾清宮受賀 寅正一刻入對 皇上登座 離墊三叩首

畢後就墊有頃 皇上起座 經師秋坪及余皆起立讓道 是日假師在假 恭邸在前不起立 總管內監送

出西暖閣 刻許退出 卯正進乾清門 在南書房恭候 與伯寅、頌閣敘談二

刻 皇上升座行三跪九叩首禮 王公在丹陛上 一品在甬道上 二品內廷行走

官另在東西丹墀內 二品文武大臣 三四五

品京堂在乾清門外 餘在

午門外 咸衣蟒袍補服 禮成後偕童薇研、翁子松、夔臣在刑部朝房

少坐將散 避上車擁擠也 午刻接 鈞兒昨日酉刻信 知舟抵太平莊 離通

州八十里准於今日趕到卯令李洪斌王順帶轎馬車輛前往迎候接誠民

幼鈞去日公函論漢事甚詳切　如意發還名帖回賞

二十七日晴　入對不及刻花衣期內事簡也巳正二刻　安輿率眷屬等陸

續進城此行歷二月之久長途炎暑　慈體康健如恆細弱亦俱安吉

如天之福欣幸實深從此供職事親庶幾心安而理得矣

二十八日午前雨後晴　入對刻許　皇上聖誕已於二十六日受賀本日並無禮節

卯正二刻散直親友咸來向候有進見　慈闈者均稱高年而如此康健

洵為難得也　接劉蔭渠制軍書

二十九日黎明微雨晴　入對一刻卯正散直出城拜客見盬卿師論運河情形　午刻先

到禮部後到兵部閱户部會奏稿係議駁左恪靖請劃單報銷事
已於五月初二日奉特旨照請户部復持異議余竊不以為然未敢隨
本部各堂亦均勉從衆
同畫諾擬於具奏日單銜上陳心所不安不敢附和也答拜徐蔭軒宗伯晤
後接筱荃制軍書
三十日雨 入對刻許卯正散直孟秋時享皇上先期詣太廟行禮在
乾清門外台階下跪來回班北城拜客晤苟亭厚菴 張華 壽押送行李
進城一切檢點無悮延旭之世兄煜來見贋夫之家嗣也
七月朔日晴 入對二刻許辰初散直頌閣病視之
王嘯軒升陝藩胡玉坦升皖臬譚鈞培升鳳潁六泗道
初二日晴 入對三刻巳初散直經師昨患暑疾今日未入直往候得晤已愈

而精神尚疲明日須再養一日也 言 午後到兵部 林平來談 李尚回南昨今
患氣滯之疾胸脘作痛 與上年七八月間所患同 未能夜膳 新放河北道王玉文瑩瑄來見
初三日陰 午後大雨 入對三刻 巳初散直 氣分仍未愈 服仲魚方 子松來談 夜雨甚
透 杜鶴田實授滇撫 潘偉如實授鄂撫
初四日陰 午後大雨 入對二刻許 辰正三刻散直 改服書巢上年方 午後到兵部 新
選河南糧鹽道麟子瑞椿來見 星階之堂姪也 王曉蓮升鄂藩 桃
彥侍升鄂臬 卓山升滇藩 增蓉舫升浙臬 戶部會駁西征報銷一
案本部咨堂司撰遞會議 遂片覆戶部 特會稿撤銷 毋庸會奏 止 自午至丑正雨始徹
初五日晴 入對二刻 辰正二刻散直 午間肝疾大作左腰脹痛幾不可忍 遊時

漱就年後記同治九年在湘藩署時曾有此恙久未發也就書策舊方加沈香

少許服之芍亭厚齋先後來談

初六日雨 入對刻許辰初二刻散直左腰仍偶爾作脹不致為患到禮部兵部

見客二起 温味秋 魏鏡如

初七日時有陣雨 入對二刻辰初三刻散直午間腰脹又大作邀仲與易方服之 花衣第一日

初八日晴 入對刻許卯正三刻散直魏鏡如來見昨以謝恩召對也到兵部

初九日午後大雨 入對二刻卯正二刻散直許生書來詢湘事擇要告之後韞齋師書

均交楊容堞呈 氣分仍多不舒接服仲與方

初十日午前大雨 入對刻許辰初二刻散直自丑至巳腰脹幾不可忍午刻漱平仍

邀仲與換方精神少疲　帶如意入直

十一日大雨　自昨晚亥正起大雨傾盆竟夕未已丑正冒雨上車水深處將及馬腹

一每繞道行七刻始抵東華門三座門水亦盈尺由牌樓門循墻而北又處

〻斷水有至六七寸者比至直廬已寅正二刻矣入對刻許辰初二刻散直雨勢

稍殺至未正始止聞人言都城與壽大雨亦所僅見也鈞兒以廕生赴吏部驗到

聽候考試

十二日晴　慈安皇太后萬壽丑初一刻到直廬齡師送表余與馮展雲　皇上遣如意綢匹賞　捧

皇上慶賀○○皇太后表文向例大學士捧進禮部堂官前引

少宗伯馨驤引表送至慈寧門東階安於黃案上退至直廬王與經　在慈寧門前○○太后御

師秋坪已上去余未及入對時方寅正也辰初詣長信門外隨班行禮辰正

朝服

慈寧宮○○皇上在慈寧門檻外正中行禮
二刻回寓腰脹又大作竟日不安酉辰来為之診視就仲英方酌加六一散通
草二味令服之夜夢棲祖先
十三日晴微陰 入對一刻辰初散直腰脹稍平仍請仲英換方云將愈矣行中元祀
先禮 新授岳常澧道崔清名穆之来見人甚老成
十四日陰 子正大雨約六刻入對二刻許辰初散直精神頗覺疲乏
十五日晴 子初大雨約四刻入對不及刻辰初二刻散直是日上詣奉先殿行
禮在内右左门站来回班花衣第七日氣分漸舒較勝往日 三日不解今
日一解尚暢午刻祀先
十六日時有陣雨 入對二刻許辰正散直新授青州府李 嘉樂来見腰脹不

作氣分亦平飲食漸加矣

十七日晴　入對刻許。發宗忌辰恭詣。壽皇殿青褂黃紗袍萬絲冠隨同行禮辰正回寓午刻

到兵部

十八日晴　入對三刻辰初二刻散直順道答客晤童薇翁午後子松來久談。

聖躬受暑本日二起叫文煜旋撤

十九日晴。聖躬稍安入對將二刻辰正散直午後到禮部兵部苟長來談

二十日午前晴後雨　聖躬大安入對刻許辰初散直答林平韋值午後擬出城因雨不

果雨辰來談

二十一日陰雨　入對將二刻辰初散直連日腰脹已止而胸脘仍不甚舒暢飲食

亦未能如常，是以精神仍覺不振，意餘濕未盡也。

二十二日陰雨 入對，憚三刻，辰正散。直。午後到兵部。接龔蓉甫、黃雲岑、壽公壽

函，指助河間賑需銀二千四百兩，前由子松經手向阜康借墊銀二千兩，許以籌

募歸款也。積雨連朝，路傷農事，亟以晴霽為盼。腰脹又大作，竟日不適。

二十三日陰雨 入對，憚三刻，有旨着在總理各國事務衙門行走，免冠碰頭

謝恩，次日具摺。辰正二刻散。直。腰脹較昨稍平，體中仍多不適。檢屏方

服之。戌正二刻地微震。李文敏放江西撫，彭祖賢放江西藩，周家楣放順天府尹。

二十四日晴 入對二刻，辰正散。直。腰脹漸愈，精神仍疲甚。子松來談。是日

換羅胎冠、藍紗袍。

二十五日晴 入對二刻辰正散直午後到兵部 出城答曹甸坡王蘭楷以滋大收

照二紙交存以備購屋移用 计二萬串

二十六日晴 入對二刻巳初散直午後挈 鈞兒看船板胡同王姓房屋順訪

頌閣久談

二十七日晴 微陰 入對四刻巳初散直謁恭邸向小汀師目疾謁徐師富常地山午後苟

亭來久談 曾紀澤賞花翎出使英法兩國李鳳苞賞二品頂戴署出使德

國大臣郭嵩燾劉錫鴻均回京供職

二十八日晴 入對二刻辰正散直見客二起 文俊 李勤伯 午刻到兵部未刻到總理各國

事務衙門拜印穿花衣例設一席徑歸肖塘在座歸途順道拜客

二十九日晴微陰 入對二刻許辰初二刻散直午刻到禮部魏鏡如辭行回湖南頌閣來

談連日腰脹全年惟胃口仍未能暢利也

八月朔日晴 入對二刻辰正散直到兵部總署致李中堂謝函

初二日午後陣雨 入對一刻辰初散直會拜桂蓮舫復黃雲岑龔藹甫書茗笙

來談又見客一起李勤伯

初三日晴 入對偕二刻辰正散直説董韞師壽到兵部總署

初四日午後雨 入對刻許卯正三刻散直祁子和同年來晤又臣選授建

昌府同知晤談良快不見十五年矣 夜又大雨

初五日晴卯刻雨 入對二刻傳考漢章京第一日內閣吏部各八員户部三員

共十九人題祇台德先論已刻赴内閣會議王夫之張伯行請從祀
文廟摺張准王駁
初六日晴 入對刻許傳孝漢章京第二日戶部五員禮部八員兵部六員
共九人題處置得宜称服其心論 孟子為政不難章圈外註已初散直午正到兵部總
署李雨蒼 雲麟來晤談至戌初從之總散尚書竟見其說也
初七日晴 入對二刻許傳孝漢章京第三日兵部二員刑部工部各八員共
十六人題敏事慎言論已初散直崔清如來談
初八日晴 入對二刻辰初三刻散直到兵部總署新選興化府梁希初景先
來見又見客二起 盧英偵 黃嗣東

初九日午後雨 入對二刻許巳初二刻散直李雨蒼來論新疆近日形勢及交涉情
形言之了了足備采擇
初十日晴 入對刻許 宣宗成皇帝誕辰 皇上詣 奉先殿行禮內左右門
站來回班辰初散直午後到兵部總署見客一起陳仲英本日鈞兒考試漢歷
生題守身為大論勞民勸相策擬題錢湘吟寶廉閱卷徐蔭軒桐
崇文山綺 馮展雲譽驥
十一日晴 入對二刻許巳初散直繼述堂同年格來談藉詢奉天近日情
形湖州張吉人度來晤久談舊雨重逢藉傾積愫夜雨
十二日午前雨後晴 入對二刻本日 賞燕窩見面時 東西兩太后前各磕三頭然後

上埜辰正散直午後到總署
十三日晴 入對二刻許辰初三刻散直午後到禮部 兵部 兩辰來設衍樓蘇
州遺缺府英敏來見料理節務接文式岩書
十四日晴 入對二刻許午辰初散直午後偕周肖塘京尹徧拜各國公使亦循例
也酉正旋踐事傯甚苟亭及俗葛民先後來勢不能接見矣本日換
芝地紗袍褂 接朗軒質夫書
中秋節 入對刻許辰初二刻散直詣繼佩兩師宅賀節 鈞兒赴內閣驗放
下午祀 先燈後供月
十六日晴黎明微雨 入對三刻 鈞兒奉 旨仍以郎中分部行走免冠碰頭謝 恩辰初二

刻散直祝沈師母壽午後到兵部總署

十七日晴 入對三刻許（遞謝　恩摺　鈞兒赴　宮門磕頭）辰正散直訪壹徽翁談鈞兒分部事午後拜客

晤徐蔭翁殷譜翁在譜翁處並晤崇文山少宰

十八日晴 入對二刻許（考取軍機章京三十員本日帶領引　見　圈出孟繼壎等二十員）辰初三刻散直午後到禮部總署俄國署使凱陽德

美國署使何天爵日本署使鄭永寧咇嚕公使愛勒謨先後到總署答

拜均款以酒果燈後錢薌亭行觴談一切散已子初矣

十九日晴 入對三刻許巳初二刻散直送薌亭行北城拜客順至燈草胡同

看屋（價昂地窄未能合式）午正回寓新授同州府文泰初啓來見井平來談

本日奉　旨派崇綺馮譽驥赴吉林查案 夜雷雨

二十日晴　入對將二刻辰正散直到兵部總署次典来談鎮江府趙粹甫佑宸到京引見来晤二十年前舊友也敘談甚快

二十一日晴　入對二刻許巳初散直施礪卿以道員分發廣東到京引見来晤渠卷植〻近狀老健可慰午後到總署日斯巴尼亞國公使伊巴里来答拜申正回寓調補高州鎮總兵楊玉科雲階来見述從前戰事甚詳大名早著〻現已力就範圍矣

二十二日晴　入對三刻許辰初二刻散直頌閣来談午後到兵部出城拜客晤又臣勳剛趕城遇雨酉正二刻回寓

二十三日晴　入對二刻許巳初散直午後到總署法國公使白羅呢来答拜又

隨同恭邸見英署使傅磊斯 酉初回寓見客二起（惲中山、姚彥臣）並體欠安檢
書單擬方斟酌服之
二十四日晴 入對二刻辰初散直午後西城拜客晤何菘亭同年穀士昆仲接
亦頌臣同年書
二十五日晴 入對二刻辰初一刻散直順道拜客晤奎星齋（閣）張子騰回寓
以肝疾又作與七月間所患同惟移左而右較前為劇（腰間空處酸痛牽及于腹大小腸甚不適）逾時漸平仍未
總署之行
二十六日陰（微雨） 入對三刻辰初二刻散直午後到禮部兵部腰脹復作頗難
受惟較昨稍減耳

二十七日陰 入對將四刻辰初三刻散直朱翼甫自天津到京來 瑞南星辭

行回廣東午後到總署英署使傅磊斯（繙譯璧利南）來答拜 ○吏左彭味之告病

童薇研調吏左黃倬（恕皆）調吏右（祁子禾署）馮展雲調刑左龔叔雨補禮右（敏生署）

二十八日雨 入對三刻許巳初散直若笙（馮展翁來晤）來談午後到總署德署使伸珂

來答拜 繙譯阿恩德 恭邸是日亦到署劼剛來辭行夜雨達旦

二十九日雨 入對四刻辰初三刻散直午後到兵部見客二起 河南粮道麟椿 西覲昌道

裕昆 是日換實地紗袍褂

九月朔日午前微雨午後晴 入對二刻許辰初二刻散直善化翰林張百熙來晤午後到總

署公餞劼剛地山兩星使

初二日晴 入對二刻許辰正散直午後到兵部調補右江鎮李信古雅述來見接

陳俊臣書 先大夫八旬冥壽設筵謹設祭薦水之供不逮[illegible]形聲之慕益深愴惻者累日

初三日晴 入對二刻許辰正散直午後到總署接學星陔書言攙餉謁覲情形

初四日晴 入對二刻辰初二刻散直楊雲階來辭行正言懇勉之金衢嚴道英

嶽峯庫倭滿到京引見來晤藉詢梓鄉近狀午後到兵部出城至

兩辰李侯兩處均坐不多時進城已匆匆矣

初五日晴 兵部帶引見九排十一人入對二刻許辰初一刻散直晤吳江師相

壽俗彭伯看宮相住宅局面太寬稍失修理索價亦昂亦不合意又

回溯鄭中舊誼未免為之惻然也黃花生來晤午後到總署 總使愛勒漢來論事

初六日晴　入對偕二刻辰初一刻散直星叔文来商件羅大春来見李雨蒼面述西陲事畧三件以論往述今察来為綱内論往者則述今十一則察来六則於新疆現在情形言之頗詳　是日換絨帽　單袍褂　月白袖領

初七日晴　入對偕三刻辰初散直盛杏蓀到京来見午後到兵部總署燈後芸史恆岩到京恆岩精湘餉也　孟陽起程回南　是日換單袍褂　天氣驟凉

初八日雨　入對偕三刻辰正二刻散直午後出城至茗笙處少坐晤其外甥任益臣秀發可喜　年二十八　旋赴嵩雲草堂同鄉公局　丙辰五十　柳门四十　金宇甫三十各正壽仁錢同鄉公作一局祝之梓營之誼禮簡　兩情親亦近年成例也　共四席次典承辦藉以暢叙晡初冒雨進城

重陽節陰雨　入對偕三刻辰初二刻散直作汴生星階美舫三函均手書

初十日晴 入對一刻許辰正散直午後到兵部總署趙粹甫辭行回江蘇

接朗軒信

十一日晴 入對二刻許巳初二刻散直前衢州府新放寧夏府海韻樓 容来見手復朗軒書是日換鉆冠絨領夾袍褂藍襯衫

十二日晴 入對三刻許辰初一刻散直午後到總署頌閣来夜談

十三日晴 入對二刻許辰正二刻散直即至總署昨今同文館收考學生近午後到兵部申初回寓

十四日陰 入對三刻巳初一刻散直徐笙所来少坐 江蘇粮道英茂文樸来見午後到禮部 本日換棉袍褂

十五日晴　入對將五刻辰正二刻午後到兵部總署　菊蘭亦患右腰眼痠痛

與余相似邀雨辰來診視用理氣疏肝之劑冀即平復也

十六日晴　入對二刻許辰初二刻散直慈親氣痛未平甚爲患苦竟日侍

側稍解煩悶仍㥄（服）雨辰方

十七日晴　入對二刻巳初散直午後到兵部　慈親氣痛漸平　雨辰來復診

十八日晴　入對二刻辰初二刻散直午後到總署廣裕翁來提及史家胡同

寶東山詢住宅約二十日往看　恭邸以肝疾請假8旨賞十日　樓曾沅

翁書

十九日陰　入對一刻辰初散直午後出城拜客晤張霽亭汪柳門張香濤頤

閣來夜談

二十日晴 入對將二刻辰正散直 慈親氣痛未瘳甚爲所苦仍請雨辰易貽虎骨熊油膏敷似有效驗

方服之午後到兵部樞署後往看史家胡同寶宅房屋頗爲合式

二十一日午前陰雨後晴 入對二刻辰初三刻散直午後訪紹彭托議史家胡同房價

到總署隨同佩蘅師并偕伯音蓀坡塘往德國館答拜馬和國滌歷伯爵時

攝政義 慈親自昨日午後氣痛大平惟尚未能多進飲食須加意調養也

二十二日晴 入對二刻辰正三刻散直午後到兵部禮部 崇地山厚出使俄國來

辭行厚菴來談

二十三日晴 入對刻許辰初一刻散直問蕃卿病送崇地山行午後到總署

二十四日晴 入對刻許辰初二刻散直午後到兵部 葛覲胃口漸舒惟痠痛時作尚未能竟夕安寢仍請雨長來復診接誠民書述東有幼筠丈替之局 句到貴州廣東廣西四川福建五省 雲南無

二十五日晴 入對二刻巳初散直午後到兵部總署順道答客 金十汀師以明年己卯重宴鹿鳴○○旨加太子少保銜

二十六日雨 入對將三刻巳初散直預行孟冬祀先禮○○旨派恩承童華赴四川查辦事件

二十七日晴 入對二刻許辰正三刻散直看毛旭翁午後到禮部赴安徽館杭府公局請英茂文晚酌芸史恆岩邀頌閣談

二十八日晴 入對侍三刻辰正一刻散直午後到兵部 總署 兩辰來復診 昨

今 慈體漸安矣 恭邸銷假入直

二十九日晴 入對一刻辰初散直午後赴壬子同年招 張霽亭蕭七人集嵩雲草堂 樓汴生

信 慈親因大解眩暈急請兩辰仲典先後診視均云脈氣甚調下午即平

復如常惟氣分稍乏耳 本日忌辰齋戒期內常服不掛珠掛齋戒牌

三十日晴 入對三刻 皇上詣 太廟頒行孟冬時享禮 乾清門站來回班

巳初二刻散直午後到兵部總署 慈親氣體甚安兩辰仍來復診

十月朔日晴 入對二刻 賞時憲書見面時 兩宮太后前各磕三頭 藍袍補掛

在南書房述旨卯正二刻 坤寧宮入座吃肉軍機大臣班次在內廷

王公之後大學士之前內外臣惟文職一品得與獨樞臣不論品級本日入座
親王以次共三十三人二品者祇余一人蓋異數焉巳初散直見客一起（瓊州總兵）
殿錫
茂
慈親氣體大好諸恙已除飲食亦漸次復原矣○賞奶餅風猪
晾羊等物（察哈爾都統所進）
初二日雨 入對刻許辰正二刻散直手復筱荃制軍書并致錫蕃信
初三日晴 入對一刻辰初三刻散直午後到兵部總署本日換珠皮袍褂羊
皮冠黑絨領
初四日晴 入對刻許辰初一刻散直午後到總署手復沂生書（作嘉之信）
初五日晴 入對將二刻辰正散直午後到禮部兵部見客一起（善星原）名聯

初六日晴 入對三刻巳正散直午後到總署恆岩動身回南

初七日晴 入對二刻辰初二刻散直作漢口信 花衣第一日

初八日晴 入對一刻辰初十分散直午後到兵部總署 本日換海龍冠黑袖頭銀鼠袍褂仍黑絨領帶如意入直 戈什哈李洪斌當差甚得力 因家有病人令從年南歸內外均惜之

初九日晴 入對刻許辰初十分散直靈博山世兄屋來晤人頗敦篤 換灰鼠袍褂

初十日晴 慈禧皇太后萬壽丑初三刻入直吳江師相捧表余與若笙引表寅初二刻入對將二刻退出辰初 太后御 慈寧宮受賀隨同 皇上行禮如儀辰初二刻散直見客一起 松芝巖名齡菱舫之兄 如意仍回賞

十一日陰 入對二刻許辰正一刻散直午後到兵部總署 厚菴 賞副都

統銜作為駐藏幫辦大臣

十二日晴 入對三刻辰正二刻散直章薇為辭行赴蜀晤談 樓朗軒初一日書言九月初連旬陰雨望後開霽二麥可以播種矣

十三日陰大風 入對刻許辰初一刻散直午後到禮部兵部總署

十四日晴 入對二刻許辰初三刻散直檢點冬衣忙碌竟日 本日換小毛領羊皮氅袍褂 慈親小病兼旬至此精神飲食一切如常矣慰慰

十五日晴 入對將二刻辰初一刻散直午後到兵部總署 送金忠甫保泰行時將隨節赴蜀 晤談雨辰來未值仲山來晤 天氣驟涼可擁重裘

十六日晴 入對三刻許辰正一刻散直見客二起穆蓉舫續燕甫 復賀夫書夜得

雪寸餘，換白風毛褂。

十七日晴 寅初入直，路明（冒雪）。印霽入對，將三刻，蒙。賞紫禁城騎馬，當即碰頭謝。恩。○朝馬惟文武一品及二品年六十以上者列單請。旨（每年不過酬賞十三人），余以年例未符，以軍機大臣得邀。特賞，亦殊恩異數也。辰正一刻散，直。吳江師相見贈椅墊一乘。午後到禮部、兵部總署。（朱）少蘭來談。接俞醒明信，意頗怏怏，亦無可如何矣。

十八日晴 具摺謝。賞朝馬恩。入對二刻，辰初（一刻）散，直。詣恭邸及寶、沈各師門道謝。見經師，畧談。看李蓴庵，久坐。下午子松來談。

十九日晴 入對二刻許，辰正二刻散，直。午後至兵部總署。吳江師相項下右

邊瘰核陡長本日未入直

二十日晴 入對三刻辰正二刻散直謁經師勸其請假數日以資調治順道拜客手政彥偕芷卿各數行 晚兒輩設筵預祝 慈親頤而樂之

二十一日晴 入對二刻辰初一刻散直四九歲生辰知者尚少若笙子遹來與水芝主人作半日談 恭邸枉駕並送如意畫幅菁四色

廿二日晴 入對三刻許巳正三刻散直詣恭邸謝步午後到兵部值署吳江師（本日請假奉旨賞十日）相函示連日醫藥情形甚悉似屬陰瘧因寒熱往來疑有外感不敢服陽和湯僅進疏散之品繼吞對症尚未可知也 奉賞湯羊分得一肘

二十三日晴 入對二刻許辰初三刻散向經師病（在上房見）寒熱雖退瘰核未減仍可慮也

午後到禮部兵部總署 金遜亭外粤東臬德曉峯調河南臬

二十四日 晴 兵部帶引召見八排十七人 入對四刻許已正散直午後至靈清宮許宅

道喜 吴文世兄娶親 出城送李小軒行訪雨辰談并商膏滋藥方

二十五日 晴 入對二刻許辰初三刻散直長沙協馬真臣晋銘來見午後到兵

部總署 恭邸送樂道堂詩文鈔各一册

二十六日 晴 入對二刻辰正一刻散直午後至總署

二十七日 晴 入對將三刻辰正一刻散直向經師病未有起色竊恐慎重醫藥

稍失因循心竊慮之午後到禮部兵部總署 孫燮臣同年移居東江米

巷相距咫尺往賀晤談

二十八日晴 入對三刻辰正散直新授廣東糧道夏蘭莊同年獻馨來晤

雨辰來談 句到奉天江西湖廣浙江五省

二十九日午前陰後晴 入對將二刻辰初散直午正到兵部總署 句到陝西安徽江蘇河南四省

十二月初一日陰 入對三刻巳正一刻散直料理旂院年終瑣務

初二日晴 入對二刻巳正一刻散直問經師病（昔日精神懨懨不增不減）明日尚須續假也午正至總署

偕龢卿師筱棠伯音同赴英館送傅蘭斯行至兵部

初三日陰微雪 入對刻許辰初二刻散直午正至禮部兵部總署 經師續假

二十日

初四日晴　入對偕四刻辰正散直擇定明年正月十八日為森兒行聘二月初六日行
合巹禮請雨辰子通詣朱宅致意俗所謂起話也備送席桐侯雲史陪
新授直臬丁樂山壽昌來見久談在津曾經識面也
初五日晴　入對偕三刻辰正二刻散直午後至總署　灃貝勒之夫人馬佳氏薨逝
前往叩（探表）唁并問郁安昨曾专人來報信也　恭邸今日仍入直明日為其請
假三日
初六日晴　入對三刻許巳正散直閱經師病氣色較好惟核如前午後至
兵部
初七日晴　入對二刻辰初三刻散直午後到禮部兵部總署

初八日晴 入對三刻巳初散直午後出城拜客晤陳仲英吳清卿汪柳門徐小雲

初九日晴 入對將二刻巳初一刻散直午後到兵部總署會丁樂山晤談接朗軒十月廿日書言二麥已通省播種矣

初十日晴 入對二刻辰正散直午後至總署前蘇撫張振軒 樹聲 服滿到京來晤又見客一起李雨蒼 本日蒙恩賞大卷年年吉慶江綢袍褂料一套 代皮衣

十一日午前陰後晴 入對將三刻巳初散直聞經師病現服陽和湯冀漸可收效也午後至兵部復朗軒書

十二日晴 入對三刻辰正一刻散直訪紹彭未值午後至禮部兵部總署

變臣來談

十三日晴 入對二刻許辰初散直 紹彭來說定史家胡同寶宅房屋暫作（前兵部侍郎寶東山珣之產）擬租（每月四十五兩） 此房間空只須稍加修飾（糊）便可移居也 午後到總署與日斯巴尼亞國公使伊巴里互換古巴招工條約

十四日晴 入對二刻許巳初一刻散直 西子率兒媳輩往看史家胡同均甚愜意 擬略加整理年內準可移居矣（現住之屋本可將就惟胡同太窄祇通一車明春將爲森兒娶婦實多不便也）

十五日晴大風 入對三刻巳初散直 豫臬德曉峯（馨） 到京來晤 馬蘭舊侶半年來前氣宇則益加端偉矣 午後到兵部總署

十六日晴 入對將三刻巳初一刻散直 午後赴澂貝勒府公祭（軍機總署公禮）頒閣

来夜談

十七日晴 入對三刻巳正二刻散直午後至總署

十八日陰 入對三刻許巳正二刻散直看經師病結核漸有消意服陽和湯之致也午後至兵部 子松来晤本日放江蘇學政商及謝恩摺件及進內儀節 接朗軒十二日書即草數行復之

十九日午前陰午後晴 入對將二刻辰初一刻散直李雨蒼来談午後赴萬雲草堂尹琅若潘任卿陸鳳石三太史之招乙亥丙子湖南星使也誼不可卻暢談竟日

二十日晴 入對刻許辰初二刻散直祝恭邸壽 先期一日俗稱壽日 午後到禮部兵

郎總署道子松壽丰值

二十一日晴 入對刻許 辰初一刻散直 午後至總署 順便拜客 晤喜桂亭

新授西寧辦事大臣 至史家胡同新居之轉 現在趕緊修葺 擬臘月中浣

移居也 天氣甚寒 起早進內 鬚有冰花

二十二日晴 入對 刻 卯正二刻散直 月光猶如晝也 至兵部報房小坐 候天明往

看徐師 并商續假日期 午後至兵部 恭肇來談 吳清卿太史大澂以

道員發往山西差委 李肅毅特保 召對

後奉 特旨擢用 晤談甚暢

二十三日晴 入對將三刻 辰初二刻散直 丁樂山辭行 晤談 午後出城拜客 晤張

告以移居有日矣

振軒 龍芝生 曾栗誠 至阜康小坐 與吳選青談有頃 回寓已傍晚矣

偃師續假二十日

二十四日晴 入對三刻許辰正散直午後到禮部兵部總署 子松來談 見客一起錫璵聘侯

二十五日晴 入對將二刻辰初三刻散直見客下起湖南黃用侯引見湖北黃

星階解餉回京來見午後到總署

二十六日雪 入對二刻許辰正散直午後到兵部 是日考試筆帖式并滿御史 又至總署接汴

生十月廿日書 是日小雪二寸許

二十七日陰 入對三刻巳初二刻散直午後奠慰華峰同年 予謚端恪 遺孤僅四歲對

之殊慘惻也過穀士昆仲談

二十八日晴 入對二刻辰正散直雨辰來談午後到禮部兵部申刻行冬至祀

先禮俗所謂冬夜也是日蒙賞冰魚分得一尾山西所貢黃河鯉盥而薦之以學

君賜用佐硯膳早慈闈有加餐焉

二十九日陰　入對一刻辰初散直謁經師久坐午後至總署　是日冬至蒙賞熟

魚盤糖亦年例也本年傳止升殿並無別項禮節見面時亦不叩賀接朗軒九月書

三十日晴　入對將二刻辰初一刻散直午後至兵部　穀士來為擇定嘉平十八

日移居辰午兩時皆可用　少泉來談　復朗軒信

十二月初一日晴　入對一刻許辰初二刻散直迭接星階來信縷述湘庫艱窘分沖三兩枚

情形　午後到總署訪子松未值　手復莊卿數行　是日蒙賞柿餅

初二日晴大風　入對刻許辰正散直巳刻禮部京察過堂一等滿司員四人漢司員

二人筆帖式五人 午刻兵部京察過堂 一等滿司員五人漢司員二人筆帖式九人 申正回寓 天氣嚴寒朔風勁烈（入冬來第一日）咸南省無此景象也 是日賞鹿肉（一方）鹿尾（一條）野雞（二隻）

初三日晴 入對刻許辰初二刻散直 手復筱宋制軍書 禮部京察挨封滿一等司員善聯英文保善松齡漢一等司員王毓藻萬培因

初四日晴 入對二刻許辰正散直 午後到兵部 偕署兵部京察挨封滿一等司員文優貴成常喜謙貴豐烈漢一等司員蘇佩訓胡義贊 子松來談

初五日晴 穆宗毅皇帝忌辰 入對一刻卯初二刻散直 恭詣壽皇殿隨同行禮 經師在假 漢員祇余一人也 接錫蕃十月初六日安報 雨辰來談

初六日晴 入對將三刻巳正二刻散直 周會生鑾詒到京來見 午後至總署

初七日晴 入對將三刻巳初二刻散直湖南解餉委員陸承亨來見詢藉悉湘垣近事午後到禮部兵部子松燮臣來談○賞野雞分得四隻

初八日晴 入對二刻辰初三刻散直向徑師病精神復舊結核亦漸消十三哥已於十月廿六日接篆以銷假矣午後荅燮臣少坐即至總署歸途過子松談接芍亭十月九日書○賞燕窩見面磕頭

初九日晴 入對三刻許辰正二刻散直子松來談又見客一起夏蘭莊辭赴廣東粮道任

初十日晴 入對將二刻辰初正三刻散直向蔭方師病會壽蕅雲午後到兵部總署

十一日晴 入對四刻巳初二刻散直大憩徐藎甫之服送祭於東牌樓三條胡同關帝廟前謁行禮午後到禮部

十二日晴　入對三刻辰正二刻散直　本日有浙江蠲緩錢漕　恩旨　承　旨
後兩宮　皇太后前各叩首一　仍偕同鄉官擇日具摺謝　恩　午後
兩辰來為鈞兒診脈風寒闌入營分咳嗆頗甚〔不止夜〕頗不安起視之
十三日晴　入對將三刻巳初一刻散直午後至兵部總署翰林院侍講張佩
綸疏陳大員子弟不宜破格保薦一摺指寶森以特保翁曾桂以京察
兩言風骨崚嶒可謂朝陽鳴鳳無形之裨益良多也沈〔經〕師本日銷假
共通融三日乞假五十日
十四日晴　入對三刻許巳正散直兩辰來為鈞兒復診素患陰虛近挾
感冒用藥頗〔為〕覺費手正值移居又復從事醫藥心境殊覺不適

十五日晴　入對將三刻巳初散直赴總署偕各部院同僚（分三起）赴英法各館賀年（西洋本年亥月為歲首）少共六處午刻命植兒恭移　祖先神位至史家胡同新居供奉申刻親詣行禮回寓後林石生（崔田之弟）瑞麟（新放直隸學政）祁子和同年子松先後來晤子松留談即同便飯（會旨）雨長仍來為鈞兒後診言症已由陰分達至陽分可以漸療矣慰之

十六日晴　入對將二刻辰正散直本日蒙　恩賜福壽字加賞壽字見面時碰頭（初次加賞則然以後只須磕頭）送子松行即以話別料理移居竟日碌碌　鈞兒仍服雨長方病勢漸減惟熱尚未清耳　張子盛上龢自撫寧因公過京來見述現（知）調寧津缺今發累

十七日晴 入對三刻辰正二刻散直次典來晤連日移居歷碌未能到署

（備向鄉官具摺謝賞微翁出差余當領銜廿日又有賜兒寬講昌叩謝如儀）

十八日晴 辰刻挈森兒鎔孫移居史家胡同西頭路北新屋午刻慈親挈眷屬等均平安進宅鈞兒尚避風雨辰來為之復診午後許星丈仲山先後來賀餘客概辭謝行李傢具等至起更後始到齊殊形煩擾矣子松得花明日出京燈後復來作別是日未入直

十九日晴 入對三刻辰正二刻散直8賞綢三卷（袍料二卷褂料卷）藏香（二十枝一匣）帽緯見面時磕頭又賞冰鮮（魚冰）兩對茗笙煥閣京士穀士伯葵先後來賀均久談是日卯刻封印 吳清卿非授河督道來晤

二十日晴 入對二刻許辰正三刻散直午後至禮部兵部多日不到署應畫

之稿過多頗覺疲累

二十一日晴　入對二刻許辰正三刻散直至寶佩蘅師處道喜（乃姪定姻爲玉堂世丈之子）順道謝步午後至總署雨辰來爲鈞兒復診

二十二日晴　入對三刻辰初三刻散直出西華門答拜德曉峯久談順答李雨蒼未值午後料理年節瑣務殊覺晷短連日過煖今日較涼

二十三日晴　入對三刻巳初二刻散直午後出城拜客在雨辰處小坐本日8賞鰉魚䰽錢沙糖

二十四日晴　入對二刻辰正三刻散直季和來晤午後到禮部兵部總署桐侯將鮮館治肴觴之邀伯葵陪

二十五日晴 入對三刻巳初二刻散直午後出城答拜晤吴述韓因年（時以河北道開缺送部引見）夜若笙處少坐，進城已上燈矣，接左恪靖李玉階（李筱帥）手書各有所述

二十六日晴微陰 入對五刻許午正散直赴總署偕各部院至俄館賀年（俄人以本年二十一日爲元旦）清理年務，遂有就緒，接俊臣書述大清河海口情形頗悉，燈下復朗軒數行

二十七日晴 入對二刻辰正散直 皇上詣 太廟頭行祫祭禮，在乾清門台階下詣來回班穿補褂（見面時仍貂褂）祝佩蘅師壽（見客甚夥）午後到兵部禮部歸途答客在京士丈處小坐，蔚庭拔昨到京，住伯葵處，晤槃離悰（暢甚）即留晚膳

二十八日陰 入對二刻巳初二刻散直，本日 賞大荷包一對小荷包三對又小荷包一個

見面時掛最小荷包磕頭年務料理完竣心神為之一快

除夕雪 入對二刻許 召賞龍字大荷包一對（見面磕頭） 内裝金銀八寶十六件有鑰螺徽蓋花罐魚長名目 又小荷包一個 内裝小金元寶兩錠 手巾兩方 一羅一布 辰初二刻散直詣惇恭兩邸及載邸沈師鋆董各師宅賀年午後敬神祀先禮部送到年終例賞有野雞米魚木耳奶餅掛麵蓮子百合粉壽件 歲事畢 酉正即就寢是日仍雪

二寸餘帶如意三柄進内

光緒五年己卯五十歲

正月丙寅元旦乙巳霽　子正起，接竈神，丑初進內，丑正引表送慈寧宮，寅初一刻

召見兩宮，皇太后、皇上前各三叩首賀喜（穿蟒袍補褂），皇太后各賞有穗荷

包一，皇上賞有穗荷包一，福字一，荷包內各裝金銀八寶、金銀錁、金銀錢，

共四十四件，隨賞隨謝，各三叩首。有旨命文韶在軍機大臣上行走，蓋銷

去學習二字也。當即免冠謝恩。刻許退出。辰初慈寧宮（隨同）行禮，辰正

二刻太和殿行禮，巳初二刻壽皇殿隨同行禮（穿蟒袍補褂），又賞荷包一，內裝銀錁。

二候駕至道旁叩首謝禮，午初回寓，叩賀慈親新禧，拜天地祖先畢，小憩一時。

許蔚庭、松孫先後來賀，晤松孫，將於明日出京也。快雪時晴，新年氣象大好。

如意恩均回賞

初二日晴 入對一刻（具摺謝恩）卯正二刻8坤寧宮吃肉（穿蟒袍補服初一二兩日均戴染貂帽）是日有蒙古王公無外廷一品

內廷亦祇軍機得與漢員惟吳江師相與焉兩人也辰正二刻散直西城拜

年午正回寓接朗軒嘉平廿六日書

初三日晴 入對二刻許巳初散直東華门崇文门一带拜年旋頌閣處小坐

午正回寓頗覺憊矣連日天氣甚寒

初四日晴 入對一刻候天明散直東北城拜年午後到樞署

初五日晴 入對刻許候天明散直午间至兵部禮部出城拜客（年）共五十餘家（窮日之力）至

在李侯雨辰子涵三處各少坐申正二刻回寓

初六日晴　入對三刻辰正二刻散直8賞春橘貢（廣东）分得二十四枚　子京舅氏　昔日甜橙似即[illegible]今之橘紅而較有香味

蔚庭来

初七日陰　入對刻許8皇上詣8太廟預行孟春時享禮○乾清内台階下站来回班　穿補掛掛珠見面時照章（是日忌辰）貂褂只應常服本日仍掛珠王云如是其實非也　辰正散直四牌樓附近拜客十餘處年後樞邸来賀年堅欲降輿延入少坐具見王之謙抑而周到也夜微雪

初八日陰　入對刻許有後征浙江寧紹課8恩旨叩謝如儀辰初二刻散直仲山来晤仍燈節前一敘夜大風

初九日晴　入對不及刻候天明散直午間出城拜年共到四十餘家在阜康小

坐申初二刻回寓

初十日晴 入對三刻巳初散直午初赴總署是日各國公使來拜年部院諸公

咸集酬酢竟日

十一日晴 入對二刻辰初散直午後至總署晚偕桐侯芸史頌閣賦高蔚庭伯

葵諸君初七日開館因是日桐侯有多未及設席也

十二日晴 入對二刻辰正一刻散直午後至兵部禮部西江米巷一帶拜年晤鍾

六英在蔚庭伯葵處久坐回寓已向晚矣

卯初詣懋勤殿恭進春帖子詞軍機一班南書房一班向上一跪無他禮

十三日晴 入對不及刻辰初二刻散直午間出城拜年共十餘家在子京曾男處少

節也詞每人五絕一首七絕二首用黃面紅裏摺儀寫

坐訪雨辰親送冰棗未值酉初上燈祀先劉克菴病殁蘭州家有老親

情殊可悼左相復陳其生平戰績○○恩典至為優渥照侍郎例賜卹予謚立傳長子同知本

鑑以知府用次子主事本鐸以員外郎用　是日○○賞元宵

十四日晴立春　入對卯正三刻辰正二刻散直午間至西城南補拜年即赴穀士吳仲之

約同席李侯京士峻閣子京舅氏主賓七人暢談竟日　是日又賞福方四張名曰春帖子賞

五色箋二十張湖筆十枝硃墨八錠惟軍機兩書房毓慶宮外即以分贈大學士得與是賞

芸史桐侯伯葵諸君此次樞垣春帖子詞係芸桐分擬伯葵繕稿也

十五日晴　入對一刻許辰初散直下午丙辰來與商喜事一切

十六日晴　入對刻許辰初散直偕南書房二君子步出東華門李侯來晤午後到總署

十七日晴　入對一刻許辰初一刻散直詣小汀師晤談昨約遇訪辭之料理楨兒行聘事

十八日晴　入對一刻許辰正二刻散直爲損兒行聘吉磨二月初六日成禮大媒雨辰子通翁代乃邀稼軒久也作陪一切如儀

十九日晴　入對一刻許辰初出西華門至西北城補拜年巳正仍進内午刻正二開印未初散直是日未正即有西廠子差使見面後先回府故開印較遲　季斧来久談

二十日晴　入對一刻許辰初散直午後至禮部兵部總署仲山来談是日放河南學政瞿子久丁艱遺缺　換白風毛褂染貂冠

二十一日晴　入對一刻許辰正散直黄用侯辞行回湖南上李中堂書送太夫人壽禮壽幛如意泥金壽聯刻絲麻姑一軸　二月初二日八旬正慶也

二十二日晴　入對二刻辰初二刻散直午後到兵部總署

二十三日晴　入對四刻吏部進京察本嵗〇懸開復革職留任處分上意仍令議敘力辭始允當即碰頭謝〇恩巳正三刻散直本日京察除樞廷開復處分李左沈协丹均優敘外戶左殷兆鏞調禮右仍在上書房行走工右德椿理右惠泉閣學载慶均原品休致

二十四日晴　入對五刻午正散直李雨蒼侯設勉強應之未及小憩即赴總署是日公事有不順處力與心違愧悚曷已　玉階放閩撫

二十五日晴　入對二刻許辰正散直午後至兵部禮部出城至前門東一帶拜客進崇文門至總署新放九江道文華甫惠來見吏部郎中總署總办樓彥倩十二月廿日武昌書言臘月十六日挈眷抵鄂廿日乘輪東下取道至常仍二

月初回可以到京　張振軒放粵撫

二十六日晴　入對二刻許辰初二刻散直　張振軒中丞來久談　陸淡香同年仁愷來

悟新敘山東粮道　手致偉臣一函書托禎兒指事　昨今京察引見三品以下京堂各官奉

旨　日有太醫院院使紀振綱右院判馮鈺均原品休致　傅哲生放皖藩

二十七日晴　入對三刻許　蒙恩調補戶部左侍郎兼管三庫事務　伯寅升總憲遺缺

當即碰頭謝恩　午初散直　未刻至總署　余以農曹外簡　自甲子　至此蓋十有

六年矣

二十八日晴　入對二刻許　具摺謝恩　辰初二刻散直　詣恭邸及寶沈各師宅　在此志謁雲同年處

少坐　時同官戶部將出為吉林也　午後至總署　新授汾州府林心北拱樞

來見乃文忠公之少子與談頗有家風由諫垣外擢當非俗吏也
二十九日晴 入對一刻許卯正三刻散直謁齡師午後至兵部出城拜客晤
南辰李侯晉伯翁年七十九精神尚好惟耳目較遜昨以刑部尚書致仕遺缺
林平升補伯寅師得總憲即林平所遺也
三十日陰 料理楨兒喜事未入直樞例謂之通融以三日為率過三日即須
請假也達旦酣睡久不嘗此風味矣復朗軒書
二月朔日晴 未入直料理喜事一切諸有頭緒同人送禮者惟樞廷全收南屋俱璧無人
酌收餚均璧謝午後為楨兒請相侯芸史兩師并邀襄禮諸君子樊樑軒
諸又遲樓范久也吳仲陳聘臣 共兩席 本日星姊著禮左丞之翰冊廣署理
艮仲樓子通陸蔚庭

初二日晴 具摺請假五日 朱宅運奩賀客自樞邸以次部院堂官咸集蓬壻光寵

初三日晴 巳初發轎申正刻嘉禮告成同鄉同年熟人接踵來賀女客亦復不少

慈闈仍一體酬應歡慰之餘精神彌增健適 慈侍康強則向平願畢差可喜也

楨兒赴朱宅謝親不具帖主人亦不出見只登堂八拜而退杭俗有主婚前往聞京城須新壻親詣云

初四日陰 朱子涵來會親預未通知殊形倉猝杭俗間有此例也收拾一切大致就理 本日奉8派吃肉因假不克到班年例初一今年因齋戒展期也

初五日晴 楨兒偕新婦回門 俗謂之雙回門先經請示朱宅云不必先拜門 辰往酉歸 手檢謝步

清單

初六日陰 北城謝步午正回寓適雨辰送到錫蕃正月初五日信欣悉毓兒於元旦未刻舉一女產母小孩俱甚平安亟告堂萱闈舉家歡慰蓋

以毓兒體弱頭胎知其彌月懸系有日固不在瘴疠之鄉也

初七日陰　假滿具摺請安入對二刻許辰正一刻散直午後至兵部往還均

就近謝步　大風竟日

初八日晴　入對將四刻巳正一刻先散尚未述○○旨也午刻赴戶部及三庫到

任均拜印至雲南司少坐凡由本部司官得堂官者到任日須至本司一謁

同人各部通例如此余自甲子外放至是凡十六年矣同事熟人殊少

本司吏役猶有存者回首舊游歷歷可數將念不及此也未刻到庫收

湖北廣東等省餉銀十三萬六千餘兩申正封庫歸途視徐蔭軒夫人

六十壽順謁鶴峰師相府中向○○安昨日不戒於火惠誠前詣向安回寓已酉

初一刻頗覺憊矣

初九日晴　入對四刻許午初（巳正三刻）散直午後到戶部兵部總署

初十日晴　入對二刻許辰正散直請新親朱子涵潛蔡鶴（輔）臣世佑張幼樵佩綸

邀稼軒子通久也昆仲陪共兩席修伯夫人亦來會親邀稼軒夫人忠甫

夫人陪喜事一切禮儀自此告成矣

十一日晴　入對三刻許辰初三刻散直振軒來談午後到兵部戶部西城謝步晤

伯葵穀士仲山適來辭行彼此相左

十二日晴　入對將四刻辰正先散上庫收江西浙江等省餉銀十五萬五千餘兩放

步甲（馬銀）漢俸等餉七萬一千餘兩回寓已未正矣

十三日晴 入對二刻許辰正散直午後就近謝步晤夏厚菴（子松二令郎）世兄與頌閣談勸以節減應酬未刻至總署 秘使愛勒漢來

十四日晴 入對四刻許巳初二刻散直午後到戶部出城謝步拜二十四家晤李侯雨辰若笙至新親朱宅修伯夫人及子涵均外出未值回寓將酉正矣本日換洋灰鼠袍褂

十五日晴 入對三刻巳初一刻散直張振軒中丞來辭行晤談午後至兵部戶部總署會拜岑彥卿中丞（毓英）曾來兩次均未值也接彥侍信知今日可抵俞家衛遣家人馳往迎候 先大夫諱日敬謹行禮以入直內廷未能謝客殊歉悚也燈後岑彥卿來晤頗能議論

十六日晴 入對二刻許巳初一刻散直午後彥侍到京一別十餘年快叙竟日彼此各述離悰寓賢良寺

茗笙亦同來晤聚傍晚始散 弢庵來談 接苜亭書承寄 慈親祝儀百兩

十七日晴 入對一刻許辰初二刻散直至賢良寺候彥侍少坐午後至兵部戶部

總署便道拜客

十八日晴 入對將二刻辰初三刻散直佑彭來辭行久談偕湘岑赴山東查辦事件 彥侍來合

楨兒夫婦行謁見禮午後出城謝步拜二十餘家在柳門及子京舅氏處少坐

與坊樵談學識人品俱好可敬也

十九日晴 入對二刻許辰初二刻散直送佑彭行晤至彥侍處少坐午後到兵

部戶部總署頤閣來夜談 旨張家驤在毓慶宮學習行走

二十日晴　入對三刻許辰正一刻散直劉雲生光少錫鴻　新自德國歸來晤魏温雲到京來見言將以道員指分河南作嘉定信下午蔚庭來談

二十一日晴　入對一刻卯正二刻散直與伯寅頌閣步行出東華門詣恭邸賀喜新得一主　北城答拜午刻擬赴各署而客來絡繹　彥侍　石勉　潘彬卿　高誠立　登車已未正大風揚沙即至總署一行接小宋書述台灣事甚悉

二十二日晴　入對三刻辰正二刻散直午間到兵部戶部李蘭孫同年將於二十六日扶護歸葬詣法源寺候之久談晤周瀛樵并致奠　時丁內艱　晤湘人士頗多歸途訪彥侍不值

二十三日晴　入對三刻許辰正一刻散直至彥侍處少坐新授雅州府崔志道少芳

来見黎簡堂赴京桂晤久談（本以予陛見來京未及先奉降三級調用之命蓋為賀耦耕乞恩一案也）人極伉爽在
黔信極艱辛此次遽以言事鐫級輿論惜之
二十四日晴　入對二刻許辰正一刻散直彥倚来談午後到兵部工部（本日換灰鼠袍褂海龍冠）總署
二十五日晴　入對將二刻辰正散直次典来晤午後至總署偕沈董兩師暨伯寅（音）同
卿赴秘魯公使愛勒謨之約果蔬酒肴華洋錯雜亦頗有致
二十六日晴　入對三刻辰正二刻先散赴顏料庫監放實録館領取紙張等
件觀所謂鎮庫五毒者嘻勵貝勒午後酌彥侍邀次典蔚庭伯葵陪敘
談甚暢
二十七日晴　入對二刻辰初一刻散直午後到兵部戶部總署（厚菴乞病開西藏幫办大臣缺）

二十八日晴 入對三刻許辰正一刻先散赴銀庫收江蘇等省餉銀十五萬六千餘兩放直隸練軍等餉九萬四千餘兩未初回寓接汴生二月朔日書即復之彥侍廷菴來談

二十九日晴 入對三刻許巳初散直午後到兵部戶部總署 換羊皮冠珍珠皮袍褂

三十日晴 入對將四刻巳初二刻散直詣寶宅道喜 五世兄履生以文職用 同龢師病午後見客二起 王晚岩 惲小山 彥侍來談即日晚膳

三月朔日晴 入對二刻辰初一刻散直彥侍將移寓外城興勝寺往送之午後到兵部戶部總署

初二日晴 入對二刻許巳初一刻散直劉陽任雨田來見午後至許宅 星叔贅壻 徐

季和完娶媳道喜 順訪雨辰 并請將去冬所服方酌改 近日氣分仍時有不舒 擬照前加以調理也 酉初二刻回寓 接星暖信 賞黃花魚一尾 同直共之 長蘆初次進鮮 祇五尾也

初三日晴 入對二刻 辰初一刻散 直午後至總署 法使白羅呢辭行回國 接飛千信 四川候補通判錢慶升先之來見 萬甥華仲之妻舅也

初四日晴 入對將二刻 辰正一刻散 直李中堂到京 住賢良寺 往候久談 以楚中舊誼 先候之 午後到兵部 戶部 答陸潛吾 晤 訪蔚庭 久坐甚適 答絳幼岩直刺慶錇 隨李中堂到京來見

初五日晴 入對刻許 辰初散 直李中堂來 晤論新疆事 與鄙見頗合 午後至兵部 出城答拜黎簡堂 晤談 時將料理南歸也 少藍招飲 赴之 樂椿花廠

坐有彥侍頌閣漱蘭柳門雜以他客深悔此行此後宜加慎也

初六日晴　入對三刻許巳初二刻散直午後至總署偕恭邸以次赴法館送白羅晚行

到戶部　衡州馮犖卿邦棟到京來見

初七日晴　入對三刻許辰正二刻散直送葆芝岑行午後作識民幼箴信

請周斌高授長次三諸孫文讀本日開館

初八日晴　入對三刻許辰正一刻散直午後至兵部戶部總署見客一起宓丹 夏

道考彬
辭行

初九日晴　入對三刻許辰正一刻散直後簽荅制軍書見客二起朱少藍 沈鹿苹

蔚庭來談

初十日晴 入對二刻許辰初一刻散直午後赴總署公請李中堂有應商事件也

酉初席散彥侍來少坐即出城

十一日晴 入對將三刻辰正一刻散直若笙來即留便飯彥侍亦至敘談甚適午後至兵部戶部總署送李中堂行 伯寅升工尚童薇翁升總憲子松轉吏右若笙升兵右 本日換貂冠藍絨領綿袍褂 接子松二月十五日書 是日接印

十二日晴 入對二刻辰正散直彥侍今日請□訓在東華門外晤談數語赴銀庫收江西漕折等銀十四萬二千餘兩放步甲等餉七萬五千餘兩午正二刻回寓復子松書傍晚燮臣來晤昨以閣學署工左也

十三日晴 入對二刻辰正三刻散直見客一起 潘彬卿辭行 午後到兵部戶部總署

十四日陰微雨 入對時二刻巳初散直（清明節，皇上詣奉先殿行禮，內右門跪回班）清明祀先 午後赴謝公祠祝厲公請彥侍也
席散往看羅吉孫病甚可危與勉甫、徑伯諸君為謀後事焉見客二起
張吉人
沈鹿苹
十五日陰 入對三刻巳初一刻散直午後到兵部戶部總署彥侍來談接筱
荃制軍二月書 夜雨
十六日陰 入對二刻巳初一刻散直彥侍偕黃來談午後出城祝晏彤甫先生八旬壽
文 吊孫誠卿振恪現官內閣中書也送彥侍行未值候雨辰少坐問李侯病就
臥室渠晤已漸愈矣羅吉孫病殁其夫人矢志欲以身殉命鈞兒馳往慰勸之曉
以大義許以日後之事冀可保全焉

十七日雪 入對二刻辰正二刻散直赴假足庫在東華门外南池子有收有放午初回寓積雪二寸許繽紛未已午後未出门檢點行装大致齊備仍命鈞兒出城料理書孫身後事 連日春寒擁重裘尚不覺暖清明已過往年無此氣候也

十八日晨微雪午後霽 入對將二刻辰正一刻散直午後到兵部户部總署送莫厚菴行將於二十二日奉母赴江蘇學政任所

十九日晴 入對二刻許辰正散直彥侍來敝守菴來話別作竟日談帳棚行李午後起程將隨扈恭詣東陵也

二十日晴 入對一刻辰初散直午正起程乘轎出齊化门申初過通州酉初一刻抵燕郊宿次至從佩两師暨秋坪伯寅各處小坐彼此先後往來行營均在前後

左右也此行自製大帳房一架人字房六架先日啓行到此宿至夕歸矣

是日行裝穿綠牙縫靴 內廷惟御前大臣軍機大臣內務府大臣例得

穿綠牙縫靴餘非 特賞不准穿蓋 皇上常用之式也戌初就寢

二十一日陰大風 卯正起天陰甚深恐下雨巳初稍霽謁恭邸邸亦來拜巳正詣

宮門直廬謂之上內 未初 皇上駕到未正二刻 兩宮皇太后駕到均站班迎

站班始此 太后申初一刻入對不及刻是日召見軍機李鴻章崇端周恒祺陝西

富平縣民王佁祖在八里橋叩閽有 旨交行在刑部審訊申正散直本日午

初起大風揚沙亥正始漸息 周福陔同年來晤戌初就寢

二十二日晴 丑初二刻起行卯正三刻抵白澗宿次巳正二刻上門午初三刻

皇上到未初　太后到未正入對刻將及申初一刻散直是日召見軍機景豐

傅振邦唐仁廉　李中堂來久坐戌初二刻就寢

二十三日午前陰後霽　丑初三刻起行天陰甚微見雪辰初三刻抵隆福寺宿次歇

霽午初上內　皇上午正三刻到　太后未初到行叩謁禮齋集擧哀未正入對刻許

是日召見軍機榮頤有請撫校尉賞明黻預備車輛賞漢字文旨桃花寺等處看

守官員、兵丁賞隆福寺喇嘛賞清字文旨申初散直　賞春橘一桶分得十五枚奉

日到後穿青長袍褂帽綴纓行禮時摘纓戌正就寢

二十四日晴　寅初上內以楊重雅廣西撫到數也辰初行奉移祇告禮辰正跪送

穆宗毅皇帝　孝哲毅皇后梓宮後仍回直廬申正三刻　皇上回行

宮酉初一刻　太后回行宮均站班酉正入對一刻許是日召見軍機無外起有

大小升輦賞明戲戌初散直亥初就寢

二十五日晴　寅初進西峯口恭詣　定陵計程十六里俟　皇上至隨入　陵寢門行

叩謁禮舉哀內廷行禮王公外惟軍機大臣有此禮節由禮部先期奏請巳正至　惠陵小

奉早膳由定陵去十五里佩師令世兄輩預備也午正上　陵未正行遷奠禮由隆恩

殿還至寶城前候晴蘆殿申正三刻回隆福寺直廬　皇上酉正回行宮　太后酉正

三刻回行宮戌初一刻入對不及一刻亥刻散直本日召見軍機無外起有校尉賞民夫

明戲又車輛賞交旨是夜出假寐一時許

二十六日晴　子正二刻恭詣　惠陵卯刻永遠奉安辰刻行虞祭禮均穿朝服已

正回宿次常服挂珠歸途照此早膳印上內午初 皇上回行宮二刻 太后回行宮午
正二刻入對三刻本日召見軍機有加恩 諭旨八道恭邸優叙子戠貝勒食雙俸醇邸食雙俸紫禁城
坐四人轎均之程李中堂佩師子太傅經師子太保余照例亦得加一級是夜戌初就寢
龢師子少保均題伯寅子少保虹柳尤爲棠當
睡甚酣是日申正二刻撤直恭邸因病未能入直偕經佩兩師及秋坪同往問候
甚覺其不支也
二十七日晴丑初一刻起行辰初三刻抵白澗 皇上午正到在宮門外碰頭謝 恩 皇太后
未正二刻到申初二刻入對刻許是日召見軍機無外起 皇上抵行宮後恭詣
黃幄 神牌前行夕祭禮詣來回班申正撤直晚膳後詣經鶴佩三師及李
中堂處道喜在福陵帳房久坐燈後李中堂來久談戌正就寢昨今兩日

恭邸因病未能入直

二十八日晴　子初起行卯正一刻抵燕郊　皇上午初到　太后未初二刻到未正二刻入對不及一刻是日召見軍機李鴻章傅振邦景瑞恭邸勉強入直面請假期五日申正散直一飯即行亥初三刻抵京　慈顏有喜

二十九日晴　巳初入直　皇上午正一刻回宮在內右門站班　太后未正二刻回宮進神武門　申正入對一刻許　有叩閽三起　皆交刑部　酉初散直

閏三月朔日陰　寅初入直入對二刻許辰正二刻散直赴庫放廂黃正白兩旗各兵餉銀九萬五千餘兩到戶部兵部　雨辰來談　接徐熙堂書寄到植兒報捐郎中專咨執照等件

初二日晴 入對二刻巳初散直 詣恭邸問疾 旭人到京來晤久談 蓋厭於家事
仍作出山計也 一別十三年 竝無老態 惟稍清減耳 到總署 本日辰刻
穆宗毅皇帝 孝哲毅皇后神牌入城升祔 太廟
初三日微雨 入對二刻許 辰初一刻散直 午後到兵部 戶部 出城答旭人 晤談 穆
蓉舫辭行 赴運河道任 升祔禮成 本日 頒詔 有 覃恩封典 夜大風
初四日陰大風 入對二刻 巳正二刻散直 若笙來久談 到總署 德署使伸珂辭行回國
初五日晴 入對一刻許 辰初二刻散直 午後到總署 即赴德館 到戶部
是日恭邸勉強入直 又 面賞五日假
初六日晴 入對將二刻 辰初二刻散直 新選陝西鹽法道常五元瑛來見

午後到兵部户部出城答拜曾劼卿魏温雲并看賀雲甫均晤佩

師乞假十日

初七日晴 入對二刻許辰正一刻散直午後出城畫舫光閣奠羅吉孫赴

謝公祠聽戲傀署章京團拜以余曾任閣道故邀請也舊游如

昨至此蓋十六年矣

初八日晴 入對將二刻辰正二刻散直午後到兵部户部傀署日本新使宍户

璣来

見

初九日晴 入對二刻辰正二刻散直張藹卿農部華奎来見振軒中丞之哲嗣也

人甚倜儻氣宇亦將午後詣恭邸弔側福晉樹之喪傀署同人備有公祭

即出見力辭行禮亦各盡其道也歸途拜客問佩師病 本日換夾袍褂

初十日晴 入對三刻辰正三刻先散赴銀庫收兩淮等處餉銀十二萬五千餘兩放八旗米折等餉七萬一千餘兩未初封庫到總署偕同人答拜日本宍戶璣夜微雨

十一日微雨即霽 入對二刻許辰正一刻散直訪廣紹彭晤談紹彭昨偕湘岭自山東歸也午後到兵部戶部總署 恭邸假滿入直

十二日晴 入對刻許辰初散直錢譜仙來與商瑞熙儒家善後事仁錢會館春祭午刻恭詣行禮共到二十二人例設四席歸途至阜康答手蘭陵崇文山自吉林查案回來晤馮展雲早間來未值

十三日晴　入對刻許辰正一刻散直董訞甫傳翰　新授荆宜施道又新授
甘州府奎光先後來見新甫用受業手版無因壬前力却之午後到兵部
戶部總署接子健朗軒書
十四日晴　入對二刻辰正三刻散直新授陝西督糧道善星原聯來見禮部
京察一等也循俗例執弟子禮以外任大段規模詳語之次典來商留
間稱艤事宜復子健朗軒書
十五日晴　入對三刻許辰初三刻散直子勉同年裕時卿岑五彥卿先後來
晴時彥卿前日新授黔撫也　振軒調粵西撫　午後到兵部戶部總署夜雨
十六日晴　入對刻許辰初散直見客三起馮潔卿魏温雲　午後出城拜客晤李蘭孫

在若笙雨辰處各少坐回寓已酉正二刻矣 佩師續假十日

十七日晴 入對將四刻辰正三刻散直午後到總署 法署使巴特納總主教田磊斯等来見 本日

吏部遞主事吳可讀死諫一疏請特降懿旨預定大統之歸等語

奉太后旨著王大臣大學士六部九卿翰詹科道會議

十八日晴 入對二刻許辰初散直答裕時卿午後到兵部户部總署接汝園

三月十九日書

十九日晴 入對二刻許辰初二刻散直出西華門答拜崇文山少宰晤手復汝

園書附寄峴莊制軍信接飛千三月十六日書

二十日陰 入對不及刻辰初散直午後到兵部户部總署看新調廣東撫裕澤生

寬到京來晤 復飛千信

二十一日晴 入對一刻辰初散直 午後旭人來談到兵部、戶部總署謝曖廣嘯嘆順道拜客看賀質夫新宅

二十二日晴 入對三刻巳正三刻散直 午後赴安徽館辛亥同年團拜 有戲

回寓已戌初矣 黎簡堂放四川臬

二十三日晴 入對二刻許巳初散直 赴三庫大堂揀選庫大使等缺 到戶部

未初回寓小憩 至總署 接汴生三月廿日信

二十四日晴 入對三刻許 前在湘捐晉賑銀五百兩 本日湘撫奏到 旨獎敘

給獎 碰頭謝 恩 巳初三刻散直 午後至兵部 出城 唁徐壽蘅 聞訃丁外艱

赴安徽館聽戲 雲南司捐納房公請也 酉正二刻進城 佩師銷假入直

二十五日晴　遞謝恩摺　入對刻許辰初二刻散直季和來同便飯午后到
總署秘使愛勒謨來見　經師未入直　本日換單袍褂
二十六日晴　入對刻許卯正三刻散直午后到兵部、戶部出城奠馮景千譽驄展雲
侍郎之胞兄辛亥同年也　唁蕭敬亭　晉蕃訪徽蘭未值
二十七日晴　入對二刻許巳初三刻散直吳廣菴承璐到京來見聞太倉州缺歸道班赴部
引見　復歐陽崇如書璧壽儀　慈親八旬正壽外省舊好送禮者酌收屏幛等件儀則皆璧謝
二十八日晴　入對一刻許卯正三刻散直楊若臣世兄奎俊來見雁湖之哲嗣　午后
訪鄭小溪同年訂四月初六日公請　經筵師相到兵部、戶部、總署接子
健信

二十九日 入對一刻辰初二刻散直晤笙旭人先後來談午後至總署德使巴蘭德意使盧嘉德來見

三十日午前晴後陰 入對二刻辰正一刻散直出城至觀音院奠沈姊（均）明夫人歸遂到户部小滹來談夜微雨

四月朔日晴 入對一刻辰初散直赴内閣會議吳可讀摺午後到户部兵部總署

初二日晴 入對二刻許辰初散直赴庫收山東鹽課籌銀四萬兩放鑲白等旗餉銀九萬五千餘兩回寓小憩午後赴總署晤齊荅德使巴蘭德意使盧嘉德法署使巴特納下午蔚庭來談

初三日晴 入對二刻許巳正散直錢紫仙来午後到兵部户部摠署本日

起設壇祈雨

初四日晴 入對二刻許辰正一刻散直赴顔料庫收山西平鉄二十萬觔

放〻實録館等處領取各項紙張未初二刻始散

初五日晴 入對三刻辰初二刻散直旭人来談伍次蓀繼勳鏞齡到京

来見午後到户部兵部摠署

初六日晴 入對刻許辰初散直許星文来談鄂荻洲同年雲龍到京

引〻見来晤江蘇補道候午刻出城赴財盛館辛亥同年公請吴江師

相并年世兄共三席 余承办不派分酉正三刻進城接彦侍閏月既望書云

於初十日抵鄂定於二十五日接署藩篆

初七日晴 入對三刻辰正散直岑彥卿辭行赴黔撫任午後到戶部兵部

樞署

巳 椒農〃 芝田乂 玉珊〃 申 芝田乂 箬節〃 酉 玉珊〃 小村乂 丑 萌齋〃 爐青乂十 赤樹〃 寶春〃 星垣〃 毅齋〃 芝田乂 小村乂 岷堂〃 鶴齡丨 杞山丨 戴似丨

壬午二月十二日收春季俸四十六兩五錢廿三日收錢法堂春季飯銀[illegible]全分一百五兩七錢左堂六成六十三兩四錢二分

四月廿三日收午節飯銀三百八手十四兩四錢六分五月初四日收捐納房外單飯銀一百三十一兩六錢收 部捐 外省

飯銀一百二兩三錢五分收錢法堂夏季飯銀一百五兩七錢又六十三兩四錢二分五月十三日收春俸

米折銀十五兩九錢八分六月十四日收捐納房飯銀二百九十兩八錢七分七月九日收捐納房飯銀二百六兩三錢九分

八月初二收戶部秋節飯銀三百七兩六錢四分十一收吏部飯銀四兩五錢十二收秋俸四十六兩五錢收捐納房

部捐飯銀一百三十四兩三錢六分收外省飯銀九十八兩二錢一分收吏部飯銀二兩九錢十三收錢法堂

秋季飯銀二百十一兩六錢九分十四收吏部飯銀三十兩九錢六分廿四收吏部飯銀二兩三錢九月四日收吏部飯

銀二兩三錢廿三收吏部飯銀四兩五錢廿七收捐納房飯銀四百九十三兩七錢一分廿八收吏部飯銀六兩二錢廿九收吏部飯

銀五十一兩八錢二分十月初四收吏部飯銀三兩九錢五分十二收吏部養廉二十兩八錢九分廿二收吏部飯銀三兩八錢廿八收

秋俸米折十五兩九錢八分青初四收捐納房飯銀一百五十九兩七錢六分初五收吏部飯銀三兩四錢二分初六收吏部

飯銀二十二兩十一月廿五收捐納房崇捐飯銀六十一兩一錢九分

彬卿〃 省三〃 俊目〃 澤生〃 鎮青〃 文卿〃 ▷冠卿〃 蘭圃〃 午莊〃 擷峯〃 曉蓮〃 玉珊〃 芍亭〃 佑民〃 沅南〃 [illegible]農〃

借修峯卄 雙蓮孝子卄 韵生日卄 賀芸史卄 寄硯農小 ▷卹孫貴丨已出賬 二月兩用丨 借子玖丨 轉沅石丨 送筱山丨 借[illegible]〃 留金延祿卄

杉孫借卄 大藤春卄 帖式查丨 捐[illegible]娘丨 森生日卄 森樵生日卄 ▷秋航〃已出賬 壹園公用丨 沅石西南丨 [illegible]墊丨收還 借芷生卄

辛寅文卿〢 振夔〢 斐齋〡 蓉江〣 玉階〣 四相山〡 芝岑〢 卯鎮青〡 蒲侯〡 筱峰卄 峴莊〣 藝圃〢 己星台山 朗軒〤 午芝田〤 玉軒〢 申魯卿〡 酉芝田〤 玉珊〢 萬人〤

子高〡 菊生〡 戊筱農〤 子澗甫〡 彥甫〤 具臺〤 冠卿〣 小園〢 甄甫〡 芝田〤 蓮舫〢 芍亭〡 星名〡 丑隽峰〢 羨舫〢 峻峰〢 寄庵〢 春岩〤 靜瀾〢 藝圃〢 少虞卄 朗齋〢

鶴田〢 心堂〢 韵岑〡 玉珊〢 竣卿〢 唐元〣 星階〥 敦甫〡 亦樹〢 曉蓮〢 彬卿〡 貞伯〢 筱園〢 俊臣〢 午莊〡 振軒〤 翠生〢 蘅舫〤 邵蓮〢 佑民〢 小巖〢

辛巳正月十二日收春俸四十六兩五錢，廿二日收錢法堂春季飯銀一百五兩七錢，廿八日收指納房飯銀三百八十兩四錢五分

四月十七日收春俸米折十五兩九錢八分四厘，廿四日收指納房飯銀三百六十九兩六錢六分，廿六日收午節飯銀一百六十二兩八錢五

五月初四日收常指飯銀三十五兩三錢七分，廿九日收指納房飯銀二百十六兩八錢三分，補收錢法堂夏季飯銀

二百五兩七錢，閏七月廿四日收指納房飯銀一百二兩四錢八分九厘，八月初四日收秋節飯銀三百七兩六錢九分，錢法堂秋季飯銀

一百五兩七錢，初五日收常指飯銀五十七兩七錢一分，外省飯銀五十九兩五錢一分，十二日收秋俸四十六兩五錢

九月初一日收指納房飯銀三百三十兩六錢四分三厘，廿九日收指納房飯銀九十六兩三錢一分，十一月初二日收秋俸米折十五兩九錢八分

十月廿四日收指納房飯銀一百八兩六分，十五日收錢法堂冬季飯銀一百十一兩六錢九分，十二月十二日收年節飯銀六百十五兩八錢

廿四日收指納房飯銀三百十三兩四錢三分，又常指六十九兩一錢六分

友文卄 曉峰〣 相山〡
馥齋〢 壽亭〡 文卿〢
甫穀〢 少岩卄 梅浦〢
鎮青〢 子中〢 斐齋〡 錫侯〤
彥侍〢 省三〡 展雲〢 竹銘卄
梓山〡 秋甫〣 芝圃〡 定軒〡
星垣〣 楚璵〡 夢題〡 子球〣
吉田〢 福暖〣 擢峰〢 蓀耘〡
與軒〣 潤民〢 蘭圃〣 松譜卄
子和〢 筱荃〢 彥卿〡 玉階〣

△

○振瀛〡 ○竹晨〡 ○朗川〡 ○星階〥 ○吉三〡 ○芝山〡 ○羨舫〣 ○鎮青〣 ○㬎卿〡 ○椿亭〢 ○菖民〤 ○星卿〡

大毛中毛外褂尺寸

均京尺 ○身長三尺六寸 ○腰身一尺一寸 ○出手二尺七寸五分 ○袖口一尺[illegible]

○台肩一尺三寸

寅、戊辰朗齋〢 苕亭〡 相山〡 子中〡 沅圃〣 鶴田〢 星陔〤 子和〢 業侯〢 峴莊〣 澤生〢 蓉江〢 理之〡 五陔〣 辰芝岑〢 石務〢 巳芝田〤 午莊〤 午玉軒〢 小赤〡 峴莊〣

未省三〢 申菱舫〤 肖彼〡 芝田〤 酉玉軒〢 菊生〣 戌鶴樵〤 亥錫侯〤 子悔續〢 豹岑〡 振軒〤 星李子 苕亭〡 子健〢 丑閬甫〡 佑民〢 楳甫〢 震亭〡 芝田〤 蓮林〡 星垣〢 祝甫〡

玉軒〢 巽臣〤 序初〢 芷卿〢 子遇〢 春岩〤 迓卿〡 沅圃〣 子和〢 萊卿〡 子球〣 筱帥〢 星階〤 酌齋〢 曉蓮〣 與軒 吉田〡 衛堂〢 受卿〢 展雲〢 嬿青〤 畝穀〢 彬卿〡

庚辰正月廿日收指納房飯銀三百八十二兩六錢五分二月十二收春季俸銀四十六兩五錢

二月十五日收指納房飯銀九百三十九兩七分三月初四日收錢法堂春季飯銀一百十一兩六錢九分

三月初五日收指納房飯銀四百八十四兩四錢五分四月廿八日收指納房飯銀三百五十四兩九分

十二日收戶部俸米折銀七兩九錢九分兵部米折同上廿日收指納房三百九十五兩六錢七分

五月初一日收指納房飯銀六百三十八兩四錢八分收戶部年節飯銀三百七兩六錢九分二厘收錢法堂夏季

飯銀一百五兩零廿八日收指納房飯銀六百四十九兩一錢三分六月廿六日收指納房飯銀三百六十兩五錢九分

七月十六日收指納房飯銀七百七兩九錢三分八月初五收錢法堂秋季飯銀一百五兩零九兄收秋節飯銀三百七兩六錢零

十一收秋俸四十六兩五錢廿六收指納房飯銀五百六兩三錢一分九月廿日收指納房飯銀四百八十兩八錢四分

十月廿二收俸米折銀十五兩九錢零十一月初八收指納房飯銀一百八十五兩九錢七分十六收錢法堂冬季飯銀一百五兩七錢

十二月初八收指納房飯銀一千四十八兩一錢三分十五收戶部年節飯銀四百六十一兩五錢三分

廿七收指納房飯銀一百二兩四錢六分又本年索指飯銀一百八十五兩八錢四分

珙峰〢 竹銘〤

毅齋〢 伯雙〡

靜山〡 蓮〡

曉峯〢 鶴田〢 季卿〡

午莊〡 子中〢 櫻峯〢

筱園〢 澤生〢 蘭園〢

彥甫〤 滌畡〢 管香〡

俊臣〢 以下肆玉

味秋〡

馨和〡

朗川〡

吉三〡

蔭甫〢

己卯 甫毅〃　子 吝民〃　耔甫丨
辰 仂舟〃　甘恪〃　真廉〃
巳 澤生又　崔林丨　峻峯〃
玉軒〃　冠卿〃　福陔〃
午 耔甫丨　翰岑〃　根軒又
偉生〃　樂山〃　曉峯〃
雲階〃　東屏〃　星垣〃
曉蓮〃　棠多〃　杏孫丨
鎮青〃　芝田又　爐青卒
未 星台〃　丑 贊題卒　頴曹丨
聘三丨　星東又　筱園〃
申 壽山〃　閬甫丨　閑卿〃
穀庭丨　青士〃　与軒丨
酉 玉軒〃　立齋〃　靜山丨
閬甫丨　子健〃　竹銘卒
稼生〃　芷舠〃　彬卿丨
戌 文卿〃　玉軒〃　提峯〃
序初〃　曉蓮丨　杏耘〃
春皋〃　彦甫又　松園丨
亥 筱園〃　筱帥〃

己卯二月初六日收捐納房銀庫平五百八十六兩九錢一分　三月廿八日收六百十四兩四錢一分
閏月廿六日收捐納房飯銀九百六十八兩三錢一分　四月十六日收戶部飯銀處平部銀三百七兩六錢九分二厘
四月廿四日收捐納房飯銀一千一百五十二兩四錢　五月初一日收錢法堂夏季飯銀一百二十二兩四錢
五月廿四日收捐納房飯銀一千五百二十三兩四錢三分　二十五日收捐納房飯銀一千九百六十六兩三分
六月廿四日收捐納房飯銀一千五百九十二兩六錢七分　二十三日收捐納房飯銀一千五百七十六兩三錢九分
七月初八日收捐納房飯銀二千零三錢六分　廿三日收捐納房飯銀二千七百五十六兩三錢六分　八月初四日收錢法堂秋季一百十一兩
閏收戶部秋季飯銀三百七兩六錢九分二厘　收捐納房飯銀二千零九百九兩八錢八分
八月廿五日收捐納房飯銀二千二百三十一兩六錢九分　九月十五日捐納房飯銀二千零五十一兩四錢八分
十月初二日收捐納房飯銀二百八十四兩六錢　十六日收錢法堂冬季飯銀一百十一兩六錢九分
十一月廿五日收捐納房飯銀九百三兩二錢一分　十二月十五日收戶部年節飯銀四百六十一兩五錢三分八厘
十二月廿五日收捐納房飯銀七百九十八兩六錢五分　又收六月起常捐飯銀一百五兩七錢四分

巳俗二　未芝又　申蕉一　申品川　酉樂三　亥茂又　子右民〃　子中一　芷舫〃　小宋〃　崇如〃　樂山又　曉峰又　芝田又　子健〃　丑曉蓮一　爐青羊　蘭莊一　小岩〃　青士川　筱園〃　鶴田〃

丑子和〃　硯農〃　玉軒〃　竹銘羊　桂雨一　子箴〃　夢題羊　五庫〃　鍋耕〃　菱舫〃　偉如〃　筱峯〃　甘恪〃　玉階川　鎮青〃　俊臣〃　芝岑又　黼侯〃　福陔〃　授峯〃

寅星台一　紫垣〃　鴛航〃　文卿一　雲岑川　理之〃　相山一　子常芠　詠如又　芸卿一　卯硯莊川　辰墨畡又　友山川　巳次園一　小赤一

飯銀存記戊寅

四月二十五日請假以前約收兵部飯銀一百六十餘兩

六月廿四日兵部照費銀七兩　又兵部飯銀二十兩　又禮部飯銀九兩八錢二分

八月十四日禮部指捐飯銀十二兩二錢五分　九月十九日禮部飯銀十八兩九錢一分

十月十五日兵部飯銀四十兩　又兵部米折銀七兩九錢九分二厘　廿一禮部米折銀七兩九錢九分二厘

十一月廿八日兵部照費銀十二兩　十二月中日禮部指捐飯銀二十三兩三分　二十日兵部飯銀四十兩

廿八日兵部照費十五兩　廿日兵部飯銀八十兩　十二月初四日禮部指捐飯銀六十四兩八錢五分

四月廿日兵部飯銀四十兩　廿四日兵部飯銀八兩　廿四日禮部飯銀三十一兩一錢八分　廿五日兵部飯銀四十兩

己卯正月廿九日兵部照費七兩　二月初五兵部飯銀廿八兩　二月十六錢法堂春季飯銀一百二十一兩四錢零

二月廿日戶部隨園盤費銀三十兩　三月初四日兵部飯銀卅兩　廿日兵部飯銀六十兩　閏月廿四日兵部米折七兩九錢九分二厘

閏月十五日禮部米折七兩九錢九分二厘　廿八日兵部照費廿一兩　四月初三日兵部飯銀六十兩　廿六日兵部照飯銀十五兩五錢

五月初十日兵部照飯銀七兩七錢五分　十九日兵部飯銀三十二兩　廿六日兵部照飯銀十一兩五錢

六月廿四日兵部照飯銀十二兩　廿五日兵部飯銀二十兩　七月初六日兵部照飯銀十二兩　廿二日兵部照飯銀二十二兩五錢

八月初八日兵部照飯銀十八兩五錢　廿九日兵部飯銀二十兩　十一日秋俸四十六兩五錢　廿六日兵部照飯銀十四兩七錢五分

九月十四日兵部照飯銀十二兩　十五日兵部飯銀四十兩　十月廿三日兵部飯銀八十兩　廿六收俸米折銀七兩九錢九分二厘　十一月廿三收兵部米折同上

十一月十五日兵部飯銀廿八兩　廿五兵部照飯銀十二兩七錢五分　十二月十二收兵部飯銀四十兩　十七收兵部飯銀七十二兩

廿五收兵部照飯銀五兩五錢